舵手汇
www.duoshou108.com
聪明投资者沟通的桥梁

高胜算操盘 II
理性交易

[美] 马塞尔·林克 著
范纯海 张 毅 译
康 民 校译

山西出版传媒集团
山西人民出版社

图书在版编目（CIP）数据

高胜算操盘. Ⅱ，理性交易 /（美）马塞尔·林克著；范纯海，张毅译. —太原：山西人民出版社，2019.3
ISBN 978-7-203-10517-6

Ⅰ. ①高… Ⅱ. ①马… ②范… ③张… Ⅲ. ①股票交易—基本知识 Ⅳ. ①F830.91

中国版本图书馆 CIP 数据核字（2018）第 217078 号
著作权合同登记号　图字：04-2018-032

高胜算操盘Ⅱ：理性交易

著　　者：（美）马塞尔·林克
译　　者：范纯海　张　毅
校　　译：康　民
责任编辑：吴春华
复　　审：吕绘元
终　　审：孔庆萍

出 版 者：山西出版传媒集团·山西人民出版社
地　　址：太原市建设南路 21 号
邮　　编：030012
发行营销：0351-4922220　4955996　4956039　4922127（传真）
天猫官网：http://sxrmcbs.tmall.com　电话：0351-4922159
E-mail　：sxskcb@163.com　发行部
　　　　　sxskcb@126.com　总编室
网　　址：www.sxskcb.com

经 销 者：山西出版传媒集团·山西人民出版社
承 印 者：三河市京兰印务有限公司
开　　本：710mm×1000mm　1/16
印　　张：21.5
字　　数：257 千字
印　　数：1—5100 册
版　　次：2019 年 3 月　第 1 版
印　　次：2019 年 3 月　第 1 次印刷
书　　号：978-7-203-10517-6
定　　价：88.00 元

如有印装质量问题请与本社联系调换

"舵手证券图书" 开篇序

20世纪末，随着中国证券投资市场的兴起，我们怀揣梦想与激情，开创了"舵手证券图书"品牌，为中国投资者分享最有价值的投资思想与技术。

世界经济风云变幻，资本市场牛熊交替，我们始终秉承"一流作者创一流作品"的方针，与约翰威立、培生教育、麦格劳-希尔、哈里曼、哈珀·柯林斯等世界著名出版机构合作，引进了一批畅销全球的金融投资著作，涵盖了股票、期货、外汇、基金等主要投资领域。

时光荏苒，初心不改，我们将一如既往地与您分享专业而丰富的投资类作品。我们以书会友，与天南海北的读者成为朋友，收获了信任、支持。许许多多投资者成为我们的老师、知己，给予我们真诚的赞许、批评、建议。更有一些资深人士由此成为我们的编辑、翻译、评审，这一切我们感念于心。

我们希望与每位投资者走得更近，希望在"知识领航财富人生"理念的指引引下，打造综合型投资交易学习社交平台——"舵手汇"（www.duoshou108.com），通过即时动态、视频直播、有声读书、电子图书、在线聊天、知识问答、活动报名、读书会、打赏提现等多项功能，服务会员的读书分享、实战交流以及知识变现。"舵手汇"不定期邀请作者、嘉宾与会员对话，为读者答疑解惑，分享最新交易技术与理念。在这里，您可以与华尔街投资大师亲密接触；在这里，您可以与全国最聪明的投资者交流切磋；在这里，您可以体验全球最新最全的投资技术课程。这里，必将因为有您而精彩！

很多人觉得交易只不过是赌博，对多数交易者来说，它的确是赌博。但是，仍有很多交易者在月复一月、年复一年地进行赚钱的交易，他们是如何做的？他们已经学会如何将赌博从交易中剥离出去。马塞尔·林克（Marcel Link）说，他们将赌博从交易中剥离出去的方法就是在深思熟虑后制定一个恰当的计划，并按照这个计划进行交易。在本书中，林克说明了如何创建并使用一个正确的行动计划来改进交易的各个方面：寻找交易、发现时机，以及知道交易金额、出场点和风险调整方法。这样，在交易中就几乎不存在赌博因素。

林克的上一本书《高胜算操盘》取得了极大的成功。在那本书首次提出的策略的基础之上，林克在本书中揭示在市场中盈利的关键是为市场制定计划，并事先清楚如何对某些情况做出反应，而这些正是行动计划能够帮你完成的事情。林克解释，交易不仅仅是买入和卖出，它还涉及在何时以及为什么要买入和卖出。林克用简单易懂的术语详细描述了行动计划的好处，说明了一个计划将如何帮你挑选最佳交易、监控交易、退出交易、防止过度交易、保持专注、保持交易的一致性，并准备好应对市场中出现的各种情况，从而，将赌博从买入和卖出过程中剥离出来。

谨以此书献给购买我第一本书的人（是他们使我有机会再写一本书），和在本书写作期间被我忽视以及没有时间照顾的所有人。

致 谢

我对以下各位表示感谢：

麦格劳-希尔出版公司（McGraw-Hill）的史蒂芬·艾萨克（Stephen Issacs）给予了我写第一本书的机会；

亚历山大·埃尔德博士（Dr. Alexander Elder）帮我找到了这本书的代理人；

代理人泰德·布亚诺（Ted Bonanno）帮助我就此书与约翰威立父子出版公司（John Wiley & Sons, Inc.）达成协议；

约翰威立父子出版公司（John Wiley & Sons, Inc.）的凯文·康明斯（Kevin Commins）、劳拉·沃什（Laura Walsh）和艾米丽·赫尔曼（Emilie Herman），他们与我一起致力于此书的出版工作，给了我完全的自由，并容忍了我的延期要求；

出版公司倒霉的文字编辑，他们必须修正我的语法错误；

最后，感谢我的家人，在我完成此书的过程中，能够容忍我对他们的忽视。

引 言

我在这里又写了一本书。在我的第一本书《高胜算操盘》取得巨大成功后,很多人希望我再写一本,于是我又写了这本书。如果你还没有读过我的第一本书,现在应该立即出去买一本。

不管怎样,《高胜算操盘》确实能使一个普通交易者通过一些方法成为优秀的交易者,并告诉他如何取得成功并避开陷阱。它包括了交易的很多方面,如进场和出场、资金管理、开发和测试系统,以及抗击许多存在于个人交易者(散户)心中的恶魔。

理性交易

如果你看了第一本书的所有内容,就应该取其精华,去其糟粕,把所有关键信息归纳成一个基本概念。在交易过程中,这个概念对于制定交易计划和行动计划会起到重要作用,当然,前提是要遵守这个概念。这本新书沿用并延伸了这个概念,因为我相信它是走向成功交易的关键。

很多人将交易看作是一场赌博,确实其中包含了风险,但是,一个具有可靠行动计划和纪律并且准备充分的交易者能够学会如何交易，而不是像专业赌徒那样进行赌博。

虽然我将举出一些我在交易中的例子并会谈论技术分析，但是，这本书不会告诉你如何找到市场底部或给出一些好的交易系统，相反，它会专注于教你如何成为一个优秀的交易者。在市场中获得成功的关键是要制定计划，并事先知道市场对某些情况是如何反应的，这就是行动计划能够帮助你做的。交易不仅仅是简单的买入和卖出，还需要了解买入和卖出的时间及原因。

写这本书的原因

这么多年来，我发现市场中有很多赚钱的办法和亏钱的原因。对于那些读过我第一本书的人来说，你们知道我会切实地观察市场，并且我的写作风格就是如何谈论市场。在这本书中，我从来没有说过我正在交易"标准普尔500指数期货"，我所说的是"标准普尔期货"，并且这些你都会在本书中看到。在写作时，我尝试着作为一个和蔼可亲的导师与你探讨，而不是一个有点傲慢且假装博学多闻的讲师。我没有试图让你相信我有交易的真理或者我是最优秀的交易者。撰写本书时，我从事交易已经20年了，并且犯了一些错误，但我不断从错误中学习，相信我的确可以从错误中学到很多。在这次学习过程中，我会努力将经验传授给你。今天，我接到了一个夏威夷交易者的电话，他说他在阅读我第一本书时所学到的知识比他在研究生学院两年中学到的还要多。实际上，在过去的几年中，我已经收到很多封邮件和多个电话，感谢我帮助他们成为优秀的交易者。就是这些小事，让写书成为一件有意义的事，因为就像第一本书的编辑对我所说的，大多数人写书不是为了赚钱。

在整本书中，我将列举一些在写作当天进行的交易和持有仓位的例子。最近，我主要在交易道琼斯电子期货和标准普尔股指期货迷你合约（大多数时候我称其为标准普尔期货）、原油期货和少数精选的股票，所以，我可能会用它们来举例。你不会从5年前的图表中找出能够展示完美的符合规定的头肩模式，某些作者会用几周的时间来研究这个图表以尝试找出并做出一个点。相反，我会给出一些我写作当天的模式。我倾向于探讨这些年来我犯下的错误，如果你能像我一样从错误中学习，就会获得很多知识。一边犯错误，一边吸取教训，这将会是一个你可能拥有的最有用的工具。在错误中学到的知识会比从好交易中学到的还要多，因为你常认为好交易是理所当然的，从来没有意识到为什么这些交易是好的。关于《高胜算操盘》，我得到了很多正面的观点，类似于："我希望在第一次开始交易时就读过此书，那么，我将会节省很多资金。""林克先生在写书时好像一直在看着我，我能清楚地看到这么多我曾经做错的事情。"

在开始写这本书时，我知道不必写一本700多页关于交易的书。本书确实没有过多地谈论关于如何制定交易计划和操作计划。虽然我告诉你们的东西很简洁，但是会直截了当地介绍如何用这些计划进行盈利交易。我会尽量避免给你们太多无用的信息。在书中有的地方，我加了一点幽默及一些有意思的事例，但是我希望不会冒犯任何人。本书的目的在于每个主题只谈论一件事，就是它与你的交易计划是如何关联的。不管我是在谈论止损点、纪律、风险、进场，还是其他事情，它都会与交易和操作计划有所联系。

虽然我同时谈论交易计划和行动计划，但是，本书谈论更多的是关于使用行动计划，而不是制订一个基本的交易计划。在读完前几章后，你会了解我将要谈论的事情。

我本可以详细指出本书的操作计划是什么，但是，如果我这么做，前几章就不会那么精彩了。我能告诉你的是行动计划的基本好处：

- ◇ 它会强迫你选择一种交易风格。
- ◇ 它会鼓励你研究市场。
- ◇ 它会帮助你挑选最好的交易机会。
- ◇ 它会为你准备好市场交易所需要提供的东西。
- ◇ 它会帮助你监督交易并及时出场。
- ◇ 它会防止你过度交易。
- ◇ 它会让你的资金不会大起大落。
- ◇ 它会使你保持专注。
- ◇ 它会让你放弃交易中的赌博心态。
- ◇ 它会使你成为一个优秀的交易者。

关于我

当我刚开始交易时，我一直认为交易非常容易并且有趣。在为市场做准备时，我有一点懒散并没有遵守纪律。是的，交易非常容易，然而赚钱却不容易。我做了很多交易者不应该做的事情，这样，失去了大量交易资金就不足为奇了。虽然我非常懂技术分析，非常了解市场，但是像没遵守纪律、过度交易、准备不足等错误我都犯过。结果就是一开始做得好，最后还是爆仓。我承认，如果我一开始讲纪律的话，是不会爆仓的。20年来，在有幸一直与成功的职业交易者和那些毫无希望成功的交易者接触中，我能够看到他们之间的不同。盈利交易者努力地获取知识，并且有一个可以坚持遵守的明确的交易计划和交易策略，而且，他们中的大多数都能够遵守纪律来坚持他们的计划。一旦能够那样做，我就能变得完全不同，并且会成功。

说点题外话，最近我参加了一个研讨会，演讲者正在讲解对不同的人来说成功意味着什么。有些人认为成功就是拥有很多钱、房子和玩具。对我来说，成功就是想做什么就做什么。我能给自己放半年的假，什么也不做，什么也不操心。3年前我在曼哈顿买了一个高档休闲酒吧，半年后有人想用3倍的价格来收购。然后，我在犹他州的帕克市租了一间滑雪屋，在那里连续滑雪 78 天。从早上到中午（2点，纽约时间），我一直在交易，然后走路 30 秒钟去赶班车，乘坐 1 分钟后到达山底，然后滑 5 个小时雪。2 年前，我在普罗旺斯和托斯卡纳区过得有点堕落，什么也没有做。在最近的 2 年里，我待在家里抚养我的孩子。现在，我将要开一家新的酒吧或餐馆。我可能不会像那些一流交易者那样赚很多钱，但是我相信我会比大多数人成功，因为我确实做了很多让别人嫉妒的事情。

简短的职业经历

1987 年，在做过一小段时间的股票经纪人后，我在纽约商品交易所做原油期权交易员。几年以后，我把所有资金放在一起，并借了 30000 美元，开始在纽约金融交易所和棉花交易所内交易纽约期货交易所（NYFE）的期货和美元指数期货。随着 20 世纪 90 年代末电子迷你期货的流行，纽约金融交易所基本上就被废弃了。当我开始交易标准普尔股指期货时，那时穷人还是有资格交易的，当时波动速度只有如今的一半，保证金要求也很低。我的钱不多，其中有一笔交易犯了错，结果亏了一半的资金，前后我支撑了 3 个月。由于已经没有足够的资金在交易所中再进行交易，我与另一个交易者建立交易伙伴关系。我们也开始在更多的市场交易。他在场内交易，我有一个柜台，在那里我可以浏览图表，管理仓位，并将指令写入系统。最终，我们还是分开了。我离开了交易大厅，和几个有经验的场外交易者一起离开了这家经纪人工作室。

在 1995—1997 年，我暂停了全职交易，然后去读研究生。毕业以后，我决定经营一家叫"林克期货"的打折经纪公司。当时，网上交易正开始缓慢进入期货业，只有相当少的公司拥有网上广告。我们提供的折扣很大，还提供交易房间让交易者使用。不幸的是，随着网络的流行，一些大公司和清算公司开始竞相削价，于是，我公司在运营时出现了资金不足的情况。令人高兴的是，因为我发现了自己的客户是如何犯错的，所以，我的交易开始变得越来越好。

2000年3月，有人给我提供了一个职位，让我去交易证券，我想都没想就答应了。我的交易水平比一般的经纪公司要强，所以，我决定认真做证券交易。

在2002年，我开始写《高胜算操盘》，然而同时我却被公司解雇了，因为我违反了公司的规定，雇员不可以通过写作或言谈向媒体披露任何事情。所以，我决定在家里交易期货。该书的反响非常好，该书的成功和一些读者评论让我感到非常吃惊，他们说多么希望在多年前就读过这本书。虽然我一直声称写那本书时是如何的浪费时间和索然无趣，但是我这次还是又写了一本。

祝您好运！希望大家喜欢这本书，如果有时间请到"舵手汇"网站给我发信息，我们有机会在那里交流。

目 录

第一章　每个人都需要计划 …………………………………… 1
空中曲线球 ………………………………………………… 2
典型糟糕的交易者 ………………………………………… 3
优秀的交易者总是有备而来 ……………………………… 4
交易计划和操作计划 ……………………………………… 6
几点说明 …………………………………………………… 8

第二章　交易计划 ……………………………………………… 11
什么是交易计划 …………………………………………… 11
一个简单的交易计划 ……………………………………… 12
为什么需要交易计划 ……………………………………… 13
扑克牌案例 ………………………………………………… 14
交易者的买卖计划 ………………………………………… 15
制定交易计划 ……………………………………………… 16
分析交易计划 ……………………………………………… 18
总结 ………………………………………………………… 21

第三章　操作计划 ……………………………………………… 23
时刻做好准备 ……………………………………………… 24

为什么需要操作计划 ·· 25

行动计划的基础 ·· 25

了解自己 ·· 26

拟定情况 ·· 26

最糟糕的状况 ·· 27

使你的计划有效 ·· 28

总结 ·· 32

第四章　了解你自己 ·· 33

不同类型的交易者 ·· 34

共同点 ·· 35

了解你是谁 ·· 35

尝试不同的风格 ·· 36

了解你交易风格的重要性 ·· 37

每件事情的两个不同方面 ·· 39

总结 ·· 40

第五章　交易策略 ·· 43

交易策略 ·· 44

策略要符合风格 ·· 44

技术策略 ·· 45

建立系统 ·· 50

TradeStation 的变化 ·· 54

不要固执 ·· 55

时间框架和持仓时间 ·· 60

坚持你的交易策略 ·· 61

总结 ·· 61

第六章　了解你的市场 ·· 63

市场是不同的 ·· 64

一百万个交易者 …… 64
了解你正在交易什么 …… 66
真正的风险是什么 …… 69
时间框架和制图 …… 70
随笔 …… 76
是谁在推动市场 …… 77
了解相关信息 …… 78
要有大局观 …… 85
总结 …… 86

第七章 收盘后 …… 87

让我们回顾一下 …… 88
好孩子,坏孩子 …… 89
持有的仓位 …… 90
思考明天 …… 99
已平仓的交易 …… 101
为明天做好准备 …… 104
复查你的计划和策略 …… 105
总结 …… 106

第八章 市场开盘之前 …… 107

对于每个人 …… 108
了解新闻 …… 108
了解你的市场 …… 109
关注海外市场 …… 110
市场开盘情况如何 …… 111
调整 …… 112
夜里会有大行情吗 …… 113
寻找可能的交易状况 …… 114

预想可能会出现的市场状况 ················· 116

　　调整仓位大小 ···························· 117

　　制定每天的行动计划 ························ 118

　　总结 ···································· 119

第九章　设想各种可能的市场状况 ············· 121

　　重新了解你的市场 ·························· 121

　　了解整体市场 ···························· 122

　　更好地了解整体市场 ························ 124

　　当日收盘 ································ 128

　　监控持有的仓位 ·························· 129

　　交易开始后 ······························ 131

　　日内交易者 ······························ 139

　　根据新闻设想市场可能的走势 ················ 140

　　持有仓位需要关注的事情 ···················· 143

　　我的8000美元亏损 ························ 145

　　总结 ···································· 149

第十章　去除交易中的赌博因素 ················ 151

　　本书的其他标题 ·························· 152

　　好交易可能会亏钱 ·························· 153

　　交易的两部分 ···························· 156

　　同一个市场,两种观点 ······················ 158

　　做多 ···································· 158

　　做空 ···································· 162

　　等待恰当的机会 ·························· 166

　　计算风险回报率 ·························· 167

　　获得优势 ································ 169

　　提高成功率的方法 ························ 170

总结 172

第十一章　进　场　173

　　发现机会 174

　　为交易做计划 175

　　设想进场时的市场走势 176

　　不要追逐市场 179

　　选择交易时机 179

　　寻找长线模式 180

　　了解风险 185

　　决定交易数量 185

　　总结 186

第十二章　出　场　187

　　预先制定出场策略 188

　　截断亏损，让利润奔跑 189

　　行动计划中要考虑止损 189

　　为你的风险做计划 191

　　交易模式 192

　　持怀疑态度 193

　　利用缺口做交易 194

　　另一笔交易 198

　　疯狂的一天 199

　　如何出场 203

　　中间区域 203

　　总结 205

第十三章　复查和管理　207

　　交易开始后 207

　　展望未来 212

复查你的交易 ………………………………………… 215
　　做交易日记 …………………………………………… 219
　　总结 …………………………………………………… 221

第十四章　怎样防止过度交易 ………………………… 223
　　为什么要制定计划 …………………………………… 224
　　不要自欺欺人 ………………………………………… 224
　　不要总在市场内 ……………………………………… 225
　　不要持有很多品种 …………………………………… 229
　　若持有太多品种，你更需要一个操作计划 ………… 231
　　把风险控制在一定范围内 …………………………… 234
　　赌牌的寓意 …………………………………………… 235
　　总结 …………………………………………………… 239

第十五章　资金管理 ……………………………………… 241
　　不要轻视风险 ………………………………………… 242
　　另一个赌博的寓意 …………………………………… 243
　　加倍下注系统 ………………………………………… 244
　　资金管理的基础 ……………………………………… 246
　　将你的资金管理计划与交易计划结合 ……………… 256
　　将你的资金管理计划融入操作计划 ………………… 259
　　为持有的仓位设定资金管理规则 …………………… 260
　　总结 …………………………………………………… 261

第十六章　交易规则 ……………………………………… 263
　　交易规则 ……………………………………………… 264
　　利用你的规则制定一个交易计划 …………………… 265
　　我的交易规则 ………………………………………… 266
　　应用资金管理规则 …………………………………… 268
　　应用进场规则 ………………………………………… 269

另外一次随笔 …………………………………… 270

　　应用出场规则 …………………………………… 271

　　应用纪律规则 …………………………………… 272

　　25 条重要规则 …………………………………… 273

　　总结 ……………………………………………… 280

第十七章　聚焦和纪律　283

　　保持聚焦状态 …………………………………… 284

　　仅仅多了两天 …………………………………… 286

　　坚持写行动计划的例行工作 …………………… 287

　　遵守你的计划 …………………………………… 288

　　当难以保持专注时该怎样做 …………………… 289

　　密切注意 ………………………………………… 295

　　每天收盘后要放松 ……………………………… 297

　　总结 ……………………………………………… 298

第十八章　学会如何盈利　301

　　清理你的壁橱 …………………………………… 302

　　不要将亏损归咎于别人 ………………………… 303

　　将它看作是一笔成本费用而不是亏损 ………… 303

　　自毁行为 ………………………………………… 304

　　从错误中学习 …………………………………… 304

　　交易、交易、交易 ……………………………… 304

　　克制你的情绪 …………………………………… 305

　　亏损已经过去了 ………………………………… 305

　　资金管理比选择交易机会更重要 ……………… 306

　　善待自己 ………………………………………… 306

　　守住宝贵的本金 ………………………………… 306

　　设置一个止损点 ………………………………… 307

太早进场或太晚进场 ················· 307
不要让大的盈利变成亏损 ··············· 308
制定一个规则清单 ·················· 308
按你的风格交易 ··················· 308
使用一个已经证明能赚钱的策略 ············ 309
消息是给酒保的 ··················· 309
尽可能了解你交易的品种 ··············· 309
阅读并学习 ····················· 310
按计划交易 ····················· 312
总结 ························ 313

译者后记 ······················ 315

第一章　每个人都需要计划

　　一位缺乏经验而又渴望赚钱的交易新手向一位有学识又富有的成功交易者问道："我怎样才能在股市中赚到100万美元呢？"

　　这位有经验的交易者挠挠脑袋，思考片刻，说道："从投资200万美元开始。"

如何写作本章内容，如何构思整本书，曾经令我很困惑，直到上周在车里收听到纽约麦特棒球队（New York Mets）的比赛，我才有了头绪。在比赛因雨暂停期间，主持人史提夫·索默（Steve Somers）谈到派卓·玛丁尼兹（Pedro Martinez），他三次获得美国赛扬奖（Cy Young Award）。不了解棒球运动的人可以这样理解，那些奖项意味着派卓是年度最佳棒球投手。索默谈论着派卓作为一名投手是多么的优秀，派卓如何针对伤痛和年龄问题来调整自己，以及如何应对比赛中的击球手。他说派卓有很多不同的比赛计划，并且一旦参加比赛，派卓就能在这些计划之间轻松地转换。正是这种清楚什么可行以及什么不可行的能力使派卓成为棒球比赛的顶级投手之一。

空中曲线球

当时我在想:"嘿,这和我要说的非常相似。"我是这样描述的:派卓有一个主要计划(类似于一个交易者的交易计划),制定这个计划的目的就是做任何可能带来胜利的事情。计划说明了如何控制投掷、了解对手、合理饮食与休息、锻炼以保持健康。他努力扩展球路、控制点位,并提升以不同的手臂角度和不同的速度投球的能力。在每次投球前,他都要做这些准备工作。主要计划(交易计划)中的一部分是要了解自己何时疲惫及何时离场。他不会经常变动主要计划,但会不断进行评估以确保计划有效并完善它。例如,近几年,他在自己的常规快速球中增加了外切快速球,使他的球速从 145 千米降到 137 千米左右,然而,在必要时他投出的球速仍能达到 145 千米或更快。一旦他对主要计划感到满意,就会坚持采用此计划,直到他重新评估新计划为止。

然而,针对单独某一场比赛和实际情况,计划都会增加新的内容,派卓会根据实际情况使用不同的比赛计划,主要计划包括研究对方击球手,以了解什么方法有用或没用。他不但有针对比赛的完整计划,而且还制定了可调整计划来应对每个击球手。他不会仅仅依赖投掷快球来使击球手击球不中,而是清楚有时候需要让手臂放松,尽可能投出滚地球令对方出局。比赛计划中的一些项目是,如果曲线球有效,就继续投下去。即使是巴里·邦德(Barry Bounds——美国知名棒球运动员)在准备挥棒击球,派卓仍然向他投曲线球。如果另一个击球手不去击球,则将球投掷到接近好球区的位置。如果比分是 0:2,则投出一个变速球或曲线球,除非吉特(Jeter)在持续击球。如果高的快速球和近的快速球不起作用,则将球投得低些且远些。如果击球手将球击到远处,则应向其投近身球。有些项目不起作用时，派卓会找出原因并进行调整。当他的情绪可能战胜他自己的时候，派卓的很多脑力劳动是在回合之间和教练的帮助之下完成，而不是在反复的投球之间完成。

在过去几年中，派卓的伤痛和年龄增长使他的快速球减速，他更多地依赖于在比赛的几天里进行控制并有能力调整自己。使派卓成为一名优秀投手的正是他的调整能力。同样，一个交易者也一直需要复查他的行动计划并调整自己的仓位。最佳投手就是这么行动的，而差的投手却坚持投空中曲线球，从不学习如何调整自己，结果他又成为二流人士，在几年后以出售旧汽车为生。

对还未理解我所写内容的读者，我深感歉意。我可以肯定，某个法国人会说："该死，什么空中曲线球？那是美国人的运动，现在足球才算是运动。"

在此需要说明，空中曲线球是糟糕的投球，常常导致本垒打。曲线球是比快速球慢的投球，并呈曲线运动，使击球手很难击球。然而，空中曲线球正失败于曲线上，它在空中就像一个大的扁葡萄，很容易被击打，用不了多久，经常投空中曲线球的投球手就会从职业球员的队伍中被淘汰出去。

典型糟糕的交易者

这和交易有什么关系呢？拿约翰（John）来说，他是个糟糕的交易者，最近两天他都在做多原油，原油价格确实上涨了 2 美元。他做多的原因是电视一直报道原油的价格将会一飞冲天，并且上周他在加油站加油时的价格是每加仑 3 美元。2 天后原油的开盘价低了 20 美分，市场在卖出，约翰担心情况更糟，于是以市价平仓了。然而在当天收盘时，原油价格却上涨了 1 美元，并在几天后上涨了4美元，期间几乎没有回调。他不但没有再次进场做多，反而做空了。因为他认为价格会回调一些，这样就有机会重新做多。到那周结束的时候，他在这次交易中本可以赚4000美元反而亏损了4000美元。

他为什么会亏钱？因为他没有制定交易计划来指导交易，也没有制定行动计划来指导进场后的行动。约翰投了一个很糟糕的球，他没有做充分的研究，之后又投了更多糟糕的球，那是因为他事先没有做好准备，并让自己的情绪占了上风。约翰并未想好开始交易的原因，单单有天然气的高价并不是急着买进原油的一个合理理由。你需要在开始一次交易前彻底想好关于交易的方方面面。他在进场时并不知道如何出场，还指望赚钱。如果你想成为成功的交易者，冲动交易不会让你走得长远，所以你应该有交易计划。

优秀的交易者总是有备而来

另一方面，优秀的交易者会在进场前对形势做彻底分析。他可能会观察原油的价格图表，然后问自己：原油是超买状态吗？潜在的风险有多大？这笔交易可能会赚到多少？等等。一旦都符合他的标准，而且他决定进场，接下来，他就要寻找进场时机。使交易者更优秀的要素之一是在决定买入之后至进场之前，他就开始为交易制定出场策略。在交易者进场后，他会定期评价他的交易。

基本上，交易者在交易中会有一个完整的进攻计划和一个防守策略，或者更准确地说，从交易开始到结束，他会有一个关于交易的操作计划。

请看下页图1.1，你会发现预想中的事情都有可能会发生。

第一章 每个人都需要计划

随着天然气价格达到新高，最近新闻报道都在关心原油的价格。上涨的市场在震荡一段时间之后似乎又要创造新高。

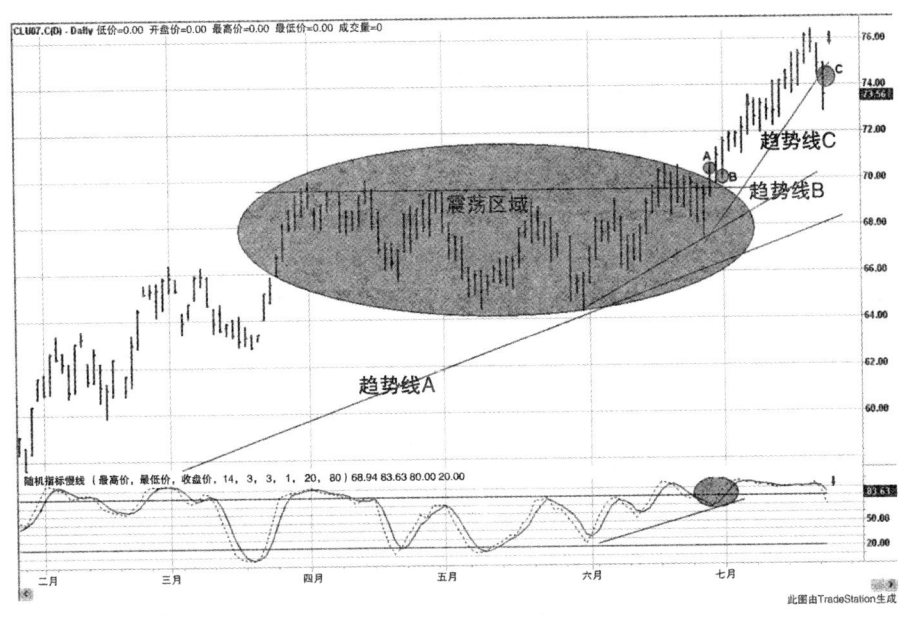

图 1.1 原油图

来源：© TradeStation 技术公司，1999 年，版权所有。

但是一个谨慎的交易者不会根据新闻报道莽撞进场。假如说哈利（Harry）是一名优秀的交易者，从现在开始到进场前，他会研究当天图表中的阴影区域 A，划几条趋势线，并说："不错，看上去目前的形势很好，满足我所有的标准（他的交易计划）。市场的主趋势是上涨的（在图中没有完全体现出来，但从趋势线 A 可以看出），市场非常接近趋势线 A；在 70 美元处刚好突破小震荡区域，出现了一点回调，现在又已经突破了；价格快到历史最高点了；如果把价格跌破趋势线 B 作为出场点，那么潜在的风险是可以接受的。止损点可以设置在趋势线之下，如此一来风险是 2 个点左右。随机指标数值偏高，但其曲线还没有交叉，向上的趋势线给出了上涨信号。如果随机指标曲线转到超买区之下，我会出场，正如市场向下突破趋势线一样。"

现在，哈利进行了一次交易，这次交易符合他的交易风格和交易计划中设定的标准。另外，他还制定了一个行动计划来实施交易。他没像约翰一样两天后在区域 B 出场，而是多持有了一周，在趋势线 C 被向下突破并且随机指标曲线在超买区下死叉时，在区域 C 将原油卖出。哈利喜欢画趋势线，由于价格趋势越来越陡，他必须不停地调整趋势线，直到最终画出了趋势线 C。总而言之，同样是交易原油，制定了行动计划的哈利从每份合约中赚了将近 4000 美元，而约翰这个傻瓜却亏损了 4000 美元。

顺便说一下，以上内容是我在一年前写的，现在我正在编辑这本书。从那时开始，每桶原油的价格已经涨到 135 美元。庆幸的是，当原油价格到了 70 美元时，我认为价格偏高了，但我并没有做空它。之后派卓小腿肌肉撕裂，去年大部分时间又因为肩部撕裂而被列入伤病名单，随后在今年年初又拉伤了大腿。我在前面就提到了运动员要注意保持健康，看样子派卓还是没做到这点。这一系列事件表明了世事是多么变化无常！

交易计划和操作计划

本书所讨论的是如何减少交易中的赌博因素。很多人觉得交易只不过是赌博，对于大多交易者来说，它的确是赌博。但是仍有很多交易者在月复一月、年复一年地进行赚钱的交易，他们已经学会如何把交易和赌博区分开，他们的成绩也表明，这是完全可能的。我相信任何人都可以做到这一点，只要他愿意。对我来说，最困难的工作就是做好一个计划，并按计划进行交易。也许没有什么工具会比你拥有一个合适的经过深思熟虑的计划更重要。

我所说的计划包括两种类型，分别是交易计划和操作计划。尽管两个计划要一同使用，但它们是两个不同的个体，彼此相互依赖、相互支持才能发挥作用。没有行动计划，再好的交易计划也不会起作用，这就好像派卓，虽然他能投出世界上最棒的快速球和曲线球，但却不知道何时投出及投向谁。另一方面，没有交易计划的行动计划也不会具有说服力，这就好像派卓，他在一个不利形势下决定投一个弹指球，但此时，他却意识到他从未学过弹指球投掷方法，这就为时已晚了。但是，一旦将两个计划一起实施，他就能赢得很多场比赛并成为顶级投手，就像他现在这样。

以上所述对交易者同样有效。制定这些计划的主要目的是，确保你一直都能够做出明智的交易决策来帮助你完成交易，并确保你了解正在承担的风险以及交易前的预期回报是多少。没有计划的辅助，在交易开始之前你就会凶多吉少。如果没有计划就进行交易，你成功的机会就小很多，当你拥有一个合适的计划作为指导时，结果就会截然相反。在这本书中，你会了解到，为了成为一名更优秀的交易者，交易计划和行动计划是多么重要。在有或没有交易计划和行动计划的情况下，我都交易过，我确定，在恰当计划的指导下，我的交易结果会呈现越来越好的趋势。

如果你读过我的第一本书——《高胜算操盘》，你会知道我强调过，成为顶尖交易者的一个很重要因素就是制定计划。在那本书中，有一章我专门介绍了交易计划和行动（操作）计划，正是从那一章我得到了本书的灵感。

交易计划

先制定交易计划，它是每个交易者应该具有的交易策略基础，它能反映一名交易者的交易风格、交易策略和风险厌恶程度。交易计划中没有必要建立一个死板的系统，但是可以有一个指导工作的策略，比如"在上涨趋势中的回调时买入，在任何一次交易中不要拿超过5%的资金来冒险"。交易计划没必要天天改变，因为它包括交易者的交易系统和资金管理计划。需要定期复查交易计划，但在整体上交易计划通常保持不变。本书主要内容不是如何制定交易计划，但在下一章我会多说些制定交易计划的基本要素。

操作计划

一旦制定好交易计划，交易者需要一个使他每天能应对市场的计划。这就是行动计划，它将不断地改变，因为它反映的是新的市场行情。市场中总有新事情发生，而一名有准备的交易者，会提前准备好各种策略来应对不同情况。交易者的准备工作包括移动止损点，在公布失业人数后知道该如何采取行动，以及在进场前应等待市场到达趋势线。行动计划包括寻找交易机会、选择时机、确定交易量、知道出场价位在哪里，以及如何调整风险。你应该定期重新评估你的仓位并提出新方案，这样你就能随着市场变化来改变你的行动计划。本书将着重叙述如何应用行动计划来使你获取好处。如果你学会如何制定并使用行动计划，你将成为一名非赌博式的交易者。

几点说明

现在，在我继续叙述之前，我想说明的是，本书内容只是我的想法，只是要点，你需要对它们进行扩充，不应把它们当作交易或行动计划的真理或圣言。本书不适合懒惰的交易者，你不会找到任何快速致富的策略或系统来使你变成百万富翁。本书会使你成为一名更优秀且警觉性更高的交易者，但是你必须付出努力来改善你的交易。不过我还是希望你在读完本书后,能增加几种交易方法,来帮你指明正确的方向。我知道,你正在努力成为一名更优秀的交易者,因为你买了这本书,这是一个好的开端。如果你在书店里浏览本书,那就下决心买下它。不管怎样,我希望能够帮到你。

第二章 交易计划

一个交易者和上帝在谈话。交易者问上帝:"100万年对您来说意味着什么?""像一秒钟。"上帝回答。交易者又问:"100万美元对您来说又意味着什么?"上帝回答:"像一分钱。"交易者接着问道:"那您能给我一分钱吗?"上帝回答说:"当然,给我一秒钟的时间。"

介绍完本书的基本内容之后,接下来的两章主要叙述交易计划和行动计划之间的区别。我会阐述如何制定和运用这些计划的基本原则。本章主要阐述交易计划,你很可能猜到下一章阐述什么内容了。

什么是交易计划

什么是交易计划?简单地说,交易计划是交易者进行交易的基本指导准则。尽管越详细越好,但交易计划无须详尽或复杂。交易计划包括你所有的交易想法,并且综合了一些事情。首先,它是能产生进场和出场信号的交易系统或交易方法。交易计划不必是一个自动产生信号的机械系统,但可以是一个简单的交易策略。不管这个策略具体是什么样子,它能为你指明正确的方向。如果没有策略的话,交易者就不知道何时买入和卖出,相当于在胡乱交易。

交易计划的第二个主要部分是资金管理。资金管理主要研究交易者在任意时刻针对单笔交易愿意承担多大的风险。例如,每笔交易承担的风险不超过总资金的 4%,或在任意时刻的风险不能超过 10000 美元。不能对资金管理掉以轻心,依我看来,它比选择交易机会更重要。无论你是多么优秀,也会经常犯错,仅仅一次无法控制的交易就会使你一蹶不振。只有资金管理才能够防止你爆仓,并让你有足够的资金进行下一笔交易。你一定要花时间制定一个可靠的资金管理方法,因为也许某天它会救你一把。

不必在纸上写出交易计划,但是,如果写出来并周期性复查该计划,它确实能够给你带来很大的帮助。如果你没有交易计划,那么你应该尽快确定一个交易计划。请将本章再读一遍,归纳出我所谈论的主旨,然后再读一遍,开始制定你的交易计划。即便是个简单的计划也比没有计划好。如果你知道每笔交易所承担的风险,也知道在什么样的市场状况下进行交易,那么你的交易就会有所改善。

一个简单的交易计划

交易计划可以像下面这样简单:

无论何时,只要市场(本书的其余部分中,市场可以是股票、指数、期货或任何你所交易的商品)还处于上涨趋势,而前两天是下跌的,第三天开盘时是上涨的,且开盘后半个小时内都是上涨的，那么就要买进两份合约。如果市场低于前一天的最低点，则要止损出场；如果市场上涨了 5 个点或上涨了 3 天，则要兑现利润。这个交易计划通常只适用于风险低于 2 个点的交易。

这就是我刚刚制定的交易计划，我不知道它是否有用。这个交易计划虽然简单，但是它包含了一个有进场和出场信号的交易策略和一个考虑到了止损、仓位大小和总体风险的资金管理方法。有些人可能会每天都遵守这个交易计划，但是并不会认真地思考所做的事情。然而，在遵守这个交易计划之前，交易者应该花时间查看它在过去是否成功过。本章后面将讨论如何制定一个比较专业的交易计划，现在我只想谈一些基本内容。

为什么需要交易计划

最可能的答案就是：为了赚钱。交易计划包括你曾经测试过并带给你最佳获利机会的交易策略，换句话说，就是经过了测试，期望值是正数的高概率策略。如果没有交易计划，交易者会根据兴致进行交易。即使市场状况完全没变，交易者也会出现第一天做多、第二天就做空的行为。他们不知如何判断自己的交易，因此每天就会根据自己的偏好不同而改变交易方式。这使交易变成了赌博，而本书的书名正是为了防止交易者进行赌博式交易。有了恰当的计划，你就有了一个进行交易的真正理由，并减少你的情绪因素和临时决策，因为情绪上的不安并不会让你赚钱。如果你在收盘后做好了交易决策，并在开盘时关注市场时机和自己的执行力，那么你就会大幅提高成功的概率。前一章提到的原油交易就说明了这点。约翰的交易属于冲动性交易。因为他没有交易计划，所以他没有经过深思熟虑就进行了交易。与此同时，因为市场状况符合哈利的交易计划,所以他进场了;并且因为哈利制定了出场计划,所以他能够从中获取利润。

一旦有了交易计划,你就不会因为新闻报道或其他原因而去买高卖低。你会减少交易的次数,节省很多佣金。另外,你会清楚地知道何时出场,这和进场同等重要。如果不坚持计划,你会失去弥补亏损的信心而掉入反复投掷空中曲线球的怪圈。交易计划会使你全天都保持专注并尽量避免做蠢事。制定交易计划的另一个原因是你知道要承担多少风险并知道在哪里设置止损点。如果你提前设置好了最大止损点,即使市场碰到了你的止损点,你也不会感到恐慌,因为你是有备而来的。然而,如果从未设定过最大止损点,你就会在期待反弹的同时,眼睁睁地看着自己的账户亏光了。

交易计划会为你的每笔交易找到理由,这样就会减少你在交易中的赌博因素。优秀的交易者不会依赖运气,不错,有运气固然好,如同玩扑克牌一样,但是优秀的交易者同扑克牌高手一样,不会长期依赖运气,而是运用技巧、策略和规则,当遵守这些时,才会在各种形势下做出反应并成为赢家。这要归功于成功的计划,而不是偶然或运气。

扑克牌案例

我喜欢把优秀的交易者比作扑克牌高手。"高手"是指那些以赌博为生的玩家。一个玩家之所以能成为高手,不是因为他在不停地赌牌,而是因为他善于学习。他会花时间研究发牌的概率,更会研究每局的风险。例如,如果他有8∶1的机会得到他想要的牌,奖池里有200美元,以10美元下注的话,他能获得20∶1的赔率,这就是笔不错的赌注。如果奖池里只有40美元,那么他在

8∶1的得牌机会下只有4∶1的赔率,这时下注就非常愚蠢。计划之一是只有在赢面概率大于赔面概率时才会下注。他不会像业余玩家那样在底赔率大于期望赔率时还在追求中间少一张牌的顺子。计划之二是要了解资金状况和所能玩得起的游戏及能够赔付多少,这样他才能在第二天继续玩下去。如果一个玩家手上有500美元,他在以100美元为起线的桌上下注,肯定没有赢的机会。然而,如果在以5美元为起线的桌上下注,他就会有很多赢的机会。同样,如果一个玩家在玩了一会儿之后记下每个对手的特点,就会清楚谁冒进、谁谨慎、谁诈牌,在何时可以对谁诈牌以及谁从不出牌。诈牌是一项必备的技巧,一个扑克牌高手清楚何时能用它以及何时不能用它。在其他玩家手气好或不好的时候,他能够通过察言观色了解到其他玩家的状况。如果他此时看出了弗瑞德(Fred)在手气好的时候会玩弄手里的筹码,因此明智的做法是不下注。像这样的小把戏,扑克牌高手一坐到赌桌前就能洞察到,所以,在和一个坐在赌桌前接连下注的愚蠢玩家玩牌时,他会经常胜出,并且不露任何蛛丝马迹。

交易者的买卖计划

制定一个恰当的计划会迫使交易者集中精力,同时使交易者避免不好的情况。在《高胜算操盘》中,我将交易计划比作交易者的买卖计划。没有买卖计划,很少有买卖会成功,既然如此,交易者还有什么理由对买卖计划不屑一顾呢?交易是一种买卖,不要忘记或者不要轻视这一点。在进行买卖或在买卖中尝试增加资金之前要制定好买卖计划,这对交易者来说同样受用。在你开始全职交易之前,你应该花些时间来制定你的买卖计划。

要确信你会从其他交易者的手中筹到资金。商品交易顾问

（CTA）或对冲基金经理发布的公告其实就是他的详细交易计划，因为交易计划的方方面面都会出现在公告中。公告一般会包括目标、策略、风险、成本和预期回报。你的任务就是完成同样的工作，这项工作没有完成前不可以拿任何一分钱去投资。

不要只说"嘿，哈利，我有一个会使我们在原油期货中赚大钱的想法。给我25万美元，我就会努力赚钱，我想我们会赚200万美元，并且几乎没有风险"这样的话，哈利只会对你的想法以及想要付诸的行为给出一些嘲讽和尖刻的建议，除非你列出一个详细的计划，告诉他你要做什么，怎样做，承担多大的风险以及投资失利的概率。然后，让他在你所给出信息的基础上做出明智的决策。现在，如果这个计划对哈利做出决策起到重要的作用，那么对你来说更加重要，因为你在拿自己的钱冒险。

制定交易计划

既然你已经认识到了交易计划的重要性，是时候开始制定一个交易计划了。一个合适的交易计划基本上囊括了所有的参数，一般都会使用到以下参数：

◇ 进场。
◇ 出场。
◇ 设置止损点。
◇ 调整仓位大小。
◇ 资金管理参数。
◇ 交易品种是什么。
◇ 交易的时间框架。
◇ 模拟测试。

◇ 业绩复查。
◇ 风险与回报。

每个参数都是交易中的重要部分，但在组合之后，它们就成为一个无价且强有力的交易工具。其他需考虑的事情是交易者的情绪和交易风格。每个交易者会有一个独一无二的交易方式和规避风险的风格，这正是为什么不能形成一个人人适用的统一交易计划的原因。如果交易计划不符合你的交易风格和想法，无论多么完美，你将很难遵守它，这就意味着每个交易者应该量体裁衣。一本好书不会真正给出一个对你有用的交易计划，但是会做出指导以帮助你制定一个符合自己交易风格和风险容忍度的交易计划。当然，很多书会为你提供有用的系统，但是系统只是交易计划中的一部分，没有资金管理，系统就没有用处。尽管本书更多地倾向于用行动计划而不是交易计划进行交易，但是我的第一本书中提出了很多观点可以帮助你制定一个可靠的交易计划。然而，你仍然需要自己制定计划。

当你开始制定一个比较详细且看起来很专业的交易计划时，应该考虑说服某些人为你投入资金。那样的话，人们会提出一些基本问题，例如：哪种回报是可以预见的？是否包括交易成本？在最坏的情况下会亏损多少？是否有爆仓的可能？他们会询问你的交易策略，包括进场、出场和你将进行交易的市场、股票和板块，以及持仓期限、如何设置止损点、是否做过模拟测试，等等。他们也想了解你的资金管理计划，你要告诉他们你一次交易时的风险是多大，如何防止爆仓，交易品种有哪些，等等。如果你能回答出这些问题，相比回答不出来的人来说，你就是一位比较优秀的交易者。

分析交易计划

交易方法或系统

对初学者来说，交易计划包括你在交易中会用到的系统或交易方法。基本来说，交易系统是一套规则和帮助你分析进场与出场的市场状况。如果你愿意，可以根据不同的市场状况采用不同的交易系统。有些人听到"交易系统"这个词就认为它一定会有电脑生成的信号。这是不正确的，系统不一定是机械的，只要系统能够一直遵守相同的规则，那么这个系统可以是主观系统。系统信号可以用很简单的方法生成，举例来说，如果周一上涨，那么就在周二买入，这就是一个简单的系统信号。你也可以进行主观交易。也许你会看一些指标，然后在综合新闻报道的基础上做出决策。只要你持续一致地遵守规则，无论采用哪种交易系统都行，但无论系统是否由电脑生成，一定要在历史数据的基础上对系统进行测试。拥有非机械系统的主要缺点是很难测试主观交易方法。如果无法做模拟测试，你只能通过在市场中的亏损来确定你的系统是否有用了。如果你的想法在过去没有效果，那么它在明天可能也是无效的，所以，你要确定你的想法是长期有效的。

一旦有了系统或方法，你就会知道如何交易以及交易什么，没有意外事件发生，并且会减少糟糕交易的次数。我敢确定，你仍会有很多次糟糕的交易，但是也许会越来越少。糟糕的交易不同于亏损交易。很多好的交易没有成功，你会亏损，然而，糟糕的交易是系统本来能够避免的愚蠢错误。通过系统，你会知道市场状况是否符合你的标准，只要符合标准，你就会进场，而过去的事实证明无论获利还是亏损，这都是一笔好的交易。但是如果市场状况不符合你的进场标准，不管你多么无聊或有多少额外的保证金，也不要进行交易。

不要忘记出场 我要强调的一点是进场只是交易的一半，你同样需要出场。很多人跟进好的买入信号，但是却忘记要出场。系统必须具有使你出场的规则，甚至比你进场还要重要。不要忽视交易中的这一部分，出场才是盈利交易者和亏损交易者之间的真正差别。回头看看原油交易，出场策略使其中一个交易者在交易中获利。一个好的系统会给你提供选择以从盈利交易、亏损交易或不赚不亏交易中退出。我想说的是，在进场之前，无论是在盈利还是亏损的交易中，你都应该了解在什么位置出场或者为什么出场。我没有使用"止损点"这个词，但是它却暗含在本段中。尽管操作计划会监控止损点，然而交易计划却能为其确定参数。拥有预先确定的出场规则的好处是一旦进入交易，交易者可以稍微放松并且不用时时刻刻紧盯市场。

资金管理 尽管交易系统很重要，但在交易计划中，资金管理和风险参数比实际买入和卖出信号更加重要。你需要了解承担多大的风险、交易多少合约或股票、何时加仓，以及适合交易哪些股票或市场。资金管理计划能让你知道应该持有多少笔交易，每笔交易的风险分别是多少。资金管理的重要内容就是如何决定仓位大小，这点也是你成败的关键。即使你的交易很正确，但是交易超出你能承担的亏损范围，你就会轻易陷入困境。如果你过度交易，一个轻微的反向波动就能让你大亏。因此，即使你对未来趋势判断正确，但也可能会因为亏损而提前出场了。

如果制定了一个好的风险计划，你就会降低爆仓的概率。我知道，我在市场中大亏并非是因为我判断错了（只是我犯了错误，使用了糟糕的资金管理计划、仓位过大或风险太大了）。惨啊，有一次我判断对了方向，但还是爆仓了。当时，我的仓位方向是对的，但仓位过大，当市场突然对我不利时我恐慌了，为了弥补亏损，我又反转了仓位，最终爆仓了。

在你交易之前要花些时间制定一个好的风险计划，因为它会使你更加容易制定并遵守行动计划。如果你有多年的交易经验，我建议你花一个小时的时间评估一下你的风险策略。我会在后面详细阐述资金管理计划，但目前还没有确定具体章节。如果你迫不及待想知道，请参阅目录。

了解你的交易心理

制定交易计划时，你应该指出将要交易哪些股票、板块或商品。每个市场的波动情况都不一样，有些市场常常出现趋势，有的市场总是在震荡，有些市场波动剧烈，因此，你的交易量必须小并使用比较宽的止损范围。人们喜欢一些市场，而不喜欢其他市场，这就是他们交易心理的体现。除非你在使用一个软件，这个软件能告诉你哪些股票或市场符合你的标准，否则，你要根据自己的交易计划来选择股票或商品。

对有些人来说，选择投资品种是很简单的，他们只交易标准普尔股指期货，其他人也许会交易石油股，还有些人可能会选择成交量在100万股以上、股价在20美元以上的股票。你打算交易什么品种并不重要，只要提前确定了品种就好，这样在开盘时，你才能专注于交易。否则，你就要忙着到处寻找投资品种。

交易心理的另一个方面是在你开发系统的时候就要确定你的交易时间框架。有些人可以持仓几年，有些人则12秒钟之后就变得急躁。持股的时间越短，你进行的交易就越多，你的止损点和目标点就越小。我绝对不做短线，所以我不会使用我朋友布鲁斯（Bruce）正在使用的交易系统，他每天要交易200笔。我喜欢持股几天或几周，所以我的目标点更大，追求更大的波动幅度。当布鲁斯在夜间交易时，他会给我和其他人打电话，以了解我们的想法。然后，他会像个婴儿一样地睡着，每隔1—2小时就会醒来大哭。我再次重申，每个人都是不同的，在制定交易计划的时候应该考虑到这些差异性。

模拟测试

我在前面提到了要做模拟测试，如果你想成功，那就花些时间证明你的思路是有用的。测试系统非常重要，必须重视。虽然有类似TradeStation这样的软件能做模拟测试，但是如果你不懂编程，那么你只能进行手工测试。你在进行测试的时候，要把交易成本算进去。在模拟测试时不要忘了计算佣金、费用、滑点亏损、软件费用、数据费用及交易费用等。你要确保已经考虑了这些费用，否则你会很吃惊的。布鲁斯是一位非常活跃的日内交易者，有时候他一天的佣金就高达5000美元。如果他当天的交易是亏损的，那这么多的佣金费用就太可怕了，账户的亏损速度会比他想象得还要快。

总结

缺少交易计划的主要原因可能是它既耗时又难以制定。大多数人想直接进行交易，并不想花费时间和精力写出交易计划，因此他们忽视了交易计划。缺少交易计划会让一个人犯很多错误，因而这是最大的错误之一。将计划写在纸上会帮你建立并坚持具体的规则，同时，也会帮你避免在市场出现机会时或亏损的时候做出情绪化的决策。在压力和亏损面前，人们会失去理性，很可能会变成可怕的交易者。如果你制定了规则，希望你完全遵守并坚持。最后，我建议你坚持评估你的业绩和计划，不从错误中学习，你就不会进步。你从本书会了解到，复查是交易中很重要的一个方面。

第三章　操作计划

　　哈利和约翰在谈话。约翰说他最近在市场中亏损很多。

　　哈利问："你是一头牛还是一只熊？"（译者注：原文有"你看多，还是看空"的意思）

　　约翰说："都不是，我是一头蠢驴。"

　　制定完交易计划之后，交易者应该制定一个操作计划来实施交易计划。操作计划会调整交易者在每天交易中制定的决策，并用来执行交易计划。操作计划和交易计划的区别在于：交易计划会具体规定当价格与趋势线之间相差0.5个点时买入X份合约，风险则是反向突破2个点。X可以由交易计划中资金管理部分的公式决定。操作计划则负责确定市场何时符合买卖标准、选择进场时机、决定实际交易的合约数量、确定出场策略、监控风险，以及一些有助于成功交易的事情。操作计划的重要性在于它可以使你为交易做好准备，同时也使交易变得更加容易。

时刻做好准备

最好在市场收盘后做出交易决策，这样，在市场开盘时，交易者会有事情可做。我过去日内交易股票时，喜欢每晚回家复查市场。我会将想要买入和做空的股票写在一个清单上。我已经有了交易策略，现在我只需要找出符合条件的交易机会。我会确认相关的趋势线、支撑线、阻力线或突破价位。另外，我已经计划好了在何处平仓或反换仓位。在第二天交易时，我已经准备好了清单，上面写着我要交易的品种、进场价位，以及目标点和止损点，这就是我当日的操作计划。我的交易计划已经说明了我的选股标准是什么，例如，股价在20美元以上，平均日交易量超过了50万股且平均振幅超过了1美元。交易计划能告诉我要承担多少风险，以及使用哪些技术指标来确定这些交易。然而，在日常交易时，我用操作计划进行交易。如果市场发生了变化，我总是在午餐时间重新评估，并调整操作计划以适应市场的变化。在午后，我试着确定新的交易机会，并重新计算风险水平和所持有仓位的止损点，这样，我才能一直有备而战。我现在交易最多的是道琼斯股指期货和标准普尔500股指期货，但思路都是一样的。2006年11月我在写本书的时候，市场在最近的4个月内呈现强劲的上涨趋势，所以在那段时间里我没有经常买卖；相反，我在持有仓位并密切关注我的仓位，同时移动止损点、调整风险，并试着计算市场会在何时到达顶部以及当它到达顶部时我该如何采取行动。作为行动计划的一部分，如果市场低开，我会加仓买入；如果市场很强，我会在下午3点以后进行日内交易（译者注：美国市场有在下午4点收盘的）。

为什么需要操作计划

制定操作计划的主要原因是帮助你专注市场,同时帮助你尽可能做出最佳决策。如果你没有操作计划,可能会受新闻报道的影响、想扳回本或受其他交易者的影响,从而强制进行冲动性交易。这样的交易是因为没有制定或未遵守操作计划所带来的结果。只要交易者拥有了优秀的操作计划,交易者会针对不同的市场状况制定不同的策略。无论市场怎样,他都知道如何应对。由于市场不可预测,交易者在交易中需要灵活应对。如果发生意外,交易者要按照预定的应对计划交易,而不是为了刺激而交易。当然,有时候事后来看,你会发现自己错过了几笔大买卖。如果你错过的买卖机会并非属于你的交易计划,那么错过了是没关系的。错过几笔交易没有关系,你会遇到更多的交易机会,因此不要指望抓住市场的每次行情,重要的是要做好每笔交易。

行动计划的基础

我不打算在本章的剩余部分过多详细叙述操作计划,因为在本书接下来的部分会详细介绍,并且在我将要写的一本厚书中会重复提到。因此,现在我只想谈论一些熟知的基本内容,例如:你将交易什么,交易多少,在什么位置进场以及在什么位置出场,包括资金管理的所有其他信息都用于支持和确定上述基本内容。我将简单叙述一些重要的方面,这样能使基本内容更简单。这种方式会贯穿于我的整本书中。

了解自己

　　这同样适用于交易计划。为了拥有成功的机会，应制定并遵守一个计划，但它必须符合你的风格。简单地说，如果交易计划不适合你的个人偏好，你将很难进行交易。如果计划不是你自己的，那么无论它多么好，你都难以遵守。对某些人有用的计划不一定对其他人也有用。不同的人使用不同的时间框架、风险参数、纪律和风格。有些人喜欢一直做多，而有些人则喜欢做空；有些人喜欢顺势交易，而有些人则期待反转，等等。如果交易者的风格都一样，那么就没有人能买入股票了，因为所有人都在同时买入股票却没有卖家。不同的风格和思想为市场提供了流动性，这样人们才能进行交易。不同的风格都能让人赚到钱，但是如果你想要成功，那么你一定要找到适合自己风格的交易方法。正如我写作本书一样，我是用我的风格来写作。你的任务是理解本书的概念并制定你自己的计划。不要期望在我的言语中能找到交易圣杯。你只会从本书中发现我的真切感受和我觉得有用的东西，但是，你必须记住，我也许具有比你更强的风险忍受度。

拟定情况

　　对我而言，最有用的方式就是对可能发生的状况提前做好准备。在你进场之前及开始交易之后，提前做好准备都会使你受益。很多交易新手仅仅梦想着获取最大利润，却忘记考虑市场有可能会违背他们的想法。如果市场真的违背他们的想法，他们会没有策略加以应对，最后变成迷路的小鹿。如果预先决定了将在某个确定点出场，你在交易中就会更加轻松并获利更多。

我相信你会获取很大利润。如果你是个投资者，可以持股几年，但是作为交易者，你要面对何时出场这个现实问题。如果你在做日内交易，你交易的股票的平均振幅是 1.20 美元，当天它涨了 1.10 美元，并且没有特别的新闻报道推动它继续上涨，那么按照你的风格，此时平仓或者做空可能是个不错的想法。你可以预先设想这种状况，当股价上涨超过 1 美元时你就平仓。虽然我喜欢在收盘后预想各种可能的情况，但我在交易时会观察市场，以检查是否需要调整计划。

最糟糕的状况

正如你应该一直为生命中将发生的最糟糕的事情做准备一样，操作计划之一就是要考虑有可能导致你交易失误的每件事，不管你是否能够掌控它。只要你知道可能的风险因素是什么，就可以事先做好准备。如果你没有考虑充分，那么当最糟糕的事情发生时，你就会目瞪口呆，不知所措。你的计划可以是天衣无缝的，但是，突然出现的恐怖袭击谣言会使道琼斯指数突然下跌 200 个点，整个市场的趋势发生了改变，估计你已经亏损了。你几乎什么都做不了，只知道交易中任何事情都能发生。我 22 岁时在交易所场内做交易，当时我自以为无所不知，一个周五市场急剧下跌时，我受到了重创。我当时的操作计划很简单，就是每天赚 1000 美元。当时我并没有应对混乱状况的行动计划。有一天，我开始了一笔亏损的交易，市场一直对我不利，我持续加仓并期待价格在进行第一次调整的时候能够弥补亏损。这笔交易在一开始就错了，而且我透支交易，保证金也不够，但是我又不想接受亏损这个现实，因此我决定继续持有，并且不让清算公司知道这件事，然后等待周一的市场反弹。我在周五时亏损了 8000 美元，周一由于我的不作为，亏损额又加大了，周二清算公司在市场的最低价帮我平仓了，我最终亏损了1.3万美元，这相当于我当时所有资金的一半。交易所禁止我在交易所场内继续交易，除非我能筹集到更多的资金。

在过去的几年里，我见过一些令人难以想象的事情，尽管不会经常发生，但是你应该时刻为最坏的情形做好应急准备。也许就在你上洗手间的这段时间里，像意外降息、恐怖活动、一位首席执行官（CEO）死于空难或者新闻突发事件都会导致你的股票下跌13美元。电脑高手发布的一个关于某CEO辞职的假新闻，可以让股价下跌50个点并跌停。你的办公室突然停电了，导致你无法出场。下午3点的时候，道琼斯指数已经下跌了150个点，到了收盘前又强力反弹并上涨了150个点，而你也会从获利1万美元沦落到被通知追加保证金。你持有木材期货，结果它先是连续15天涨停，然后又是连续10天跌停，导致你进退不得。

记住，你应该为最糟糕的状况做好准备。这并不是说你要为可能发生的最糟糕的事惊慌失措，而是指一旦发生了意外事件，你又没有设置止损点时，一定要知道如何应对。

使你的计划有效

你不仅要制定一个交易计划，还要了解它是否有效以及如何使它有效。如果你不知道如何利用它或者你根本就不遵守它，那么这个计划就没有任何价值。永远不要认为你的计划很完美。有些人一直在使用他们的交易计划，但是根本没赚到钱。也许这个交易计划不适合他，或者需要修改，或者需要重新制定一个计划。为了使你的计划有效，你可以采用以下方法。

不断复查

你的交易计划应该涉及何时以及如何复查你的交易、操作计划和业绩。你不必写成交易日记（尽管我推荐这种形式），但是应该有一个监控仓位和检查交易的方法来指出你的行动是否正确。我喜欢首先观察持仓的情况，看看这些仓位是否符合既定的标准，如果不是或者交易的原因已经改变，你就要更加密切关注仓位或出场。坚持复查会使你成为优秀的交易者，多久复查一次取决于你交易的时间框架。长线交易者可以一天或一周检查一次，但是一个高频交易者应该不断复查。

对于持有的仓位，需要复查这些问题：

◇ 价格到达目标区了吗？
◇ 价格接近目标区了吗？是否需要密切关注？
◇ 应该加仓还是减仓？
◇ 计划赶不上变化？
◇ 是不是投资其他品种更好？
◇ 现在平仓好，还是继续持仓好？
◇ 价格接近止损点了吗？
◇ 你忽视止损点了吗？
◇ 波动性是否改变了？

复查完持仓后，再检查你的亏损交易。我喜欢复查亏损较小但是却在恰当时候出场的交易。对我来说，这些才是最重要的交易，我要增强这方面的交易水平。以小额亏损（很可能会转变为大的亏损）出场要比在交易中盈利更令我感到骄傲。因为我这样做是正确的，所以我觉得这样的交易才是好的交易。我会记住出场时的市场状况，当我再看到同样的状况时，我希望再次做出正确的行动。过去我总是让小亏变成了大亏，现在我在这方面已经有所改善。如果我的交易变得很糟糕，我会弄清楚为什么会这么做，这样就不会再做同样的事情。接着，无论赚钱与否，我会检查错过的交易和做错的交易。我不希望将来再犯同样的错误（写起来容易，做起来难）。我最后复查的是盈利交易，并会从中学习。整个过程不需要很长时间，只要在收盘后的几分钟就可以，并且进行这个过程非常值得。那些从不复查交易的人也无法从正确和错误的交易中学到东西，所以不要忽视这个简单的例行工作。

不仅要复查交易，还应该不断检查计划的有效性。有时候你亏损的原因可能是由于你的行动计划或交易计划不完善所导致，因此要确保你的计划是有效的。你还要检查自己是否在按计划行事。最糟的事情莫过于你已经在纸上写出了完美的计划，并且市场走势也与你的想法吻合，然后你搞砸了，最终亏了钱。如果想成功，你就必须遵守计划；如果不能遵守计划，那么你就无法在交易中赚钱。

纪律

事实上，纪律并不是操作计划中的一部分。但为了取得成功，你最好还是执行一套纪律，因为纪律将所有的事情都整合在一起。首先，你需要按照纪律制定交易计划和操作计划，并且更重要的是你需要遵守纪律来坚持计划。一旦你开始偏离计划，很容易出现亏损，并在交易中做出情绪化的决策。你会进行本不该进行的交易、过度交易、承担更多的风险或持仓太久，总而言之，你进行的都是糟糕的交易。

无论你是持续盈利还是亏损，都很容易丢弃纪律。盈利时，你可能会觉得自己比市场优秀并且不必遵守计划。亏损时，你会因为绝望而做出傻事。这两种情况都会导致灾难性的结果。永远不要因为出现了亏损而改变交易计划。如果你已经有些亏损，那么继续遵守你的计划（只要你认为它是有效的）。不要改变你的交易风格，要勇敢或执着一点。你要明白亏损只是做买卖必须承受的成本的一部分，不要在乎它，要抓住下一次机会。为了扳本而过度交易是最愚蠢的。如果你持续亏损，那么停止交易，等你检查完交易计划之后再进行交易，因为有可能是交易计划导致了亏损。另一方面，连续多笔盈利后不要丢弃纪律并忽视交易计划或行动计划。很多交易者在连续多笔赚钱之后会变得过度自信，他们会觉得自己战无不胜，并且会因欠缺考虑而进行过度交易，然后一两次亏损过后，他们脸上洋溢的笑容将很快消失。如果你在交易中表现良好，可能就是你的计划促使你成功，所以不要忽视它。

我最后想说，与纪律类似，保持关注也是使交易计划和行动计划有效的重要因素。你可以制定一个完美的交易计划，但是如果你整日分散注意力，就不可能实施行动计划。如果你忙于给孩子换尿布、写书、筹划一个700人参加的新年晚会、开酒吧和餐馆、重新装修房子或一天花费3个小时上网浏览大量的色情网页，那么你就会在交易中亏损。如果你没有适当的时间关注市场，你需要改变交易计划和行动计划以减少交易、长时间持仓或暂停交易，正如我花了一年半的时间来写这本书一样。

实际上我上周才写完这本书，现在我在进行编辑和修改。写这本书确实花费了我一些时间，那是因为在这一年里我并没有完全专注于写书，而是忙于其他事情。由于写作期间我特别忙碌，因此不得不减少交易并且几乎停止了日内交易。这样，我就要修改交易计划以适应新的交易风格，这就意味着做长线交易。作为一个全职父亲，我要照顾一个6个月大的孩子和一个2岁的孩子，同时还要经营酒吧。如此一来，尽管日内交易有更大的回报（作为一个全职父亲），但是我却没有多少时间专注于日内交易。18个月以后，一个孩子上了幼儿园，而另一个孩子已经上了小学，正如你之后会发现的一样，现在有人在家里照看孩子们，酒吧的经营状况良好，而我的书也即将完稿。因此，当本书的终稿在下个月完成的时候，我一定会为进场做好计划。但是，首先我一定会制定恰当的交易计划和操作计划。

总结

在写作过程中，我试着写出一个盈利交易者能做的所有事情，并将这些事情与一个亏损的交易者在同样条件下做出的反应相比较。我相信，通过观察糟糕的交易者，你会从他们身上以及他们所犯的错误中收获很多。不要轻易犯下本书中列举的亏损交易者所犯的错误，试着从你自身找出他们所具有的特点并想想如何来改变这些特点。记住你身上具有的某种特点，然后努力改变它。你会通过几个糟糕交易而轻易地变成一个比较优秀的交易者。在我给你列举成功案例的时候，看看他们和你所做的有何不同，然后看看你会从中吸取哪些经验以使你的交易更加成功。

你会注意到本书的大部分内容不是关于实际交易，而是关于交易之外的能使你的交易更加成功的事情。与实际交易相比，我相信通过对市场做出恰当准备能帮助你赚到更多的钱，这就意味着在市场收盘前和收盘后都要做好准备工作。

第四章 了解你自己

一位牧师和一个股票经纪人在天堂之门排队等候。圣徒彼得（Peter）来到股票经纪人的身边，对他说："你好，乔（Joe），你做了一件很了不起的事，我们欢迎你到天堂来。拿好丝带和金杖，进入天堂之门吧！"正当股票经纪人拿着漂亮的丝带和金杖进入天堂的时候，这位牧师走到了门前，圣徒彼得却给了他一个棉布条和一根木棍，然后打开天堂之门，脸上的表情看得出他并不欢迎这位牧师。"等一下，"牧师说道，"那个人是个股票经纪人，他得到的是一条丝带、一根金杖，还有热情的欢迎，而我呢，在过去的37年里是一个忠实的牧师，一个为《圣经》祷告的牧师，竟然遭到如此冷遇？怎么可以这样呢？"圣徒彼得说道："在天堂里，我们通过你们生前的行为结果来做评价。你在传教时，人们在睡觉；而他在传教时，他的客户却不停地在祈祷。"

尽管本章仅用了几页进行阐述，但它非常重要，它是本书中我最喜欢的章节，我会直接阐述要点及其相关的内容。

为了成为一个成功的交易者，你需要制定符合你的交易风格和个人特点的计划和策略。在制定计划之前，你要知道什么方法对你有用，能让你感到舒服。尝试使用一个与你的基本交易原则相违背的策略是件很困难的事。有些人使用的交易系统能让他们取得极好的收益，而其他人使用同样的系统时可能会一无所获。一无所获的原因可能是违背了原则，或怀疑系统，没有采用系统产生的每一个信号，反而认为自己会做得更好。他或许会认为持仓更久可能会赚得更多，或者更糟的是，他想通过继续持仓让亏损的仓位变成盈利的仓位。如果想要遵守交易计划和行动计划，那么交易者需要调整交易风格。正如你所知，交易者的性格特点各不相同，很少有人具有相同的性格特点。如果人人想法一致，市场就不再有效了。

不同类型的交易者

我已经强调过了解你的交易风格是何等重要。过去的几年里，我和上百个交易者打过交道，多数人会有自己的特点，这使得他们变得特别或者不那么特别。交易者和普通人有很多不同之处，如果我每一页描写一种类型的交易者，那么我将很快写完这本书。有些人喜欢做空，有些人则喜欢做多。有的交易者只根据新闻进行交易，有的交易者则通过观察图表进行交易。有些人通过高频交易赚取几个基点，有些人则长期持股。有些人紧随趋势，有些人专做反转，有些人专做震荡的市场。有些人使用指数平滑异同移动平均线（MACD）或相对强弱指标（RSI），有些人可能使用布林线（Bollinger bands）和随机指标。即使使用同样的指标，不同的交易者也会从不同的角度看待。

交易者承担风险的方式也是不同的。有些人愿意在每次交易中承担更大的风险,而有些人则害怕交易并且只承担很小的风险,几乎没有给交易留出有效的时间。有些人拥有大量资金,有些人则没有足够的资金建立账户。有些交易者为高盛公司(Goldman Sachs)工作并在市场中推波助澜,而有些交易者每次只交易一份合约。有些人不喜欢持有隔夜仓,而有些人则喜欢持有隔夜仓。有些人持股仅仅2分钟,而有些人则持股2周。有些人很自负,而有些人很谦虚。有些人喜欢生鸡蛋和火腿,而有些人却不喜欢。上述方式可随意综合在一起,当将所有方式综合在一起时,却很少会出现相似的交易者。

正如你所看到的,我将继续描述不同的交易者和他们的交易风格。你关注哪方面就说明你是哪种类型的交易者。

共同点

虽然有很多不同类型的交易者,但是所有优秀的交易者都有一个共同点,那就是他们都有非常好的纪律。他们可能会以不同的方式进行交易,但是从长远来看,他们一定会制定纪律来保证交易成功。他们的交易风格可能完全不同,但是如果没有纪律,没有人能够赚钱。纪律在交易中的很多方面都起到重要作用,之后我会用一个章节进行阐述。

了解你是谁

如果从事过交易,你就会轻松地知道自己属于哪种类型的交易者。如果你是交易新手,你可能不知道什么对你是最有效的。因为上面我提到的交易者可能具有太多不同的特点,在此不能全部列出,因此,你必须从尝试和错误中学习才能了解你是谁。你交易得越多，就会更清晰地了解自己的喜好，并且知道什么对你最有效，这就是所谓的"交易学费"。

"交易学费"是我在从事交易的最初几年里对正常亏损的叫法。尽管你在此时会亏钱，但是这些亏损是无价的，因为你能从每次犯的错误中学习。即使在哈佛大学也没有课程专门教你如何进行交易，唯一的学习方法就是通过投入风险资金（学费）你才能在投资大学毕业。几年以后，你就能毕业了，希望你那时还能剩下一部分资金。刚开始时可以做模拟交易，但是模拟交易对你的帮助不大。这里有两个原因：第一个原因，你不会有耐心花费3年的时间进行模拟交易来获得相关的经验；第二个原因，只有用真金白银进行实战，才能更好地了解你自己。虽然本书不会帮助你了解自己，但是会为你提供相关的知识。

尝试不同的风格

几天前，我和朋友布鲁斯聊天，他在经过几年的交易后已成为一个成功的交易者。他和一位 X 先生在一间新的办公室里共同从事交易工作，这位 X 先生曾经是赚钱的机器。然而，他们的风格不同，布鲁斯的这位"导师"非常喜欢做空，而布鲁斯既可以做多，也可以做空，总之，他是顺势交易者。因为 X 先生已经从市场中赚了很多钱，布鲁斯试图跟随他的交易风格。因此，前不久当市场"如牛一般强劲"的时候，布鲁斯不停地做空并且一直在赔钱。现在，他很愤怒，因为如果他坚持自己的交易风格，也许会在这段时期内获利。X 先生并不担心一连串的亏损，因为一旦市场反转，他将重仓交易以弥补亏损。但这并不是布鲁斯的风格，他不喜欢大波动，他希望能持续盈利，希望资金能稳定增长。毋庸置疑，在持续的亏损之后，为了弥补亏损，他开始重仓交易。

和他之前的交易风格相比,他的交易也有些冒进,这偏离了正常的交易计划。所有这些都源自他尝试使用别人的交易风格造成的,虽然那位 X 先生很优秀。

了解你交易风格的重要性

为了成为盈利交易者,你需要一套一直遵守的规则和策略来开始交易。为了能够遵守这些规则和策略,它们要完全适合你。如果开始怀疑或猜测这些规则和策略,你就把自己推到了风险的边缘。例如,你可能喜欢顺势交易,你正在观察一只有明显趋势的股票。其他人告诉你它会反转,你应该做空。他们可能会给你列出几个原因并向你展示一些指标来说明为什么这只股票会反转。即使这违背了你的风格,你也会在权衡所有信息之后开始认为这只股票确实会下跌。

因此,假如你听了他们的话并且做空了,但之后这只股票并没有马上反转。现在,你的内心会说听信他人之言是多么愚蠢。因为这不是你的交易风格,你开始恐慌。股票一直强劲,所以你迅速出场了。然而,市场不久便开始日渐低落并且急剧下跌。你在这笔交易中亏损了,而那些说服你做空的人却在交易中获利了。为什么会这样?因为他们是按照他们的风格进行交易的,而你的交易却违背了自己的交易风格。你可以从下页图 4.1 中看出这是如何发生的。图中阴影的椭圆形区域是交易发生的位置。我在下页图 4.2 上添加了一个上涨的图表,这样更有助于你看明白。

图 4.1 　 SLB 日线图

来源：© TradeStation 技术公司，1999 年，版权所有。

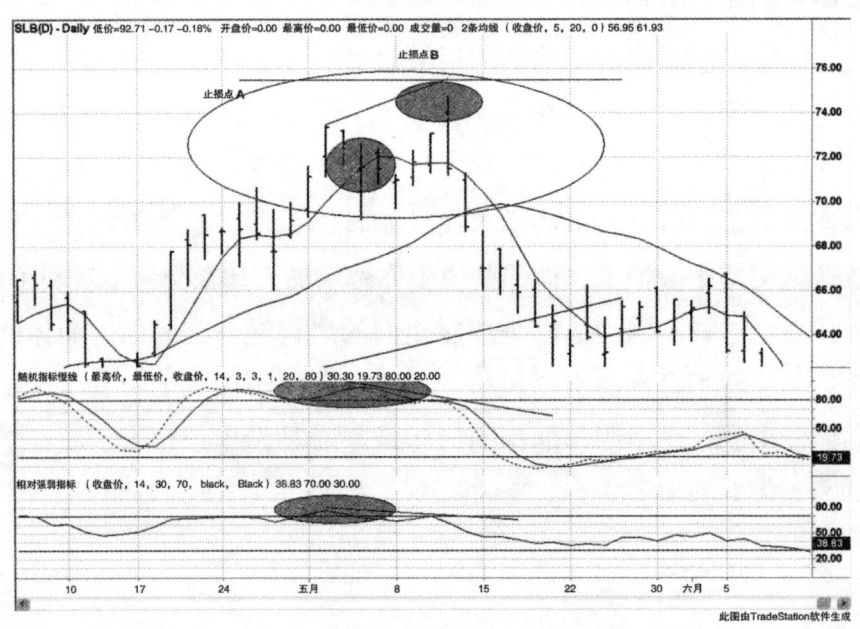

图 4.2 　 SLB 的收盘图

来源：© TradeStation 技术公司，1999 年，版权所有。

假设哈利（优秀的交易者）在等待市场反转的时候，在区域 A 看见了一个信号。他看到两个均线之间有一个大的价差，这使他相信市场可能会回调以缩小价差。他还看到随机指标和相对强弱指标都处于超买状态，这为市场下跌提供了很好的机会。他看到市场在前天的高点位收盘而在第二天却未能持续前一天的走势。他理所当然地认为如果我们抛售一点，所有的指标都将改变，这是一个极好的做空机会。因此，他决定如果第二天早上低开，就会做空。他按区域 A 指示的位置做空，选择比前一天高点高出 2 个点位的位置设置止损点（标明止损点的线上）。约翰（他从未赚过钱）却恰恰相反，没有听取哈利的建议，他没有做空。约翰盯着图表，看到强劲的上涨趋势，内心感到做空很可笑。尽管约翰是在一定的压力下决定交易的，但是他在几天后无法应对强劲开盘（椭圆形区域 B）而出场。然而，哈利因为设置了止损点，所以价格到了区域 B 时他没有平仓止损。他注意到市场与指标背离，认为这是一次假反弹，所以他没有平仓止损。在上涨图中很难看出指标斜线与市场背离，但是，市场到达图中最高点的时候，指标却没有创造最高点，这表明市场将会停止上涨。市场开盘强劲，但在接下来的时间里（当天、当周或当月）出现了抛售情况，哈利最终完成了一笔不错的交易。这是一个为什么违背你的交易风格很难进行交易的绝佳案例。一旦有意外事情发生，你就会怀疑自己的计划，并会在交易过程中遇到麻烦。

每件事情的两个不同方面

如果你本喜欢顺势交易，但你偏偏不这样交易，当市场开始反转的时候，你将困难重重。你可能会看着图表和指标，你认为市场会这样走，但是另一个期待反转的人可能会认为市场有不同的走势。你会找借口平仓，你无法坚持持有仓位。然而，如果你喜欢做反转，当市场出现反转点时你做空了，你会对市场持有不同的观点。当你看着图表并认为市场会下跌时，可能其他人会认为市场会上涨。

那么谁是正确的？只有将来会告诉你真相，但是如果你制定了确信无疑的策略，那么无论你在特定的交易中是盈利还是亏损都无关紧要。然而，一旦你在做决策的时候变得优柔寡断，你就要开始出错。在交易中犯错之后，为了弥补亏损，你又去进行错误的交易，这才是大错特错。新手不知道要接受亏损，所以新手常犯这样的错误。行动中必然会有亏损，不要在乎亏损，开始新的交易，并忘记上一次亏损的交易。不要因为亏损而惆怅或失眠，试着减少亏损并从中总结经验。

总结

在没有开始下一章节之前，我不想在本章节阐述太多的内容。为了成为一个优秀的交易者，你需要制定一个有效的交易策略，这个交易策略只有在你明确了自己喜欢的交易风格之后才能制定。如果你是个交易新手，你可能会在制定策略和明确自己是哪种类型的交易者之间踌躇不定。在一段时间内，你需要不断尝试并会犯下错误。如果你能找到成功的交易者帮助你，你可以从他们身上汲取一些信息，这对你来说是非常有用的。如果你找不到成功的交易者，那么你就需要阅读大量的书籍，尝试不同的交易方法，直到最终找到了属于自己的交易策略。不要灰心，学习挖掘自己的交易潜能是需要一段时间的。我尽管在这上花费了几年的时间，但依然是幸运的。当我还是纽约商业交易所里的一名记账员并在棉花期货交易所和纽约期货交易所里买到席位的时候，我周围有很多优秀的交易者，他们传授给我很多经验。别人教给我的知识，再加上从偶像身上学到的知识，我才渐渐形成了自己的风格。

第五章　交易策略

几个关于市场的定义——

看跌：听从你的理发师的建议买入热门股票后，你的交易账户的状况。

看涨：你的股票经纪人用来解释你买入的股票下跌的原因。

牛市：使投资者误以为自己是金融天才的市场随机波动。

我已经说过这个话题，但是经过测试证明有用的策略才是成功交易的基石。策略会迫使你按照计划做交易，这样会减少你犯愚蠢错误的机会。我所说的策略是交易计划的一部分，它能帮助你确定进场点和出场点。策略要么是你的系统，要么是你的交易方法。如果你喜欢把它想成是一个交易系统，那也可以。策略仅仅是更详尽交易计划中的一部分，也包括风险和资金管理，但是我们现在只专注于实际的策略。

交易策略

为了实施操作计划，你的计划要具有可反复操作性。无论是软件系统交易，还是主观交易，你的交易计划应该可以反复应用。你可以采用多个策略，对于有趋势的市场和震荡的市场，你可以制定不同的策略。然而，你还需要一个策略，来帮助你指出市场何时是有趋势的，何时是震荡的。当新闻推动市场波动，使你的正常交易策略无法使用时，你还需要制定一个策略。你甚至可以为每个独立的市场制定一个特别的策略。

正如你所知，不同的人交易风格不同；同理，不同的人在使用不同的策略。开发一个策略比确认自己的交易风格要更难。你的风格和习惯是天生的，比较容易确认。从长远来看，你的交易风格决定了交易策略。策略需要你制定、完善并不断测试，直到正确为止。

策略要符合风格

前一章讲的是要了解你的交易风格，虽然篇幅不长，但内容很重要，因为你要制定符合你交易风格的策略。否则，你就不能很好地遵守本应该遵守的交易计划。你的交易策略应该同时符合你的风险容忍度和你的偏好。如果你是个低风险主义者，那么你就不能像高风险主义者那样承受着巨大心理压力而进行交易，那样的话，你就会经常被吓到而频繁进出。当资金曲线下跌时，按照策略你本应该坚持持有仓位，但此时你可能会不按照策略交易。

不是一开始就能制定正确的交易策略。你需要进行一段时间的交易并从中获得经验，同时，对那些不同的思路和策略进行测试，有些思路和策略可能有效，有些可能无效。只有这样做了，你才能知道哪些交易风格和策略是你最喜欢的且适合你。一开始为交易感到困惑是很自然的事，在此学习期间，你可能无利可图，反而要为如何进行交易缴纳学费。在这段时间，你要确定交易风格、制定交易策略、掌握资金管理技能，并制定整体交易计划。

技术策略

如果你是一个技术交易者，你会在策略中使用指标。在将指标加入策略中之前，你要知道哪些指标对你是最有用的，而且你要学会如何使用这些指标。你可以在交易中使用无数的指标，多数指标会告诉你同样的事情。同时使用这些指标有些浪费，所以我觉得最好使用简单的指标。对于同一个指标，不同的人用法也不同。一个做突破的交易者会用一种方法使用相对强弱指标，做反转的交易者会使用该指标来确认市场是否处于超买状态，而第三个人可能会观察指标和市场之间是否存在背离。同其他方面一样，你要花很多时间去尝试，犯了很多错误以后才知道你最喜欢哪个指标。我建议你花点时间去研究你喜欢的指标，看看你最终会选择哪个指标。当你了解到指标是如何工作并回应市场时，你才能更深入地了解交易。虽然我在《高胜算操盘》中用了几个章节来讲解指标的用法，但还是建议你在学习指标的时候购买一些相关书籍〔我喜欢约翰·墨菲（John Murphy）写的《期货市场技术分析》(Technical Analysis of the Financial Markets)，他还写过一本关于金融市场的书籍〕。

基本策略

并非所有的策略都基于技术分析。一些策略的制定单纯依靠基本面和新闻，而其他的策略会在技术分析和基本面的综合基础上进行制定。举一个基本面策略的例子，当盈利报告表明你所购买的股票比上个季度盈利多的时候，你应该坚持持有这只股票；当某个季度的盈利下滑时，你就平仓。这个交易系统没有用到任何技术分析，而且是一个长线交易系统，但是它确实是一个交易系统。为了安全起见，你应该用技术分析的方法设置一个止损点。但是你也可以采用资金额的止损方法，这个方法和技术分析没有关系。

不采用技术分析的策略有很多种。如果你在交易能源类品种，可以根据失业数据或美国石油学会（the American Petroleum Institute，API）的报告做交易决定。有些人会根据天气变化做交易决定，例如玉米或橘子汁的交易。还有些人会根据股票盈利数字、消费者价格指数（CPI）或生产者价格指数（PPI）做交易决定。无论是哪种情况，如果你是根据新闻做交易决定的，那么应该提前制定一个策略。你应该先根据你的思路做模拟测试，并将你的思路形成交易计划，然后也将它们纳入行动计划中，为交易日做好准备。你的策略可能是这样的，如果API数字比预期原油库存低并且市场反弹了，那么在第一次回调的时候买入；如果市场没有反弹，那么就做空。我建议将此策略同技术分析相结合，这样，你可以确定出场点、止损点，并且知道承担多少风险。如果没有价格图表，将很难确定这些因素。我喜欢看清晰的走势图，这样，对于何时出场，我就不用妄自猜测。正因为如此，很多交易者甚至不用关心新闻就能够进行交易。他们看着图表，心里明白图表已经消化吸收了新闻消息，那么，为何还要自寻烦恼呢？过去我经常这样做，但是现在我想了解事情发生的原因。

主观策略和系统策略

策略分为两种类型，但是当你综合这两种类型时，实际上会有二种类型。首先，你可以制定一个系统策略，让系统生成纯粹的买入和卖出信号，你只要按照信号交易就行了。系统策略的极端就是黑盒子交易系统。你可以购买黑盒子交易系统，但是你无法知道它的工作原理。黑盒子交易系统可以自动交易，这样使用者根本不必坐在电脑前面了。因为所有的买单和卖单都是系统自动发出和自动成交的，使用者对这个系统无法做出评价。TradeStation 软件可以帮助交易者实现自动交易。如果交易者已经开发好了一个这样的系统，当他在户外打高尔夫球的时候，他的系统会直接将交易订单发到经纪公司的。

另一种策略类型是主观的，在这种策略中，你的交易决策来自你制定的公式、策略或系统，但不是自动交易，而是你自己决定如何交易。主观判断的概念很广泛。在最糟糕的情况下，主观交易意味着你违反了规则，即兴交易，并且你永远不知道交易的结果如何。这个方法无法让每个交易者都能成为优秀的交易者。交易者可以主观交易，与此同时还遵守一个系统。交易者可以同时关注三个指标，如果其中两个指标给出了交易信号，他就可以进行交易。或者他有一个系统框架，靠主观判断决定何时进行交易。他也可以把新闻事件当作交易信号，并结合技术分析做最终决定。

并非电脑软件系统才叫系统，只要有买入和卖出的规则，你就有了一个系统或策略。然后，你可以主观判断何时进行交易、交易多少份合约。我认为多数交易者是主观交易者。无论是电脑系统交易，还是主观交易，成功的交易者都是采用有效策略的交易者。自律性差的交易者做不好主观交易。他们总是过度分析，所以这些人总是过早行动或与交易失之交臂。但更重要的是，他们在平仓的时候没有纪律性。对于一个自律性差的人来说，想以少量亏损出场比较困难。即使系统已经提示了要平仓，他仍然要找借口继续留在市场中。我建议交易者在进行交易的时候永远不要违背规则。如果你的电脑里已经安装了一个能够产生信号的系统，你在拥有自律性之前，要不假思索地按照信号进行每一笔交易。一旦有了自律性，你可以采用主观交易。

如果你无法做到不假思索地执行电脑信号，那么你可以雇一个人坐在电脑面前为你做交易。有一次，我必须出去办一件事，我叫来保姆帮忙看盘并照看熟睡的儿子（我儿子总在下午2：30—4：30睡觉，这样我就有时间做交易了）。我当时在做多标准普尔股指期货，我设置了止损单，但没有设置出场单（译者注：满足特定条件的指令单）。我让她坐在电脑前面，然后给她画了一个我想要出场的目标区，并且告诉她，如果市场到了目标区，按下这个键（我已经设置好了指令单），然后取消另一个指令单（也就是我的止损单）。虽然她很害怕，但还是完美地执行了系统的信号，和我自己交易的效果是一样的。

在你成为一名优秀的交易者之后，因为你会从市场中发现一些能帮助你避免糟糕交易或在最糟糕的时间内出场的线索，所以你可以采用主观交易。我喜欢主观判断交易时机，特别是在趋势强劲的市场中。如果我在强势上涨的市场中获得了信号，我会看看市场是否会回调，如果有回调，我会买入的。实际上，这是我策略中的一部分，因此，这不能算作违背规则。

请看下页图5.1，这是5分钟图，作为本例用图。市场处于强劲上涨状态，然后出现小幅的五天回调，现在看上去又处于如第50页图5.2中所示的准备再次上涨的状态（我看的是最后一天的5分钟图）。长话短说，我们回到5分钟图中，看看在进场之前怎样等待回调。

当市场刚刚突破向上的斜三角形所在的震荡区时，在第一个椭圆形区域我得到了买入信号。我不想提前行动,也不想多支付2个点的成本,所以我在坐等回调。对我来说,当随机指标的数值显示超卖并随后转头上涨的时候,这就是我的买入信号。市场强劲上涨,因此,只要随机指标转头向上,即使它没有离开超卖区域,我也要尽快买入。我画了一条趋势线,设定了一个止损点,一切就绪。好笑的是,我错过了此次交易,不过,随后我又看到了一个买入信号。我会借助进场点2之前的市场卖出行情进场。随机指标和市场的背离会是一个进场信号。然后,我会重新画一条趋势线,并设定一个适当的止损点。

图 5.1 标准普尔期货 5 分钟图

来源:© TradeStation 技术,1999 年,版权所有。

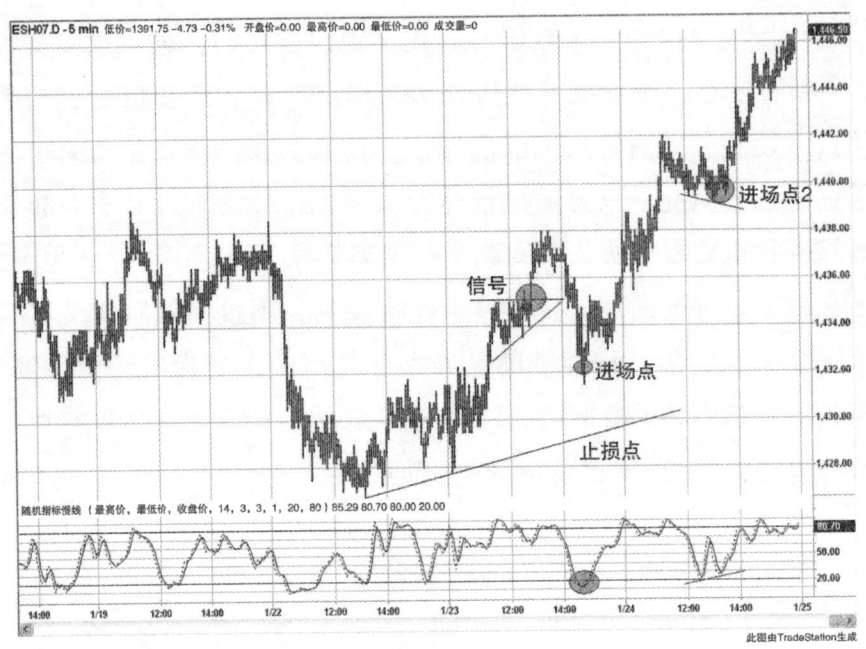

图 5.2　标准普尔期货日线图

来源：© TradeStation 技术，1999 年，版权所有。

建立系统

　　为了写出策略，你需要积累一定的交易经验。你可以从一个有经验的交易者那里获得帮助，或者找一些参考资料来进行交易。对交易新手来说，书籍、关于交易的杂志和互联网是开始进行交易的好帮手。虽然这些资料仅仅是参考资料和入门资料，但是它们会为你指明正确的方向。看一些书籍，找出几个你可以遵守的系统，然后研究它们。你要研究作者为什么使用现在的指标以及作者是如何使用的。你要亲自测试该系统，看它在实际交易中有什么作用。如果书中提供了系统，你要确认系统的业绩不是用完美数据模拟测试出来的，系统也没有被优化过。有些作者为了得到理想结果就用完美的数据去做模拟测试,他们会去除之前或之后不好的数据,这样系统看起来就很不错。因此,你要亲力亲为,不要依赖作者。接下来,你可以改变一些参数或添加一个指标,看看哪个参数或指标更适合你,继续做模拟测试,并记下参数或指标对利润和亏损的影响如何。

如果你想要尝试这样的方法,可以购买几个系统。如果你阅读有关交易的书籍或浏览相关的网站,你会看见到处是出售系统的信息。然而,我不相信你用购买的系统进行交易就能够成功。

首先,你很难按照系统开发者的习惯去使用这个系统。遵守一个适合你自己的系统才是最好的选择。即使你的系统不那么高级,和一个你无法遵守的系统相比,它也会产生比较多的收益。

其次,当你使用别人系统的时候,不会学到任何有关交易的东西,你只会简单地使用买入和卖出信号。有些人可以接受这种方法,然而,因为你正在阅读我的书,我估计你想要的不只是这些。

开发交易策略的最好方法是围绕在其他交易者的身边并观察他们的举动。你有可能会从他们身上发现你喜欢的交易特点,这样,你就能快速设计出你的策略。其他交易者就是你的导师,你可以问他们问题,在你困扰的时候可以寻求他们的指导。但是你一定要听取真正交易者的话。我发现,通常的情况下,亏损者和交易新手喜欢给人提出很多建议。并不是每个人都能找到优秀的交易者做自己的导师,如果你没有导师,就要自己努力了。

有耐心

开发出一个交易策略并非是一夜之间的事,这是需要时间的。如果你已经有了两年的交易经验,开发一个交易策略就相对比较容易了。在最初的两年里,你会了解到不同的指标,会了解到它们的作用，会了解到市场是如何应对这些指标的，会了解到这些指标是如何应对消息的。不要气馁，一个人不可能只交易一周就能掌握交易的方方面面。你要弄清楚你的交易风格和市场中的一些细微差别，但是这些都需要花费时间。通过阅读《股票和商品技术分析》（Technical Analysis of Stocks and Commodities）这本杂志，以及我所了解的有限的技术分析知识，加上别人的建议，我形成了第一个策略。有了交易策略以后，我整合了一些基本的规则，也没有认真做模拟测试，就开始了交易。但是，最终我没有坚持很久。一方面，我对风险毫无头绪，在本书的后面部分我会详细阐述。我以为我的策略有用，而实际上这个策略的期望值并不乐观。因为杂志上面说这个策略的期望值是正值，而且这个策略能产生纯粹的系统信号，我就以为这个策略是有用的。在那时，我什么都不知道，我想如果我能遵守一个好的系统，就能赚钱。

开始使用系统的经历

我还记得我使用的第一个系统。那是我的一个朋友从他的芝加哥朋友那得来的，他的那个朋友和艾迪·塞柯塔（Ed Seykota）在一起交易。杰克·施瓦格（Jack Schwager）在《股市怪杰》（Market Wizards）一书中提到了艾迪·塞柯塔这位交易者。在我开始进行交易的时候，这本书是最受欢迎的交易类书籍之一。这个系统是经过了很多人的手才最终传到我这。这使我想起了小时候玩的一个打电话游戏，首个人说的内容是："我妈妈有很漂亮的头发。"而轮到第50个人说的时候，这句话已被说成了"你爸爸脚臭"。

如果这个系统真的被艾迪·塞柯塔使用过，那么它也许是有效的，但是我不知道它的实际作用。即使这个系统有用，在我之前它已被改变过多少次了呢？也许我得到的系统并不完整，还遗漏了什么。这个系统是一个反转系统，确实有一些优点，但是我从未想过要花一段时间来测试它。我想既然它出自一个股市怪杰之手，那么就一定有用。这个系统并没有让我赚到钱，我只是积累了一些经验而已。我当时是交易新手，没有几样工具，但是，这个系统帮了我很大的忙——不是在实际交易中，它让我知道了真正的系统应该是什么样子。我花了一年多的时间把这个系统和我的工具结合起来，这样我就有了自己的系统，然后我又模拟测试了相当长的一段时间。在我最初进行交易的一年里，我并不知道如何开发系统。后来，我学会了研究市场的反应，知道了管理资金，知道了如何使用趋势线、均线和随机指标，我还研究了几百个交易策略，此时我能整合一些规则了，并形成了我的多种系统。如果艾迪·塞柯塔得到了我的某个系统，我估计他可能也要亏钱——除非他分析了这个系统，做了一些改变，并把这个系统变成了他的系统。

因此，请放轻松，不要一开始就欣喜若狂。交易意味着经常尝试、经常出错。寻找正确的交易方法是需要时间的，所以你一定要有耐心，不要仓促行动。如果你很优秀，交易一两年后，你应该还能剩下一部分交易资金的。这点很重要。

模拟测试的重要性

在本书中，我不会花费太多的时间谈论如何进行测试，但是你要知道测试是多么的重要。无论你的系统是买的、借的、自己开发的，或仅仅是你的一些思路，你一定要先进行模拟测试，然后再用你的资金去冒险。无论你的期望值多么高，你都要亲自做模拟测试。如果你有像 TradeStation 这样的图表编程软件，你可以用该软件轻松地测试你的系统。虽然 TradeStation 的程序语言被称作是"简单语言"，其实并不简单，你需要花费一段时间去学习这门语言。一旦你学会了使用这门语言编程，那么就轻松了。我建议你从交易类杂志中找出一些系统，然后用 TradeStation 把它们编出来，这样你就能学会如何用程序编写交易系统了。我建议你花些时间学会它，你一定会得到回报的。

TradeStation 的变化

我简单地解释一下，很多人给我发电子邮件说《高胜算操盘》中的有些系统根本没用。原因如下，我在写作《高胜算操盘》时使用的是 4.0 版，但是现在 TradeStation 已经升级到了 8.3 版，有些程序语言发生了变化。过去，一个系统程序可以包含所有的信号，但是现在系统要被分成不同的部分，进场和出场信号要分开编程，这是一点小小的区别。

如果你没有一个理想的交易软件来帮助你分析交易思路，你可以手工分析。你在互联网上能得到任何品种的免费图表，甚至是日线图。打印出你所需要的内容，然后浏览，记下你的进场点和出场点，以及你是如何行动的。你的目标是得到一个在过去交易中有效的策略，因为如果它没有效，你在将来的交易中也不会赚钱。

当你进行测试的时候，一定要测试两个因素：一个是佣金和手续费，另一个是滑点亏损。人们在模拟测试的时候常常会忘记这两个因素。佣金会很快将一个盈利系统变成不赚不亏的系统，因为赚钱的交易要支付佣金，亏钱的交易也要支付佣金。滑点亏损具有隐蔽性。滑点就是实际成交价和理想成交价之间的价差，这是一种成本。假如说你的系统会在市价高于 93.00 时发出买入信号且自动以市价下单买入，那么你的系统会把 93.05 这个价格显示为进场点。但是实际上，当市场波动过快的时候，你的买入订单是在 93.10 或更高的价位成交的。以下案例能说明佣金和滑点亏损是如何伤害你的：

你得到一个在 93.00 买入的信号，同时，市场的买入价是 93.00，卖出价是 93.05，因此你支付了 93.05。一个小时以后，价格仍然在 93.00 左右浮动，此时你想出场。然而，此时市场的买入价是 92.95，卖出价是 93.00，你的卖出订单是在 92.95 被成交的（译者注：假设你把 1000 股股票卖给了市场）。交易佣金为每 1000 股 8 美元，所以你亏损了 100 美元，再加上 8 美元的佣金。股价并没有发生变化，但是你的这笔交易却亏损了 108 美元。从系统来看，你似乎没有亏损，进场点是 93.00，出场点也是 93.00，但是实际上你已经亏损了。因此，不要对这些成本不以为然，如果你想知道交易的现实情况，就要在模拟测试时把这些因素都考虑进去。

模拟测试的另外一个重要的原因是它会帮你找到资金曲线的最大回调幅度和系统的最大连续亏损笔数。因为你的系统拥有正期望值，所以你可能会认为你的系统是个优秀的系统。但是你可能没有意识到这个系统会让你连续亏损 10 笔，而这 10 笔会给你造成 1 万美元的亏损。这些是你在交易之前就要弄明白的事情。对你来说，也许你无法接受这么大的连续亏损，这样，一旦发生连续的亏损，你就会再次怀疑这个系统，所以你就不能用它成功地进行交易。记住，你要喜欢你的系统，才能够更好地进行交易。

不要固执

即使你认为自己正在用一个盈利的系统进行交易，运用交易策略的时候也要记住策略可能会出错。事实上，可能是你没有使用足够的数据进行测试而得出了错误的结果，或者是你根本没有进行测试。无论什么原因，不要因为你认为策略是优秀的而恋上这个策略。如果策略是无效的，重新评估它，不要害怕抛弃它，你可以重新制定策略。你要用更多的数据和更长的时间跨度来测试你的系统，或测试不同的品种。也许你只在一个有趋势的市场里对策略进行测试，而现在你却在一个震荡的市场中进行交易，所以系统此时表现不佳。

研究资金曲线的最大跌幅和系统的最大连续亏损笔数是为了让你在必要的时候放弃你的系统。当系统连亏 4 笔的时候，也许你认为是时候舍弃系统了，但事实上，这对系统来说是正常情况，因为在任何时期，你的系统连续的亏损都能达到 8000 美元。如果系统的盈利能够弥补亏损，你也能处理好连续亏损的交易，那么就不必舍弃你的系统。

你需要定期检查你的策略，这样才能确定它们是否依然有效。如果你的系统亏钱了，而你多次的测试表明它是一个正期望值的系统，那么很可能是你在使用系统的时候出错了。你可以针对你亏损的这段时期进行单独模拟测试，然后和真实的交易进行对比，以找到问题所在。系统只有在有人遵守的时候才有用。一旦你开始了主观交易并忽略信号的时候，你就会改变系统的收益。也许系统是正常的，反而是你需要调整自我并制定纪律了。

为什么你应该有个策略

原因很简单：为你提供优势。策略的主要目的是让你使用你认为有效的规则来进行交易，使你摆脱愚蠢交易或过度交易——至少是避免频繁交易。虽然很多策略要求你进行很多笔交易，但是它至少会让你专注于你所认为的最好的交易。当你没有策略的时候，你进行的每笔交易都是没有根据的，彼此之间没有任何关联。有了策略之后，你进行正确交易的次数会更多，如果不是，那么你该放弃或调整策略。

交易策略会帮助你专注于好的交易。好的交易策略就像滤镜一样。滤镜会让你只看见有好的交易机会，并阻止你进行毫无准备的冲动交易。依我看来，交易就是捕捉到高概率的交易机会，并放弃其他低概率的交易机会，没有经过测试的策略，你就不能获得这种优势。

策略中包含什么

无论你的交易信号来自哪里，交易策略都包含一些因素。我将资金管理从策略中分离出来并在后面的章节中单独阐述。但是请记住，如果没有恰当的资金管理策略，即使最好的交易策略和完美的系统也不会让你赚大钱。我们暂时不讨论资金管理，你首先需要的是进场信号，接下来是出场信号。出场由两部分组成，一部分告诉你何时带着利润出场，另一部分告诉你何时带着亏损出场。出场信号主要来自你的资金管理策略，我们会在后面的章节里谈论。系统中的其他因素包括你将进行交易的时间框架和持仓时间。你可以将不同的系统用于不同的市场或不同类型的市场，也可以分别用不同的系统做长线交易和短线交易。这就要求不同的交易决策采用不同的时间框架和持仓时间。除此之外，你还需要一些基本的元素才能制定出一个恰当的策略，这些元素包括买入、卖出和保护信号。

进场

你的系统的第一部分将是一个带你进场的信号。例如：

如果市场连续两天在趋势线以下，那么做空。

尽管没有出场那么重要，但是如果你从不进场，就无法进行交易。交易计划的目的在于制定策略，这个策略会给你提供绝佳的赚钱机会。系统提供的信号会使你的交易在一开始就非常顺利。

如果你想要取得成功，每笔交易必须有充足的理由才能进行交易。为你提供进场理由的策略会使你的交易更加轻松。然而，不久你就会明白，进场很容易。当你赚钱或亏钱的时候，决定何时出场才是比较难的。

出场

任何人都可以交易，这非常容易。你可以随时以任何理由买入某个品种，这样你就进行了交易。然而，为了赚钱，你需要知道何时出场。同样一笔交易，约翰和哈利的出场点可能会不一样。哈利最有可能从这笔交易中赚钱，因为他知道如何出场，即使亏损，他也能把亏损限制在比较小的范围之内。在我眼里，这才能长期盈利。

我不会花太多的时间写一些关于出场的内容，因为在本书的后面章节中会详细叙述，但是，现在我要讲述一些基本内容可以让你对交易计划所包含的内容有所了解。首先，你会想要一个能够让你在出场时盈利的信号。虽然这个信号不是止损信号，但它仍有可能令你在出场时亏损，下页图5.3说明了这种情况。在这里，我使用一个简单的均线交叉系统，这个系统会沿着主趋势的方向进行交易。在收盘前，当慢线和快线金叉时就买入。我在E1处得到一个买入信号，并在X1处卖出，这是一笔不错的交易。当均线在E2处再次交叉时，我进行了第二笔交易。我把前一波行情的最低点用止损线S1标识出来了，这里就是止损点。现在，即使市场没有到达止损线，因为我得到了一个出场信号，我还是平仓了。这个信号说明了我进场的原因已经改变了。

除了出场信号，为了保险起见，你还需要一个止损信号。止损点很复杂，因为它们的使用方法很多。本书的后半部分会对止损点有更多的阐述。但是总而言之，止损点只是用来保护你的自身利益。要记住你的亏损目标永远小于盈利目标。如果你承担3个点风险来获得2个点的收益，那么就做了一笔很差的交易。在交易的时候，我会在进场之前关注出场点，并确定所要承担的风险和潜在的收益。如果比率适当，我就开始寻找机会进场。如果你会编写系统，一定要对风险和收益进行测试。止损点和利润额是合理的吗？如果答案是否定的，那么你的系统就不会起到应有的作用。了解在何处设置止损点将会使你成为一个盈利的交易者，所以不要像别人那样忽略了止损。在之前的例子中，我没有设置利润目标，因为我知道在上涨的趋势中，只要这笔交易能赚钱，这笔交易的潜在利润将会是潜在亏损的5—10倍。这是盈利公式的开始，你需要多次盈利的交易才能真正赚钱。

图5.3　道琼斯指数日线图

来源：© TradeStation 技术公司，1999年，版权所有。

顺便说一下，有些系统是一直在市的，也就是一直持有仓位。

这些系统不使用止损点，出场信号就是反向仓位的信号。这背后的理论是，如果我不想做多，那么就应该做空。过度交易者通常会使用这样的策略，他们总是想持有仓位，总是想交易。即使你在使用这样的系统，我也推荐你使用紧急止损点，来防止你在交易中亏损过多的时候系统无法及时地为你提供信号。如果你返回看图5.3，并改变只跟随主趋势进行交易的规则，那么你的系统就会始终在市。在X1处，你不但要平掉多头仓位，同时还要开始做空。

时间框架和持仓时间

仅有买入和卖出信号是不够的，你还需要确定你的时间框架和每笔交易的持仓时间。你要知道你的持仓时间。有些人可以做到长期持有，有些人每分每秒都在忙着交易。你在开发交易策略的时候要把这些因素考虑进去。你要清楚自己在交易的时候关注哪些时间框架图。你在打算卖出的时候，是看1分钟图还是周线图呢？我建议你多了解一些时间框架，这样，你才能正确地判断市场状况并捕捉到比较好的交易时机。你应该确定一个基本的时间框架，这样你才能真正地做出交易决策。我还建议你在设置止损点的时候采用比基本时间框架更高一级的时间框架。

对我来说，利用级别小一级的时间框架进行交易是很有效的。我发现我过去总是提前进场，我的信号总是让我在行情的最高点进场。我也总是迫不及待地进场了，结果发现进场点位太差了。后来，我在交易策略中加了一条规则，那就是等价格回调后再进场，这点对我很有帮助；出场也是同理。如果我是在顶部附近买入的，价格大幅回调时，我会恐慌并立即出场的。我同时使用两个策略来实现回调时买入，一个策略是使用日线图或60分钟图产生的进场信号，而另一个策略是使用1分钟图或5分钟图的时机信号。我也会使用周线图或日线图来确定长期走势，并为制定出场计划找到灵感。然而，如果我还没有止损的话，通常会用更小一级的时间框架来决定出场。在本书的后面章节中，我会详细阐述如何选择不同的时间框架来进行交易。

坚持你的交易策略

没有必要阐述这一点，但是一旦你制定了策略，就要利用它。如果你对策略进行了测试，并且结果显示它是有效的，那么不要背离或怀疑它。你要确保根据你的策略进行交易，不要根据个人喜好而随意交易。确保交易在你的策略之中，也在你的行动计划之中。一旦你确定了交易计划和行动计划，最好明智地遵守计划。

总结

我在使用系统的时候有一点矛盾，因为我是主观交易者。你需要一个核心的系统来为你指明正确的方向，但实际上，只要你坚持遵守自己的规则，大方向不错，你就可以进行主观交易。这对活跃的日内交易者来说可能没有多大用处，因为他们不得不快速做出反应，不过即便如此，他们也有一套在行动中始终关注的明显模式。因为纯粹的系统交易者不存在遵守行动计划的问题，一切交易都是自动的，所以我在本书中会重点谈主观交易。主观交易者确实需要行动计划来帮助他在交易中保持正确的方向。

再次重申，如果你想要成功，学习每天都制定操作计划，计划中包括你的交易策略，并且要遵守操作计划。

第六章　了解你的市场

一个刚从事交易的家伙已经进行了 1 年的模拟交易，但是现在仍然害怕进行实战交易。他整天看着市场做模拟交易。就在上周，他没有了头绪。

就像是需要了解自己一样，你也需要了解你正在交易的品种。品种包括股票或商品，通常也包括整个市场。这意味着你要了解市场的方方面面，以使你成为一个高效率的交易者。你应该知道每个细微差别，包括是什么造成股票跳动，价格波动了多少，流动性怎样，持仓风险多大，等等。影响股价的因素有很多，这里只列举了几个，我在后面还会具体讨论的。在建仓之前，你需要了解这些因素，这样就能控制风险。你还要知道交易品种的大体情况。你还需要知道你交易的市场类型，市场是震荡的、有趋势的、即将反转的，还是快到支撑点了，等等。如果市场运行良好，找出其中的原因，它能帮助你决定确定如何在市场中进行交易，以及市场何时可能会缓和。如果你只看一只股票的 5 分钟图，它对你的帮助不大，但是如果你了解市场的方方面面，那么你的交易就会更加顺利。

市场是不同的

就像每个交易者都是不同的，每个市场或股票都有它自己的独特性。不同的市场具有不同的流动性、不同的价差、不同的振幅、不同的表现。它们的交易成本不同，趋势不同，日内波动也不同。有些股票是市场领头羊，而有些股票却是市场追随者。当利率下降时，有些股票上涨，有些股票下跌。有些股票被对冲基金大量建仓了，一旦基金波动，股票就会出现大幅波动。不同市场对消息的反应也不同。有些市场会根据消息或天气的变化而做出反应，有些市场则根据技术面变化而做出反应。有些市场在夜里非常活跃，而其他市场在夜间是不开盘的。我可以继续列举下去，但我想你已经明白了我的意思。

一百万个交易者

市场具有独特性的原因之一是因为每个市场中的玩家相对固定。所有交易者独特性的总合导致了市场的波动。为了讲清楚这个道理，我们把所有长期交易可可的人看作是100万人。这100万人和交易棉花的100万人是不同的，这就是独特性。不同市场的100万人给不同的市场带来了不同的感觉。如果所有交易可可的交易者反过来交易棉花，我敢说棉花市场马上就会呈现与可可一样的模式。这仅仅是我的推论。

根据我的经验，市场可以用不同的方式走完一个趋势行情。以交易股票指数为例（下页图6.1），如果市场是强势上涨的，它倾向于快速上涨，并且稍微回调休息，然后继续上涨，上涨过头了就回调休息一下，依次循环。在交易原油时（第66页图6.2），我发现模式有所不同,强势上涨以后市场并没有回调,市场倾向于横盘震荡,直到趋势线跟上来了,市场再继续上涨。和标准普尔走势相比,这些回调更像是横盘震荡。

当日内交易者在短期内快速获利时,他们会兑现利润,并在寻找更好的买入时机时,这两种模式都会出现。市场快速回调或横盘震荡以后,他们会再次进场并推高价格。他们赚了几个基点之后就会卖出。我不确定为什么一个市场的模式会与另一个市场的模式不同,但是我知道确实有这种情况发生。只有每天都关注市场的走势,你才能学到这个。一旦你积累了经验,就会感觉到市场何时回调、何时上涨。当我在场内交易时,能通过人群的声音判断市场走势。

图 6.1 标准普尔期货 5 分钟图

来源:© TradeStation 技术公司,1999 年,版权所有。

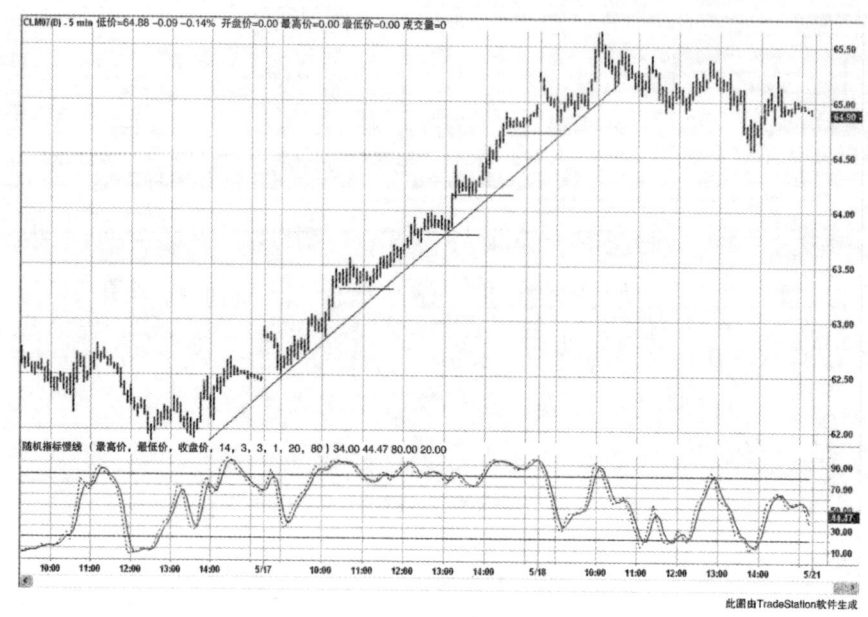

图 6.2　原油 5 分钟图

来源：© TradeStation 技术公司，1999 年，版权所有。

了解你正在交易什么

如果你准备进行交易，应该花费一点时间学习市场或股票的本质。有些事情很快就能学会，然而有些事情只有经过一段时间的交易后才能学会。你在特定市场进行交易的时间越长，就越能知道它是如何反应的。交易是一个学习的过程，如果你留心，总能学到一些新的东西。

了解一些基本内容之后开始进行交易。如果你正在交易期货合约，那么，你要知道它的保证金条款、交易时间、合约到期日、何时滚动合约、何时交割。我记得曾经交易过即月交割的原油期货，当时没有意识到合约第二天就要到期了，结果我要接收5000桶原油。我有一点恐慌，因为我住在曼哈顿，并且公寓的空间非

第六章 了解你的市场

常小，我在考虑该如何处理那些原油，就算我在公寓里放一两个大箱子也摆不下那么多桶原油，我也没有车将它们全部运回来。幸运的是，清算公司帮我处理了这些原油（当然是有代价的）。这样的事情经常发生，我有一个顾客曾经也做过这样的事情。当市场收盘时还没意识到发生这样的事情是非常正常的。因为期货市场的开盘时间各不相同，交易者稍不留心就会出错，当他在忙着交易原油的时候，他可能忘了在大豆的收盘时间（14：15）把大豆的仓位平掉，这样他就被迫持仓过夜了。虽然他随后能平仓，但是价格可能已经对他不利了，如果资金不足，他有可能会收到追加保证金的通知。知道何时开盘及收盘不是一件非常困难的事情，并且你确实应该知道这件事情。还有一件事你也应该知道（我现在感到非常愧疚），就是你应该知道商品中 1 个基点值多少钱。在第一次交易咖啡时，我不知道价格波动 1 美分相当于合约总值波动了 37.5 美元（我认为是 3.75 美元），我也没有注意到咖啡平均每天的振幅相当于 1500 美元。基于某些人的推荐，在没有真正研究的情况下，我就进场了。和原油相比，咖啡的波动性更大，当时原油的交易价格是每桶 18 美元，每天最大的振幅相当于 300 美元。在交易咖啡时，既胆战心惊又兴奋不已。但是，我很快意识到我的资金管理有问题。

同样是持有股票，有些股票的 1 个基点相当于 1 美分，有些股票的 1 个基点相当于 1 美元。在进入交易之前，你需要了解这些知识。价差越大，你的风险就越大。当你以每股 28 美元的价格买入微软公司的股票时，如果你改变了主意并马上出场，你的亏损是每股 1—2 美分；但是如果你以每股 628 美元的价格买入谷歌公司的股票时，在它开始波动之前，你就有可能每股已经亏损 1 美元了。

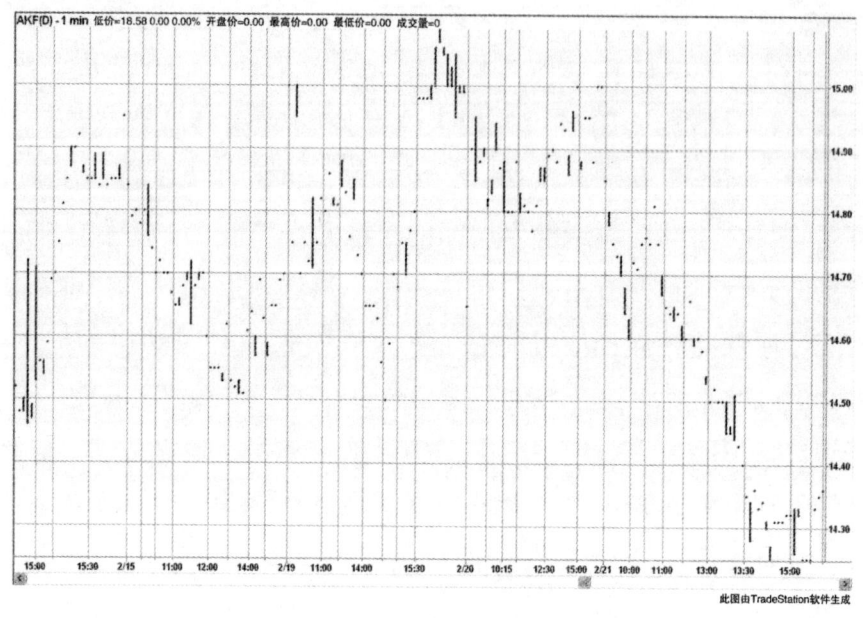

图 6.3 AKF 的 1 分钟图

来源：© TradeStation 技术公司，1999 年，版权所有。

这说明了解市场波动性和流动性是很重要的。了解流动性的最好指标是观察成交量。对于每天成交量为 2400 万股的股票，恐怕用推土机都不能撼动它的价格。如果你有耐心，又不想亏损的话，你可以利用它的买入价和卖出价之间的价差博取利润，整天交易都行。另一方面，对于 AKF（安巴克金融集团）这样的股票，它每天的平均交易量不到 8 万股，如果你想买入 5000 股，你的买单都能让市场波动起来，至少在成交的时候会这样。当你的买单成交以后，市场又会恢复原来的样子。在流动性差的市场进行交易是非常困难的，因为为了得到合理价格你不得不挑选更好的点位。请看图 6.3，此时你会发现很难从流动性差的股票中找到支撑线。我从来没有观察过这只股票，只是随机地寻找流动性差的股票。流动性差的商品市场也是很危险的，如果你在交易所场内交易，也许情况要好些。即使市场没有到达止损点，你的止损单也有可能被执行了。哪怕交易所场内只有3位交易者，他们也可以在很短的时间之内把价格打压到别人的止损价位，然后再快速恢复到原来的价位。过去我在交易所场内交易的时候见过这种事，我自己也干过这种事，所以说这种事确实会发生的。记住，如果你在流动性差的市场交易，要认真选择止损点，否则，你的止损单很快就被别人扫掉了。

真正的风险是什么

由于市场具有独特性，所以涉及的风险也不同。当进行交易时，你需要了解这些风险。你可能认为只要调整一下止损点就行了，但并不是每次都奏效。当交易股票或商品时，实际上你无法控制具体的亏损额，所以你应该知道这些风险。特别是在流动性差的市场中，你的止损单会轻易地被扫掉，实际成交价格对你非常不利。商品市场也有涨停和跌停制度，而此时你的止损点根本没有意义。你可能会在一个意想不到的价位被平仓。正如你从上面看到的，股票的价差变化越大，风险就越大。容易受新闻影响的市场或股票更加危险。例如，一个现价为50美元的生化公司股票，该公司研发的新型抗癌药物在等待联邦药物局的批准，如果它们没有得到批准，这只股票有可能在一天内跌到1美分。在这个例子中，止损点对你没有用。

在商品市场，你要了解投资品种被封涨停（或跌停）的概率。如果你不知道那意味着什么，一旦你的投资品种被封了涨停（或跌停），当天你就无法去交易了（如果一个市场暴跌并被封在了跌停板，你就无法在跌停价以下进行交易，但是你可以在跌停价之上进行交易）。一旦你做错了方向，又无法及时平仓时，这个代价是非常大的。一些市场，特别是流动性差的市场，它有可能连续很多天封涨停（或跌停）。此时管理风险非常困难，所以在进行交易之前你要了解这个市场封涨停（或跌停）的情况。当你的仓位被封在涨停（或跌停）里面时，你还是有办法的，其中一个办法就是期权。即使当市场已经涨停（或跌停）了，期权还是可以继续交易的。所以，如果你陷入其中，还可以交易商品期权来帮你保护自己，但是当它们价格非常高的时候，这个代价是非常大的。

另外一个决定真实风险程度的因素就是在夜间发生了什么。有些市场在夜间会有很大的波动，第二天的开盘价可能离你的止损点已经很远了。毫无疑问，你在开盘时就被止损了，但是这种情况比你最差的预想还要差很多。随着你对股票和商品了解的增多，就会知道哪个市场在一夜之间给你的伤害最大，然后，你就可以相应地进行交易。

时间框架和制图

另一个与市场流动性和波动性有关的因素是哪个时间框架最适合市场。根据他们交易的市场，有些人喜欢观察不同时间框架的图表。对于流动性差的股票，1分钟图或5分钟图上没有明显的线索，但是如果是 IBM 股票，你可以用一个1分钟图轻松得到好的进场点和出场点。对比 AKF 和 IBM 的1分钟图（下页图6.4），你可以看到不同之处。根据 AKF 的1分钟图，你绝对不可能进行合理的明智交易，然而，根据 IBM 的1分钟图，你却可以做好交易。

如果你正在交易流动性差的 AKF 股票，你应该使用10分钟图或30分钟图，这样，你可以得到比较清晰的图表信息。相比那些你可以轻松进出的股票，这只股票的持有时间要长一点。我在下页图 6.5 中使用了 AKF 的 30 分钟图，在这里它还是有些不稳，但是你至少可以在图中看到一些与真实图相似的地方，你可以用这张图进行交易。如果我想持有一段时间，比如说几周或几年，我才会选择这种股票。过去的几年中，我买入了一些这样的股票，它们都是长线股。

在我们谈论图表的话题时，我想解释在交易股指期货时我是如何观察图表的，因为它在整本书的其他地方也会用到。

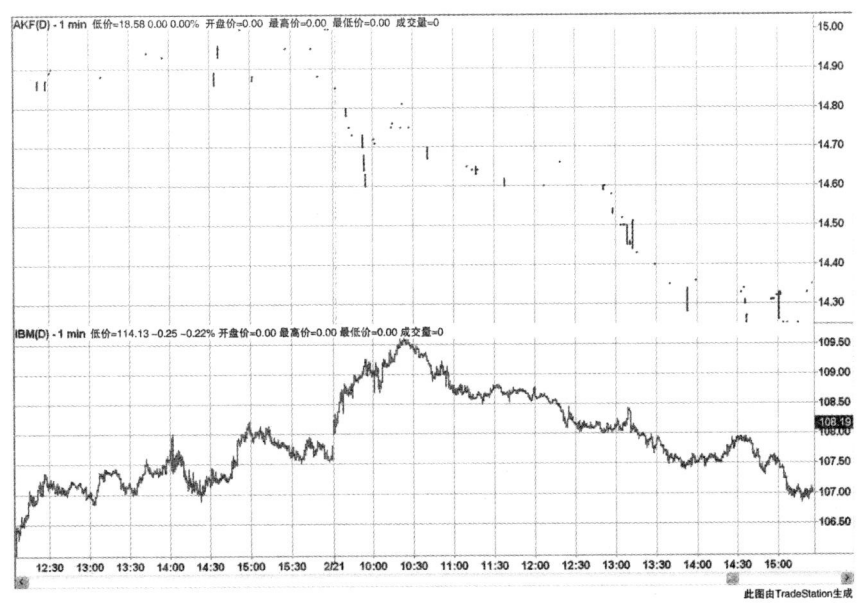

图 6.4　AKF 和 IBM 的 1 分钟图

来源：© TradeStation 技术公司，1999 年，版权所有。

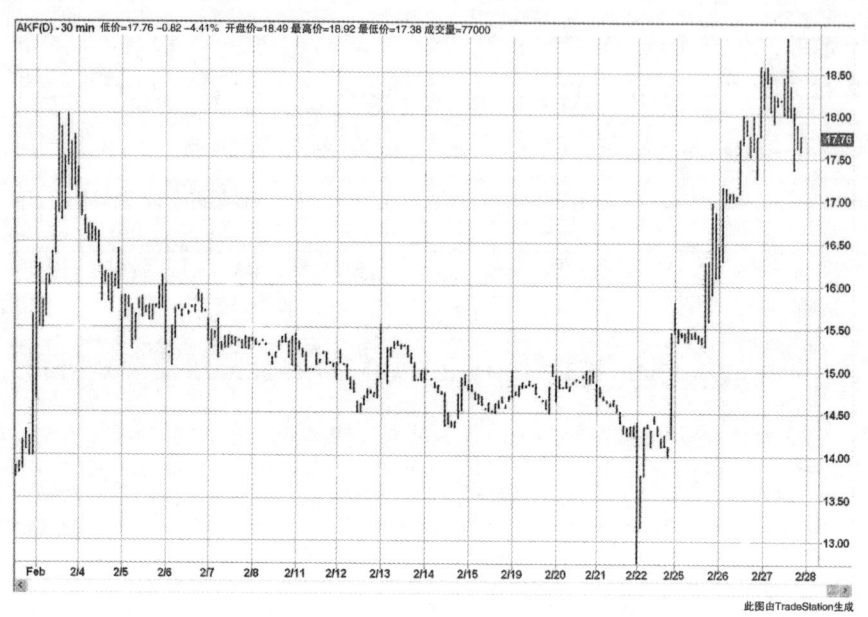

图 6.5 AKF 的 30 分钟图

来源：© TradeStation 技术公司，1999 年，版权所有。

正如你所知，我在交易时喜欢观察不同的时间框架。但问题是当你在交易像道琼斯或标准普尔股指期货合约时，时间框架的级别越大，越得不到高质量的数据。从下页图 6.6 中你可以看到，只有几个月有价值的数据值得进行观察，而其他的只是无用数据。这是因为当时这个期货合约还没有被交易，它只是一个结算价而已。这种限制导致了我们无法采用恰当的指标来了解真实情况。图 6.6 中包括了 50 天均线和 200 天均线，但是你能发现只有最后两个月的数据是有用的，因为 12 月份之前的数据不可靠。如果你想画一条长期的趋势线，你可以看到之前几个月里确实没有可利用的数据。

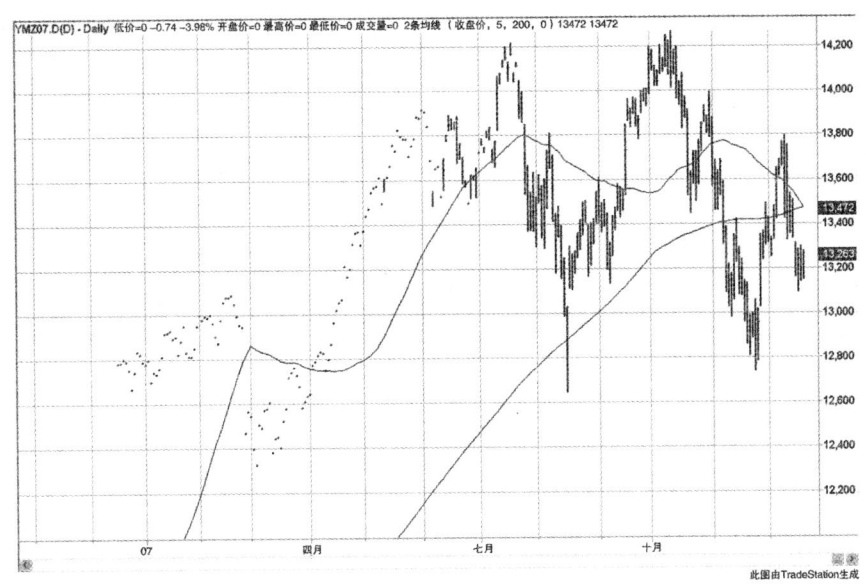

图 6.6　道琼斯迷你期货日线图

来源：© TradeStation 技术公司，1999 年，版权所有。

现在，如果你观察实际的道琼斯指数日线图（下页图 6.7），将会看到一个非常漂亮并完整的图表，根据这个图表，你可以画出你的趋势线，画出长期均线，并且做出你的交易决策。如果把这个图表压缩一下，你甚至可以看到 5 年的可靠数据，你能看见的信息就越多，包括你在上面看到的所有期货合约。但是，你能用连续图表得到一个更完整的期货图。有些人喜欢在做期货交易的同时，通过连续期货图得到他们想要的信息。

所谓连续图表，是通过绘制出前一个月的期货合约和进行换仓的到期合约来得到一个平滑流动的长期图表。有两个简单的方法可以做出连续图，但是这两种方法都存在一些问题。通常，在到期合约和新合约之间的价格会有一定的价差。例如，当 12 月份的道琼斯股指期货合约到期时，它的价格可能是 13526，而由于时间值、利率和交易者的期望值，3 月份合约的价格可能是

13592。当你尝试将两个合约放在同一张图表上时,你可以通过真实价格来做,这样将会导致在换仓时图表出现缺口。这样会扰乱你的技术分析,因为旧的趋势线、支撑线、阻力位等将不再有用,新的图表必须根据新合约重新绘制。由于新合约与旧合约之间有一个 70 个点的缺口,重新画图不太容易,因为数据已经改变并且价位已经移动。数据的变化有可能会导致你认为市场已经突破了支撑位,而事实上却没有。

图 6.7　道琼斯指数日线图

来源:© TradeStation 技术公司,1999 年,版权所有。

另一个画连续图的方法就是消除缺口。你在画图的时候可以调整旧合约的价格以适应新合约的价格。12 月份的合约看起来价格是 13590,而不是实际上的 13526。这个方法的问题就是过去的价格会变得比较奇怪。如果前一个月的合约和后一个月的合约价差过大,你会发现市场的数值是负数,而这是不正常的。

两种方法共同的问题是当你做调整时，会失去一些精确度。如果你将图6.7（实际道琼斯指数）和图6.8的图表（是一个事后经过调整的股指期货持续图表）对比，这时你将会看到有些技术点是如何变化的。

图6.8 道琼斯迷你连续图

来源：© TradeStation 技术公司，1999年，版权所有。

例如，图6.8中的点A是比两周前的最低点低几个点。在图6.7中，这些点则要低很多。假如这样的话，在图6.7中就要止盈并做空；在图6.8中就不必止盈或做空。但是在另一个例子中，图6.8中C点比B点更低，然而在图6.7中C点却比B点更高。尽管在图6.7中可能还没有发出交易信号，但是在图6.8中已经出现了信号。你可以看出两个图表是有差别的，有时候其中一张图表会让你进行交易，而另一张图表却没有发出交易信号。因为期货市场有点捉摸不定，我比较喜欢根据实际指数来做决定，这样才能了解真实的情况。一旦我了解了真实情况，就会借助更小一级时间框架的图表进行交易。

随笔

我在交易类书籍中发现一件有趣的事，它会告诉你一个思路，然后找到一个完美的图表来证明这个思路。作者不会告诉你另外还有 20 张图表其实能证明这个思路是错的。他们找到这张完美图表的原因是为了配合写书而已。就像是一个体育预测者给 50 个人发了电子邮件并告诉他们在本周日纽约巨人队（New York Giants）将会打败达拉斯牛仔队（Dallas Cowboys），然后再给另外 50 个人也发送电子邮件并声称达拉斯牛仔队会赢。如果巨人队赢了，他就会给曾经告诉巨人队会赢的 50 个人中的 25 个人发送电子邮件，并且告诉他们在下周末迈阿密海豚队（Miami Dolphins）会打败水牛城比尔队（Buffalo Bills）。同时，他会告诉这 50 个人中的另外 25 个人比尔队会赢。当比尔队赢得比赛后，他会告诉这 25 个人中的 12 个人在周三纽约喷气机队（New York Jets）会打败芝加哥熊队（Chicago Bears），然后告诉其他 13 个人熊队会赢。每周他都这么做，最终会有少数几个人通过接收电子邮件发现他连续猜对了 5 次。然后，他给他们发送电子邮件，并告诉他们如果想知道下一次比赛哪个队会赢，就要向他支付 500 美元的服务费。剩下来的这些人对他的预测结果印象非常深刻，所以他们会付费。而实际上有 97 个人知道他的预测会出错。所以，你对书中看到的东西应保持怀疑态度。也许图表中有一个完美的模式能证明某个理论，但在现实中有可能这个模式出现的概率并不大，这个模式很长时间才会出现一次。

是谁在推动市场

如果你想成为真正的交易者，其中一件你应该知道的事情就是：是谁在推动市场。如果是纳斯达克股票，你应该知道哪个市场的做市商最活跃，你应该尽量去了解他们的持仓情况。他们是做多还是做空？如果你一直在交易股票或者有一个在高盛公司工作的朋友，你可以打电话给他，因为他了解所有的事情，那么，你就会知道是谁在推动市场。

你应该知道是否对冲基金持有了这个期货或股票，如果是的，则要了解对冲基金在干什么。他们是正在买入还是在平仓？是正在做多还是在做空？这些事情能帮助你判断市场的方向。如果你知道所有的玩家并且知道他们正在做什么，那么你就会有所警觉。如果你知道所有的对冲基金主力正在做多，那么还有谁会买入？没有人——这个指标意味着多头市场快到头了。你应该知道期货市场的持仓量，并知道它意味着什么。同时，结合成交量和持仓量能帮助你判断市场的波动方向，这是一个非常好的工具。

持仓量

持仓量是任意商品期货在每天收盘时的未平仓合约的总数。持仓量指多头或空头合约的总数，而这些合约并没有被交割。它能衡量进出市场的资金流量。每份期货合约的卖家必须对应着一个买家，买家和买家一起才能构成一份合约。因此，为了确定总持仓量，你只需要知道买家的或卖家的持仓量，而不是两者的总和。以下三种方式会改变持仓量：

◇ 如果一个新买家从一个新卖家那里买入一份合约，因为生成了一份新的合约，那么持仓量会增加。
◇ 如果一个持有多头合约的人把一份合约卖给了市场中的空头，就会少一份未平仓合约，因此持仓量也会减少一个。
◇ 如果持有多头合约的人把一份合约卖给了新的买家，这样持仓量不会变化，因为这只是把合约转手给别人而已。

通过跟踪每个交易日收盘时的持仓量变化，你可以了解市场情况。持仓量增加意味着新资金正在流入，目前的趋势将继续。持仓量下降意味着市场正在平仓，意味着趋势即将结束。观察持仓量并将其与成交量和价格方向相结合是一个很好的方法，这样可以为趋势结束做准备或者是确认一次行情的到来。通过同时使用价格、成交量和持仓量，你可以得到以下结论。

价格	成交量	持仓量	表明
上升	上升	上升	市场强势
上升	下降	下降	市场可能疲软
下降	上升	上升	市场疲软
下降	下降	下降	市场可能变强势

了解相关信息

如果你正在交易股票，那么应该知道它们是否是主要指数中的一部分以及指数的波动如何与股票联系。不需要精确，但是你应该知道如果道琼斯指数下跌100个点，你的股票通常会跌1.50美元，或者是你的股票中有1美元的波动，道琼斯指数将波动11个点。有时，将市场看成一个整体并了解股票的波动，这比尝试通过单独观察股票来估计股票的波动要简单些。如果你知道二者之间的关系,你可以更好地把握交易时机,或者知道股票是强于市场还是弱于市场。

你可以在板块中寻找股票的关系,可以拿商品价格和黄金、原油、美元的价格做比较,也可以在商品板块之间比较,比如比较取暖油和原油的价格。很多人根据债券市场正在发生的事情而进行股票市场的交易。很多事情影响着不同的市场,并且相互之间都有关联。你知道得越多越好,因为如果你知道它们,那么就能快点得到回报。

它们是领头羊,还是跟随者

这个让我想到另一个你在交易时应该知道的因素,就是股票或市场是一个领头羊还是跟随者?在每个板块内,有些股票先推动整个板块,然后其他股票再跟着波动。有些股票与其他股票一起波动,就像是某家银行股票盈利增加,开始上涨,其他银行股也会跟着上涨。更好地了解这些事情以及股票的走势会帮助你寻找交易的机会。

不但板块如此,整个市场也是如此。有些股票本身就能让市场波动。然而,这些股票本身不能推动市场,因为很多其他股票也会同步反应的,所以这些股票起了催化剂的作用,从而一起推动了整个市场。这些股票一般是蓝筹股,且成交量很大。如果一家像贝尔丝登这样的公司盈利下降,所有其他依附该公司的银行和公司的股票都会下跌,这样就形成了雪球效应,并造成市场崩盘。你可以交易这些股票,但是要知道有时候一些非常安全的股票会比那些跟随者更危险。

我过去经常在一家公司进行交易,这家公司不喜欢交易领头羊股票。他们认为很难与那些大玩家在蓝筹股上竞争。相反,他们喜欢寻找一些日成交量在 10 万—50 万的小盘股或中盘股，这样的股票一般都是跟随市场的。这家公司告诉新手，因为小盘股和中盘股竞争力差些，但是船小好调头，所以比较好交易。我从来不喜欢这样做，这就是我离开这家公司的原因，但是这种方式对他们有用。

是谁在推动市场

虽然我一直是个技术交易者并且很少根据新闻进行交易，但是当我在写作本章时，我意识到知识确实是越多越好。我始终相信每件事情都会反映在价格上，而且新闻可能不会帮助你做出快速反应，但是如果你能知道事情的前因后果，当情况改变时你就能及时出场。作为一名交易者，你应该知道是什么在推动市场。有很多因素可以导致商品或股票产生波动，你应该关注这些因素。下面的事情是你需要知道的。

不同报告的作用是什么，何时公布报告

我们会遇到各种各样的报告，我懒得把它们一一列出，但是可以举一两个例子。农业报告会影响谷物市场；消费者物价指数报告会在几天内影响整个股市和相关股票。

上市公司何时公布盈利报告，如何面对盈利报告

你不仅要知道盈利报告何时被公布出来，还要了解股价的反应。对于我来说，盈利或亏损并不重要，关键是要知道股票对那个报道是如何反应的。某个交易者第一天做空了一只股票，第二天开盘时才知道这只股票对应的上市公司正在公布预期盈利的报告。希望你不要犯这样的错误。

市场对利率和汇率的变化是如何反应的

美联储（Fed）调整利率的公告对市场的影响很大。大于或

小于预期的利率调整都能触发股票、期货、行业板块和整个市场的巨大波动。但是并不是所有的板块和股票的反应都是相同的，因为有些板块对高利率有反应，而其他板块则没有反应。你应该知道利率的变化对你交易的品种有什么影响。当然，你应该知道何时会调整利率。汇率变化对市场的影响要小些，但是不管怎样，你都应该知道你交易的股票或商品是否会受到汇率变化的影响。当美元贬值时，黄金的价格就会上涨。可可市场之所以能受到英镑的影响，是因为对世界可可价格有巨大影响的伦敦可可期货是由英镑结算的。故而，英镑对美元的价格波动就会导致英镑价格的波动，英镑的波动将会影响美国可可期货的价格。有人会利用纽约和伦敦可可市场之间的价差进行套利，所以英镑对美元的汇率非常重要。大多数人可能不知道这些知识，但是你最好要知道。

市场是否会受到天气的影响

橘子汁、原油、谷物、软货（咖啡、糖、可可和棉花）、活牛和一些产品与天气都有很大联系。霜冻、干旱、洪水或热浪都会导致这些产品的价格猛涨。或者是一个稍微不同的天气状况就会让一个市场上涨，却让其他市场下跌。了解天气的最新情况会帮助你确认市场的方向。例如，飓风或飓风的威胁会剧烈推动原油市场和软货市场产生很大的波动，但是有可能不会影响到可可市场，因为可可的产区不在飓风影响的区域内。

天气是如何影响价格的

我拥有一家酒吧，当我和一个供应商（一家大型的全国连锁公司）聊天时，我们探讨有些荒唐的高价是如何出现的，他说："还有更离谱的呢。"他告诉我最近发生在中东的洪涝让商品价格暴涨，但原因并非是洪水导致了粮食作物价格上涨，真正的原因是运费上涨了。因为道路不通，使得一些跨国的长途货车不得不改走其他路线。他说一次跨国运输正常会花费4200美元，而上周因为要绕道加拿大，运输费已经超过了11000美元。由于人工费增加了，工时也增加了，再加上一路上的汽油费也很贵，我这里烤肉（fajita）的价格也就上涨了。

是否有一些季节模式

你应该知道你交易的品种是否呈现季节模式。例如，冬天需要更多的取暖油，这会使取暖油在冬天的需求量增加。越接近收获季节，大豆价格就越容易出现大幅波动。可可的收获季节在九月，这一般会使市场下跌。此外，还有很多季节模式，如果你了解你的市场，你可以将这些模式作为你的优势。

市场是否会受到国外事件的影响

其他国家正在发生的事情会影响到一些市场。发生在象牙海岸的事情会影响到可可的价格；发生在哥伦比亚或巴西的事情会影响咖啡的价格。外汇市场很明显容易受国外市场的影响，其他市场则没有如此明显。像中国这样的发展中国家的现代化进程和其他因素一起导致了最近原油价格的大涨。如果你想让自己做得最好，那么你需要了解这些事情。

市场对每天不同的时间是如何反应的

有些市场在早盘波动频繁，而有些市场却是在接近每天收盘时比较活跃。在午餐时间，有些市场不会波动，而有些市场却总是倾向于上涨。我最近发现标准普尔倾向于在下午3：30开始反弹，并补上早盘向下的跳空缺口。经过一段时间后，你获得这些方面的知识越多，就会越来越了解这个市场。

市场在夜里是否波动

有些市场在夜里很少波动，而有些市场大部分的波动都是发生在夜间的。在开始交易之前，你最好知道这些，否则你会快速衰老。如果一只股票在夜间大跌，且第二天开盘时继续向下出现跳空的缺口，无论你的止损点设置在哪里，你都有爆仓的可能。因为这种情况可以发生在任何一只股票上，所以很难预料，期货市场也有这种情况。

我过去经常做外汇交易，但是我不得不停止，因为它让我不能睡觉。我需要熬夜到凌晨三四点，观察它们在伦敦和欧洲市场是如何进行交易的，然后睁着一只眼睛睡觉，因为我要一直保持清醒，并在电脑屏幕上（紧挨着我的床）查看它们正在做什么。这对我造成了损害并且影响了我的正常交易，所以我停止了这种做法。如果我现在做外汇交易的话，将采用轻仓长线的方式交易，这样就不必一直盯着行情了。

是否有重复出现的可识别模式

因为市场是由具有习惯的生物——人——推动的，所以你在不同市场中会看到有些模式会重复出现。例如，在标准普尔5分钟图上快速上涨后，市场会回调，然后再上涨。有些市场的收盘方向总是倾向于与开盘方向相反。有些市场会倾向于在10:30—11:00之间反转。有些市场会在接近最高价或最低价这样的价位收盘，而其他市场总是倾向于在当天的中间价位收盘。有些市场对特定技术指标特别有用，而有些市场看起来是在随意波动。坚持寻找市场中的模式，你会发现市场的波动是可以预测的。

市场对新闻是如何反应的

新闻这个词是一个总称，可以意味着很多事情，包括我之前提到过的所有报道。它也意味着新闻报道的大小内容，比如委内瑞拉咖啡工人罢工、一位 CEO 去世、空难或是一个流行玩具的召回。如果想进行交易，你应该知道你的交易对那些新闻是如何反应的。对于相同的消息，有些市场会上涨，而有些市场下跌。利率以不同方式影响着市场。较高的原油价格对有些股票是利好，但对有些股票却是利空。

关于报告，你不仅需要知道何时公布农产品报告，还要知道它可能会如何影响大豆的价格，甚至是猪的价格，因为猪吃谷物。当知道报告所产生的反应后，你可以根据相关新闻信息建仓。顺便说一下，包括猪的食物（玉米、大豆粉、燕麦、大麦和小麦）都是一些需要考虑的因素（据《达拉斯新闻》，2007年5月1日），当市场的表现和你的预期不一致时，你不能依靠消息做交易，而是要根据市场的表现来交易，这样才能盈利。就像你以为下调利率能导致市场上涨时，事实上市场却下跌了。不管外面的噪音如何，这时做空就是一笔不错的交易，因为它意味着市场已经提前消化吸收了降息的消息，而市场是准备下跌的。当出现一条新闻的时候，学会如何读懂市场肯定会使你成为优秀交易者，但是我相信你无法从书本中学到这些知识。

市场对情绪是如何反应的

有些交易者喜欢观察情绪指标来帮助他们做交易决策。这些指标可以是看跌/看涨比率和每个周五公布的交易者持仓量报告。这背后的理论是当每个人都看涨时，市场中已经没有人买入了，这时市场应该反转。关于指标的应用效果，而有些市场比较好用，而有些市场不太好用。优秀的交易者应该知道情绪指标的具体应用效果。

在不同的环境中市场是如何反应的

在相同情形下，不同的市场会有不同的反应。例如，在横盘震荡状况下，有些股票会不停地上涨到阻力区，然后再下跌到支撑区，反复如此；而有些股票则表现得毫无目标。有些市场的走势简直就是趋势跟踪的标准教材，上涨稳定，回调百分比一致，买卖信号明确，止损点也很明确。

我记得多年前，原油价格在很长一段时间内都保持在一个从18—20美元的震荡区间内，价格在震荡区间波动时与价格突破并开始上涨时有很大不同。在上涨趋势中，不管市场是不是弱势开盘，它都倾向于上涨。然而在震荡的市场中，价格会补上早盘的缺口，但其他时间则表现得漫无目标。

要有大局观

我们暂且不谈个股的独特性，让我们用大局观来看看股票的状态。当你交易时，必须知道股票的全局状态。有些交易者在交易时有些盲目，不知道去了解市场长期局面。在进场之前，你需要知道市场是哪种类型，因为市场对不同的情形会做出不同的反应。你应该通过多个时间框架来观察图表，市场的长期图和短期图来帮助你了解市场是否在按趋势发展，是否在大幅波动，是否在横盘震荡，等等。你也要知道市场的大致方向是什么。你也有可能需要用指标来帮助你了解当前市场与全局的关系。一旦你知道所有的事情，就能做出更加明智的交易决策。

例如，市场的长期趋势是不是上涨的？最近是不是上涨太猛了，价格离趋势线太远了，因此需要一个回调呢？价格是不是在震荡区间的支撑区？波动的市场是不是有明显的支撑区和阻力区？最近价格是否突破了波动区间？是不是市场可能要反转？

一旦你能准确定位市场，就可以开始交易，这样赌博因素就会比你只观察小范围的数据少很多。根据市场状态不同，优秀的交易者会使用不同的技术指标和系统。根据市场与全局的关系不同，他们会制定不同的行动计划。当局面越来越清晰时，他们能够准确确定进场和出场的价位。所有这些将不断地使他们成为比较优秀的交易者。

总结

你越了解你投资的品种，长期生存的概率就越大。你确实需要额外的努力来了解市场，只有这样你才能成为优秀的交易者。我提到的一些信息，你只有通过每天观察市场才能获得。如果你非常幸运，能够和一些有经验的交易者合作，就会很快地从他们身上学到经验。一定不要急于求成或希望知道市场将会如何回应每条消息。不要固执地认为你以为会发生的事情就一定会发生。请记住市场总是正确的，市场会告诉你它会怎么做。

在我学习 SATs（Scholastic Assessment Tests，即美国高考）时，我学会了一个词——"吝啬"，25 年后，我在这个句子里用到了这个词，在这之前，我从来没有用过这个词。尽管这个词和交易没有任何关系，但是，当我重新审视这个总结时，它出现在我的脑海里，所以，我要和你们分享这个词。

第七章 收盘后

一个男人冲进他的房子对他妻子大喊:"玛撒(Martha),赶紧收拾东西!我刚刚在股市赚大钱了。"玛撒答道:"哇,我应该带冬天的东西还是夏天的东西?"男人回答:"无所谓,只要离开这个地方就好!"

现在是下午4:15,标准普尔股指期货刚刚收盘,今天你亏损了,你会怎么做?去当地酒吧把自己灌醉?不,你应该开始为第二天做准备。实际上,你应该首先冲进浴室洗个澡,因为你可能已经直直地盯着你的监视器4个小时了;然后,快步行走来舒展身体并清醒头脑。如果你在日内交易公司的交易室工作,当你回来时,很可能大家已经走了,但下一个小时或许是你当天最有价值的时间。你可能会想市场收盘了,不能再进行交易了,今天结束了,为什么仍然留在这里?对于约翰和他亏钱的朋友来说今天是结束了。优秀的交易者会利用这段时间来复查当天的交易,并开始为第二天制定计划。当市场收盘时,你的交易在你的头脑里是最清晰的,那么在收盘后,为什么不花些时间来复查呢?通过复查你所做的事情，你可以深入地了解你的交易，更重要的是，这样做，你可以为第二天做好准备。在复查了所有的交易之后，你需要花费一些时间来准备第二天的行动计划。这个过程由两部分组成，这些应该在前一天晚上和第二天早上完成。前一天晚上花些时间在这上面，第二天早上，你就可以毫无顾虑地进行交易，并能在交易日中更清楚地了解情况。

你关心的事情就是明天所要发生的事情。如果你关心的事情发生了，你会怎么办？哪些交易亏损了？你做错了什么？你也可以花时间来调整你的止损点，并复查你的资金管理和风险水平。做这一切不会花费你很长时间，并且这样做的意义是无价的。

让我们回顾一下

本章的顺序有时看起来可能有些混乱，因为本章假定你正在做一些我在本书中将要讨论的事情，这些事情将稍后叙述。然而，我现在就阐述了这些内容，因为面对下一个交易日的最好方法是在前一天晚上复查已经做过的交易。你可以用你喜欢的顺序来复查，但我比较喜欢先观察手中仍然持有的仓位。这些是我第二天需要格外关注的交易，并且我想证明它们是好的交易。

我所说的"好"是指我建仓的理由仍然是有效的。对于亏损的交易，希望第二天的开盘会对我有利，但这是一个糟糕的决策，遇到亏损时应该尽快平仓。现在，这与一笔没有赚钱但在有效策略之内的交易不同。我所说的交易是指在止损范围之内，不必急于平仓。

如果第二天仍然亏损，我会提醒自己在第三天开盘时平仓。看着亏损的仓位，并为它们找理由是非常正常的现象。例如，如果第二天出现了向下的跳空缺口，你也许会对自己说：这已经是最糟糕的情况了,我想缺口会被补上的。然后,你一整天都坐在那里等待市场去补上缺口。这样做很容易脱离第二天的整个行动计划,因为你将要花费很多时间来精心照看你亏损的仓位,而忽略了赚钱的机会,这样只会让交易变得更糟糕。

好孩子,坏孩子

一个很好的例子:一对父母有两个小孩,一个接近于完美,甲等学生,网球队的队长,并参加社区服务;另一个孩子是差生,喜欢逃课,很多学科不及格,打架,吸烟,将头发剃成一半,等等。

父母会花费很多的时间和这个坏孩子谈话并管教他,好孩子开始有被忽视的感觉。他开始变得沮丧,认为父母不像爱弟弟那样地疼爱他,不久就开始酗酒。他从他弟弟那里弄到一些酒,因为没有人注意他,他很快养成了每天喝5美元酒的恶习。这则故事的寓意是把麻烦的孩子送进军事学校,表扬乖的孩子,这样才能减少你的亏损。好处是他将来会比爱惹麻烦的弟弟多赚很多钱,你可以提前退休,因为他会供养你;另一方面,你要为弟弟支付很多账单,包括军事学校的学费、保释金、律师费、心理咨询费、染发费,等等。因此,你要及时止损,并全神贯注于盈利的交易。

现在回到正题上来,当你复查交易时,不要因盈利的交易而自满。彻底地对它们分析,并一直考虑你将如何出场。当复查交易时,你需要观察几种情况,我将在本章的其余部分描述这些情况。下面从持有的仓位开始说起。

持有的仓位

下面的很多情况可以同时应用于盈利交易和亏损交易中,因此,我不想把它们分为两部分。当你阅读的时候,只需要推测哪种情况适用于你。可以用同样的方法来看待盈利交易和亏损交易,此方法取决于你持仓的时间。回吐太多利润的盈利交易与亏损交易一样糟糕。你会因为不想回吐过多的利润而持仓很久。即使你在盈利的前提下平仓,但是如果你回吐了太多的利润,我认为至少交易的最后阶段很糟糕。虽然我更喜欢先复查我的盈利交易,你也可以这样做或者先复查亏损交易,或者是按照下单的顺序复查,这都无所谓。不管你用什么方法,要确保分析到位。如果你是一名在每天收盘前全部平仓的日内交易者,就不需要阅读以下几页的内容了,但是你花钱买了这本书,所以,无论如何都要读下去。如果你只交易一个市场或一只股票,复查起来会更快,你可以到莫兰去找约翰喝酒了。当你复查每笔交易的时候,记住这样做的主要目的是为第二天的行动计划做准备。

我为什么做这笔交易

当我关注持有的仓位时,我做的第一件事是从我近期进行的交易开始。我问自己:"我为什么做这笔交易?"纵览交易史,你要确信它在你的计划范围之内。我要确保这笔交易是我交易策略中的一部分,而不是随意进行的交易。我要确认我所做的交易有正当的理由。如果我做到了,很好,就可以继续复查下一笔交易;如果我没做到,我要确保它适合我的策略之一。如果不是这样,我会期待尽快出场,因为我不想做与我的基本原则相矛盾的交易。有时,在交易搏斗激烈的时候,你可能因为没有计划而做了一些随意的交易，且忘了平仓。希望这种情况不要经常发生在你身上，但是当它发生时，你要意识到你正在做一件错误的事，并要尽快纠正。

进场的理由仍然有效吗

如果你因为 3 天均线和 10 天均线死叉（如图 7.1 中 A 点所示）而做空道琼斯指数，那么你要确保现在还是死叉状态。如果不是，则应该重新评估这笔交易。如果行情发生改变就可以出场，不必一定要坚持到止损点才出场。在图 7.1 中，如果在 3 天均线和 10 天均线金叉时平仓，就会比在图中所示的止损点平仓时少亏损 200 个点。

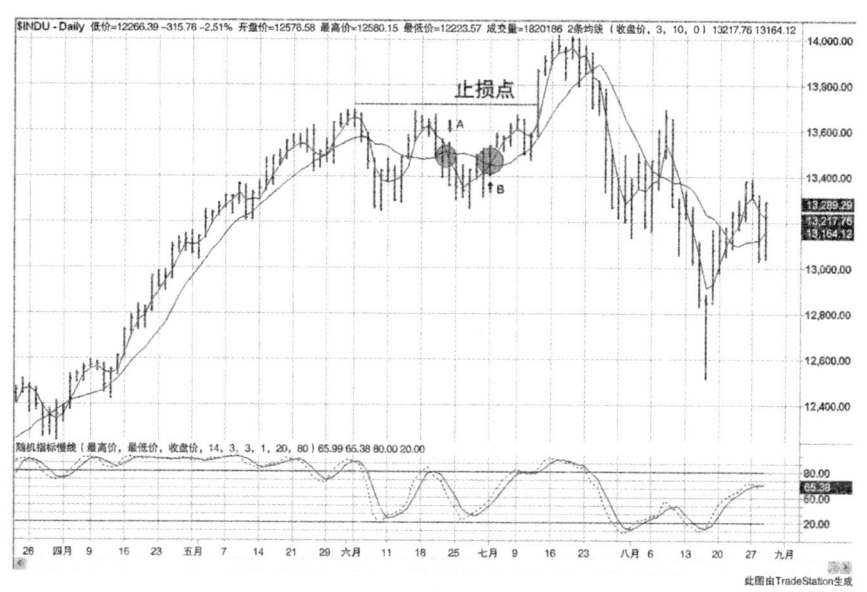

图 7.1　道琼斯指数日线图

来源：© TradeStation 技术公司，1999 年，版权所有。

如果它仍然在你进场的参数之内，看看它是否已经发生变化，如果已经变化了，你仍然要准备平仓。也许交易仍然符合你的参数，但它很快就不会这样了，因此，第二天你必须更仔细地关注它。你要做一个备忘录，并将它作为你的预警（我不是说 tradestation 软件的预警功能，而是指把它作为你个人的预警）。如果持仓的出场条件快到了，你应该优先关注这笔交易。在图 7.1 的例子中，你可以看到 3 天均线上升，并且竹线在 B 点金叉前越来越高，这可能意味着做空的理由可能已经不存在了，因此，你要做好回补仓位的准备。

交易不按计划那样简单进行吗

你应该注意交易是否按你的计划进行。是的，它仍然在你的参数范围内，你可能希望市场在随后有快速行情，但 3 天后，市场无动于衷，没有任何表现。此时你要考虑是否要继续持有这个仓位。你的时间和金钱用在别处可能更好些。那么为什么不出场？虽然你把握了这次机会，但是交易没有如你所愿，此时你要考虑换品种。如果你再观察一遍图 7.1，你也会看到这种情况。你在第一圆圈区域做空了，但接下来的几天市场没有变化。你预期它会马上下跌，但它没有。尽管均线表明应该做空，但它没有按你期望的那样下跌，特别是在第四天也没有下跌，此时你应该考虑出场。你给了它时间，可它没有下跌，现在看起来市场可能要上涨。

市场接近目标区了吗

当你的交易开始接近目标区（它是你在进行交易时已经确认的）时，你应该开始更加密切地监控它。目标区可以是市场到达 13541 时的一个数字；或是市场到达通道顶部的一个技术目标；也可以是 7 天后就出场的一个时间目标。无论哪种情况，你要知道目标区快到了，这样当第二天到达目标点时，你就要平仓了。你也可以在重新评估市场后移动目标点，这也是一种做法，但你要有充足的理由。在下页图 7.2 中，我根据 7 月开始的上涨趋势用斐波那契方法来预测目标点，在之前高点的突破位做多。当市场两个交易日都在目标区（13531）时，我将更密切地监控它来决定我需要何时出场。你需要注意市场有可能不能到达目标区，在这种情况下，你要有应对计划。在大行情中，我会不断调整我的止损点。

图 7.2　目标区

来源：© TradeStation 技术公司，1999 年，版权所有。

它到达目标区了吗

你不仅要留意交易是否接近目标区，还要注意那些已经达到目标区的交易。比如说，你把价格突破通道线作为你的目标。当市场突破了通道线时，你没有出场，因为你认为市场很强，希望让利润奔跑，这个借口不错。现在，你应该重新计算出场点。市场已经到达了你最初的目标点，你是决定设置新的目标点和止损点，还是出场？你可以继续持有，并用旧的目标点作为新的止损点。由于没有什么不好的预感，所以你真的很希望可以像这样一直达到交易的顶峰。然后，你开始变得有些贪婪，然而在你还没有意识到之前，市场已经开始下跌了，于是你亏损了。因为你认为市场会回到之前的好价位，你很难把这些亏损的仓位平掉，但机会却消失了。比如说，在图 7.2 中，在目标位你没有出场，现在市场在第二个圆圈区域内交易。你需要把交易当作新交易来重新评估，并决定你是否愿意持有仓位、设定新目标（目标 2）和新止损点（止损点 2）。你可以用其他技术指标帮助你做决定。就我个人而言，我愿意在价格下跌到 13531 点以下时平仓。我宁愿给它一次机会去测试这个价位，如果它再次低于这个价位，我会出场。我给了它一次机会，可惜它没有做到上涨，既然如此，为何不出场

价格接近止损点了吗

除了关注接近目标点的仓位，你还要关注那些接近止损点的仓位。价格离止损点越近，你越要关注，或许又可以说你不用再多考虑了。市场接近止损点时，如果你考虑得太多，就会考虑取消这个止损点或移动止损点。有时，你的止损点是心理的，现在是将它应用到实际或到了真正地关注市场的时候了，如果到达止损点，你就要退出市场。如果价格接近了止损点，我建议你设置止损单，并忘记它，不要再怀疑它。如果最初的止损点是经过深思熟虑的，当市场接近止损点的时候，没有理由再去调整止损点了。大部分情况下，移动或不设置止损点会让你亏得更多。当然你确实需要定期地分析、复查、调整止损点。但是当价格接近止损点时，我不会因为害怕亏损而刻意移动止损点。请看下页图

7.3，你将会看到两个不同的情况。第一种情况就是在第一个阴影区域做多，这和前面讲的一样。当市场开始上涨的时候，我会沿着均线向上分别设置止损点 S2、S3、S4 等，直到在 S7 点止损出场，这是移动止损点的正确方法。另一个例子展示的是错误的方法。假如你在标有做空字样的价位做空了，且把止损点（止损点1）设置在以前的高点之上。几天后，市场强势上涨（惨啊）。此时，你没有把止损点留在原处并接受亏损的现实，反而把止损点移到了止损点 2 处，期望给市场一个呼吸的空间。你在这里所做的一切会让自己白白地多亏损了 200 个点。当市场到达预先设置好的止损点时，不要去动它。之后，我将在本书中详细讲述。

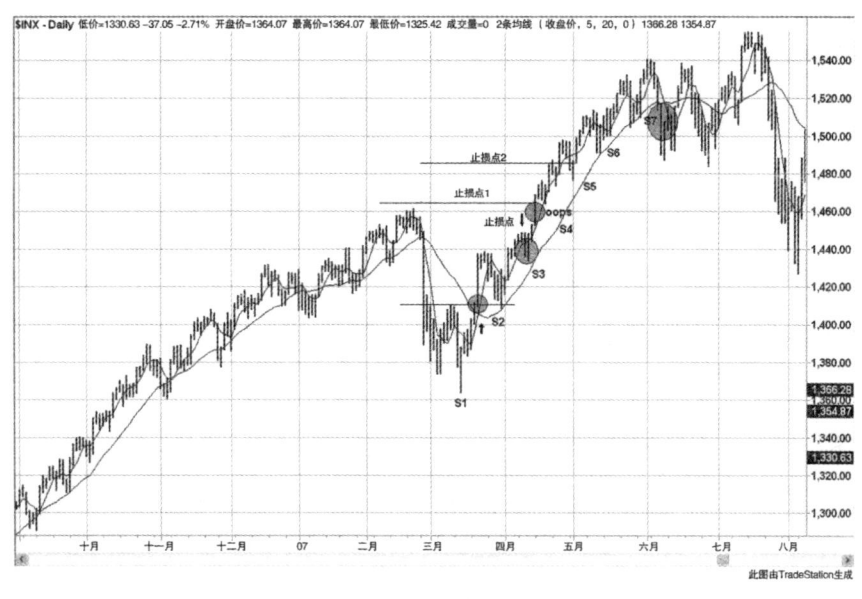

图 7.3　止损点

来源：© TradeStation 技术公司，1999 年，版权所有。

你设置了止损点吗

本节假定你是个傻瓜，让市场穿过你应该设置止损点的价位。

除非你知道无论是赚钱，还是亏损，你都有明确的出场点，否则你就不要做交易。这点我在后面还会讨论的。也许你有心理止损点，但你从来不使用它，糟糕的是你总是在一厢情愿，等于没有止损点。也许你的交易赚钱了，你也懒得移动止损点来锁定利润。无论什么理由，如果你没有设置止损点，就要尽快挽救这笔亏损的交易，第二天早上的第一件事情就是及时平仓。再回到图7.3中，由于某种原因，你一直持有空头仓位，在止损点2也没有止损，现在市场已经涨到了止损点2以上了，你必须强迫自己在第二天出场。在每天制定行动计划的时候，你必须重视止损这件事。忽视止损点一定会引导你走向错误的道路，如果你发现自己已经犯了这个错误，不要坐在那里一厢情愿，相反，你应该出场，并接受亏损。

加仓还是减仓

当分析每笔交易的时候，你应该考虑仓位大小是否合适。如图7.2的例子，如果市场到达你的目标点以后还在上涨，为什么不平掉部分仓位并锁定一些利润呢？如果你觉得还有上涨空间，也可以保留少量仓位。另一方面，也许后面还有行情，市场正好在X突破线上面突破，你可以采用另一个策略：当价格突破阻力位时就买入。你已经做了一笔利润丰厚的交易，现在你用新的信号来证实一个好的交易。在这种形势下，由于在你眼中，交易变得越来越好，你可以考虑加仓。

如果市场没有你预期的那么好，但是你又不想出场以防止市场继续上涨。这种情况下，好的策略应该是：减仓，同时仍然保留一些仓位，以防止市场会继续上涨。因为同时确定一个事务的两个方面比较困难，所以加仓和减仓是交易中最难的事情。无论如何，当你亏损时，不要向下摊平成本，这是一个主要原则。

你的钱花在别处会更好吗

在上述情况中,你需要考虑的是,当决定调整仓位大小时,如果你平掉一部分仓位,那么获得的资金可以用于别处。当你分析每笔交易的时候,记住问自己:"我的钱花在别处会更好吗?"如果答案是肯定的,你最好出场,并进行下一笔交易,或者至少把钱保存起来,等好机会出现时再进行交易。不要把自己累惨了,很多交易新手虽然资金不多,但动作很快,他们的账户可能很快就没有现金了。每天在做行动计划时,他们就要考虑如何平掉部分仓位以获得现金。

现在平仓,还是继续持有

这里引出了一个问题:"我是应该继续持有还是出场?"如果你有纯粹的机械系统,那么就应该严格按照系统信号做,当出现卖出信号时,你就平仓。然而,本书主要讨论主观交易系统,这要求交易者去做很多决策。不过所有问题都可以浓缩为这个基本问题:"我应该出场还是平仓?"你可以唱"冲突"乐队的歌曲《我是去还是留》,直到这种自问自答成为一种习惯。问问你自己:"如果我没有持仓,现在会进场吗?"如果答案是否定的,你应该出场并换个品种。如果你有更好的选择,就不要在你不想要的仓位上浪费时间、金钱和精力。我曾经多次建立了亏损的仓位,但我却欲罢不能。有时我的多头仓位是亏损的,我心里明白,如果我没持有这个多头仓位的话,市场看起来是明显下跌的,那我肯定会做空的。然而,我无法接受亏损。我最终明白了接受亏损是正常的,长期而言,这么做会节省大量资金。所以,你要学会接受风险。你不但要在亏损时接受亏损,有些仓位曾经是赚钱的,但后来长期没有什么起色,你需要在晚上重新评估这些仓位,如果你认为策略已经不适用目前的仓位了,那么就应该出场并换另一个品种。

波动性改变了吗

当我写到这里时,股票市场的波动性爆发了。通过观察图7.4中的平均真实振幅,你可以看到标准普尔的振幅在最近几周已经扩大2倍多。过去每天的振幅不到12个点,8月份的振幅则超过了20个点。因为市场动力发生变化后振幅就会发生改变,所以必须重视振幅的变化。为了更现实一些,此时目标点和止损点可能要被移到更远的位置。振幅大的市场风险也大,你必须重新考虑你的策略。如果在之前市场连续两天收盘方向和仓位方向相反时你就止损,你的亏损是2000美元;但是现在振幅加大了,那么现在的风险可能是5000美元,也许你不能接受。如果你想把止损额限制在2000美元以内,现在日内的振幅变大了,你的止损单很容易被触发。当波动性发生剧烈变化时,你必须重新考虑你的仓位。

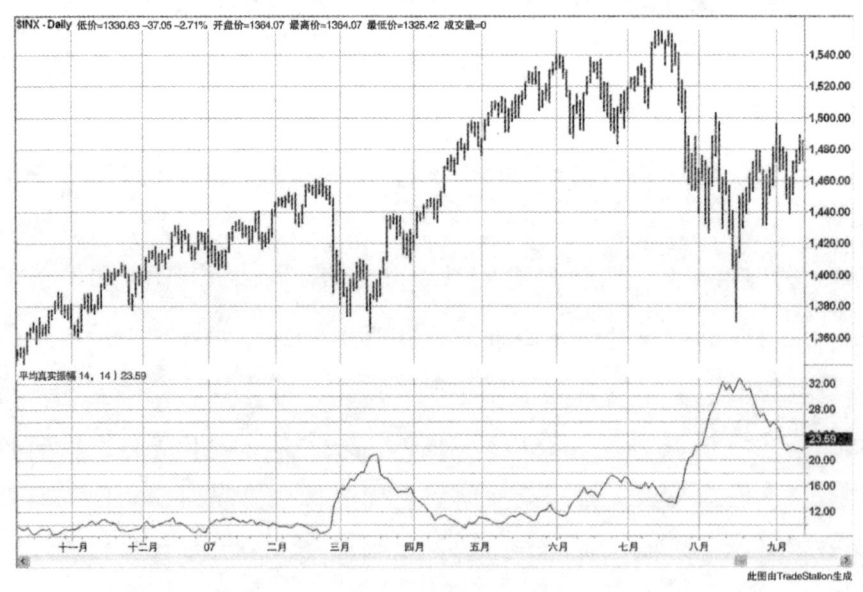

图7.4 双重波动图

来源:© TradeStation 技术公司,1999年,版权所有。

即使波动性变化很小，你仍然应该重新考虑你的仓位。你现在可能要加仓或者移动你的目标点，以便使其更合理。波动性并非是经常剧烈变化的，但当它剧烈变化时，你应该相应地改变你的策略和操作计划。

新闻中报道的内容是什么

我认为交易者应该关注的另一件事情是：为什么市场这样波动？如果某个品种出现了异常情况，你要弄清楚具体原因。对于已经平仓的交易，它无能为力了；但对于持有的仓位，知道具体原因是有好处的。虽然我不会根据新闻做交易，但新闻有时会改变交易的性质，你要意识到这点。很多新闻事件只是暂时影响价格的波动，从长远看，新闻事件不会影响价格趋势。不过有些新闻却可以使市场反转，例如：美联储的减息幅度超过了预期，央行紧缩货币政策，公司发布了预期亏损的财务报告，或者 CEO 由于虚假账目而突然被捕。对于有影响力的新闻事件，你要在当天了解它的具体内容并做好准备，以便能为第二天制定更好的操作计划。我一直认为发现市场对新闻做出的反应是交易中强有力的工具，如果你把新闻消息纳入你的操作计划，就可以很好地利用它。

思考明天

当复查你持有的所有仓位时，你要想到未来。你要想到每个品种可能出现的市场状况，并做好应对计划。我会想好各种可能性，并为它们设置相应的目标点和出场点。我会想好何时加仓，何时减仓。当市场有异常情况发生时，我也不会感到惊讶的。也许上市公司要发布盈利报告,这个报告会导致股价的波动。作为一位优秀的交易者,你要为第二天股票可能出现的各种波动做好一切准备。

例如,如果在图 7.5 中你做多,你要为第二天和不久的将来会发生的任何情况做准备。你可能说:"如果市场突破上面的双顶线,我会加仓 5 份合约,利润目标为 14300 点,我会把我的止损点设置在昨天的最低点之下,也就是止损点 2 的价位。但是,如果它下跌到双底以下,我将卖出所有的多头仓位并反转仓位,将双顶区作为止损点。如果市场停留在现在的震荡区间内,我将保持我当前的止损点(止损点 1),静观其变。"

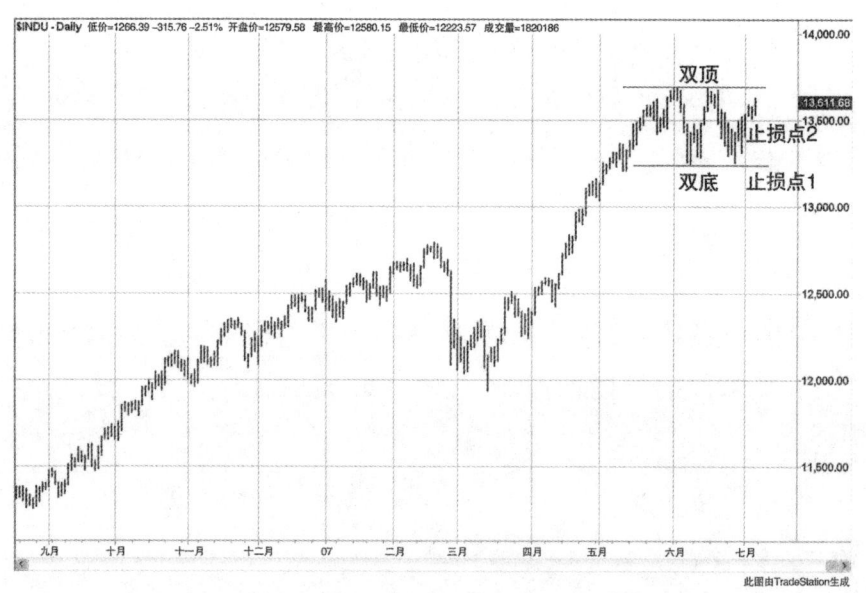

图 7.5　拟定情境图

来源:© TradeStation 技术公司,1999 年,版权所有。

为当前的交易做好准备可以去除交易中的赌博因素,因为在情况发生改变并出现意外之前,你已经做好了各种准备。如果市场开盘时向上跳空 50 个点并开始上涨、如果开盘后反转、如果开盘后跌到了支撑线之下，对于各种具体情况，你都要有具体的操作计划。可能性是无穷的，在你的行动计划里面把它们考虑得越详细，你就会做得越好。

事情到这里还没全部结束。也许你还有自己的特殊标准，也许你还有特定的方法，这些细节我就无法讲解了，但你应该经常学习并寻找方法来改善这一部分的交易。因此，当复查你的仓位时，你要把方方面面都考虑清楚。

已平仓的交易

你遵守你的计划了吗

在复查完持有的仓位后，你应该复查当日已平仓的交易，这一步能让你学到很多东西。再次说明，你可以按照你喜欢的顺序来复查，但我喜欢先复查我所有的亏损交易。我想知道我做对了什么，做错了什么，最好的交易方法是什么。你想要做的第一件事是确保为你的交易制定一个计划并坚持这个计划。

当你复查每笔交易时，问问你自己：

◇ 我为什么做这笔交易？
◇ 当我进场时，我有进场计划吗？
◇ 我有出场计划吗？
◇ 我遵守了计划吗？
◇ 我所做的有什么不同？为什么我没遵守计划？

作为盈利的交易者，制定和遵守计划是非常重要的，这件事永远是重中之重。如果你拥有一个计划并且计划中具有出场策略，但是你一直忽视它们，那么拥有这个计划是没有用的。你需要有人不时地拍打你的后脑勺，说："嘿，你这个笨蛋！你在做什么呢？遵守你的计划！"如果你曾经观看过《粉红豹》（*Pink Panther*）这部老电影，应该还记得加图（Cato），他是探长克鲁索（Clouseau）的下属，懂武术。加图不断地跳出壁橱并偷偷袭击克鲁索来，保持克鲁索的防守技能和敏锐的意识。也许我们都需要雇用加图在我们偏离计划时来提醒我们。开始，可能会受到伤害，但不久之后，你就能更好地坚持你的计划。

如果你没有遵守你的计划，问问自己为什么不这样做？下次你应该采取什么不同的行动来帮助你遵守它？你要弄清为什么进行每笔交易，以及平仓的原因。如果你明智地坚持计划，那么在这里就没事做了，但也要经常复查来确保坚持你的计划。

好的亏损交易

一些亏损的交易也是很好的交易决策，只是没有生效而已。如果你如自己所想的那样以很小的亏损出场，我也不会认为这是糟糕的交易。所谓糟糕的交易是指放任自由、愚蠢的或无计划的交易。能够承担好的亏损交易是所有交易中最重要的一点，这是我要强化的行为。我认为它们是所有交易中最重要的交易，因为你赚的钱是你所有交易的总和——盈利交易和亏损交易。你必将面对亏损的交易，不管你认为自己怎么优秀，都不能回避。如果你能把亏损限制在能够管控的金额内，并避免巨大的亏损，你的净利润将飞涨，而且你将会成为一位优秀的交易者。与盈利的交易相比，在大亏之前就以小额亏损平仓的交易更让我感到骄傲。每个人都有运气好的时候，偶尔会大赚一笔，但只有优秀的交易者懂得如何在亏损边缘适时出场。尽管我可能在交易中亏损了，只要我做了正确的事情，它仍是好的交易。当复查这些交易时，我记住了我当时是如何快速出场的，以便再次遇到这种情况时，我能采取正确的行动。

放任的交易

接着，你可以复查放任的交易。这些交易通常分成两种：一种是你持仓过久，导致回吐了大量利润；另外一种是你死不认错，导致巨亏。这两种交易都会影响你的损益表。即使你连续10笔交易都是赚钱的，只要出现了一笔巨亏的交易，你就爆仓了，希望你不要让这样的事情发生在自己身上。你必须学着坚持你的出场计划，不断复查这些对你将会有很大的帮助。

不要为在交易中赚钱而感到满意。如果你本来可以赚50个点，但最终只赚了3个点，这说明你把交易搞砸了，回吐了太多的利润。每天、每周、每月或每年结束时的总结才能知道你的业绩如何，所以要防止把大利润变成了小利润。你少赚了47个点，那本来是你的钱，你要找出少赚了47个点的原因。

如果我确实让交易变糟了，我会试着找出具体原因，那么在将来，我不会再这样做。当你查看交易时，寻找你本应该在此出场的点，并尽力查明没有出场的原因。可能因为你没有出场策略，或因为你没有采用你的策略，或因为你变得贪婪并追求能力之外的利润，或因为你痴心妄想地以为市场会让你回本。没有及时出场的原因有很多，你要弄清楚具体原因，并尽量避免下次犯同样的错误。和盈利的交易相比，这些亏损的交易能让你的资金曲线快速下滑，你要重点处理好这些亏损的交易。

好的盈利交易

我最后复查的是我的盈利交易，从中也能学到东西。好的盈利交易是指行动正确并赚了不少钱的交易。你不能看着盈利的交易说"这笔不错"，然后就算了。你要用心地去研究这笔交易。

问问自己："为什么会盈利，我做对了什么？""我是运气好，还是确实做对了？"如果你确实做对了，就要确保能坚持这样做。通过学习交易，你会发现每次当你通过特定模式来进行交易时，它进行得很好，但如果某一变量改变了一点，效果就不好了。只有通过复查，才能了解这些情况。

如果你是个很难遵守行动计划的人，并且你可能没有或者不会买这本书，那么关注你在正确的交易中是如何做的。在这些交易中，你遵守了一个计划，设定了一个进场点，并提前想好了出场价。然后，再去分析过去漫不经心地完成的交易。接下来，对它们进行比较，看看它们的结果有什么不同。希望你能看见大的差异性，并意识到如果真的想要成功，你需要在交易时制定并遵守策略和计划。

为明天做好准备

现在你已经复查了以前的所有交易，是开始关注第二天的时候了。当你复查持有的仓位时，应该调整你的计划。对于还没有建仓的交易，该怎么办？你可以观察图表，看看是否有你喜欢的模式。你还可以看看有哪些报告会被公布出来。如果确实有报告公布，你可以预想一下市场会如何反应。假如说你正在交易石油，美国石油学会明天会公布数据。如果数据表明石油的储藏量比预期的多，市场应该会下跌。如果市场在开盘20分钟后没有下跌，此时，你不应该做空，而是要做多。如果数据表明石油储藏量很少，你应该马上买入，并把止损点设置在2个点以下。

观察图表，了解所有的指标、趋势线和平均真实振幅。看看今天市场的收盘怎样，并基于不同的开盘来推断第二天你要做什么。第二天早上，当知道开盘情况时，你要按照操作计划去做，最好头天晚上就演练了一遍。

观察图表时，把你要寻找的东西记录下来。你在寻找突破、反转和通道线的反弹吗？如果你找到了喜欢的模式，就要确定出场点，以便能评估风险和收益。你要观察不同的时间框架，客观地对待可能的利润和可能的亏损。根据风险情况计算出合约份数，这并不意味着你在第二天早上就进场，你只是给自己预先创造一个可能的交易机会。

如果你只在一个市场进行交易，这一切会很容易。如果你是日内交易者，同时要跟踪120只股票，什么品种都想去交易，那么你的工作会麻烦一点。我过去交易股票的时候，喜欢根据特定的模式交易（我寻找价格向趋势线回调的股票），我只交易自己喜欢的股票。我会快速浏览那些喜欢的股票，看看哪个符合我的模式。我会制作一个自选股列表，如果它们满足进一步要求，我会在第二天交易它们。

根据本章的内容，你就可以按照可靠的行动计划来开始交易了。你必须在第二天早上开盘时调整行动计划，不过你已经知道了在市场中对不同的情况做出什么样的反应。你可以设置好止损点和出场点。对于新的交易，你将有新的进场点。目标点、止损点、风险回报率你都要设置好。

复查你的计划和策略

你不仅要复查交易，还要不断地检查计划的有效性。你亏损的原因可能是你的计划有缺点，因此，你要确保它是有效的。收盘后你一定要这么做。你不用每天晚上都这样做，只需要偶尔复查一下所有的策略，并确保它们符合你的想法就可以。如果策略没问题，你在遵守它们吗？或者，也许你只有一些不适合实施的策略。这样做可以帮助你掌握你的交易,并确保采用了可靠的策略。

总结

完成以上工作并不需要太多时间,根据你交易的品种数量,你可以在 30 分钟至 2 个小时的时间里完成工作。无论时间长短,希望你的努力会创造价值。通过复查你所有的交易,你会更加了解你的交易,并且会知道什么起作用,什么没有起作用。那些从来不复查交易的交易者将永远不知道他们做对了哪些事情,做错了哪些事情。相反,他们会不断地犯同样的错误。做好准备之后,你会在第二天的交易一开始就遥遥领先。如果你在进场前就准备好了所有的行动计划,效果会更好。不管市场向你抛了什么样的曲线球,你都做好了准备。如果你准备好了,它们看起来也会像空中曲线球。

现在,我要出去和约翰喝酒了。

第八章　市场开盘之前

一个人正在参观纽约市,并决定到处看看。他和别人一起去了世界金融中心大楼(在哈德孙河上)。导游一边向他们展示停靠在码头的巨大游艇,一边说道:"这是华尔街最牛股票经纪人的游艇。"一个天真的游客问道:"但是,投资者的游艇在哪儿呢?"

你在前一天晚上做了所有的准备工作,并且认为自己已经为市场开盘做好了准备,这样,你就可以开始交易了。但是你仍有一些工作要做,你还应该复查一下前一天晚上所复查的内容,这样才能掌握你的交易。就像足球队为了准备比赛而在赛前观看比赛录像一样,交易者也应该为他们的交易日做好准备。你在前一天晚上做了很多准备工作,但市场是动态的,从那一刻起到第二天早上,市场会发生很多变化。为了了解所有最新的状况,你应该复查前一天晚上的工作表,以了解市场可能在何处开盘。

对于每个人

写这本书的难点在于我不知道你是怎么交易的，因此，我不能为你制定计划来解释你怎么复查并为交易日做准备。每个交易者都有不同的模式来获得最大的收益，并且你也要弄清楚你最赚钱的模式。如果你正好是一个白糖期货交易者，你复查的过程将比每天交易264只股票的交易者的过程快。这同样适用于你所使用的时间框架。无论你是一个纯粹的技术交易者还是基本面交易者，都会影响到这些方面。多年来，我见过所有类型的交易者，我也多次改变我的风格，比如，交易像标准普尔股指期货这样的单一市场、交易所有的商品期货、每天交易200只股票、连续持有一个品种长达数天或数周。每个交易者的行动计划和准备工作都有明显的区别，因此，本书中提到的每种情况并不都适合你，你只需了解你会遇到的情况就可以。

了解新闻

虽然我不热衷于新闻，但我想知道世界发生的事情，特别是对我可能有影响的事情。肯定有一些事件会影响你的持仓策略。例如，美联储在2007年8月17日早上意外地降低贴现率（如下页图8.1中向上的箭头）。在这之前的一个月，市场表现糟糕，越来越多的人担心全国信贷公司会出问题，因此，美联储开始刺激市场。如果在此时做空，你需要迅速重新评估你的思路。即使你做空，也应该在市场下跌300个后反弹的前一天重新评估你的思路。一条新闻可以使市场反转，并最终到达新高点。如果你对它置之不理，就可能会回吐大量利润或亏损很多资金。

不是每种情况都会导致如此猛烈的波动，但你应该知道发生了什么。你应该知道石油、利率、通货膨胀和失业等是如何影响市场的。你在早上或前一天晚上的例行工作之一是列出公布各种报告的时间。有些报告会严重影响市场，因此，你应该空仓观望；有些报告对市场没什么影响，你可以继续持有仓位。要为可能推动市场的基本面情况做好准备，这样做的重要原因是报告会导致波动性变大，你需要放大你的止损点或出场点——除非你想提前平仓。你也可能认为市场太危险，并决定先空仓观望。

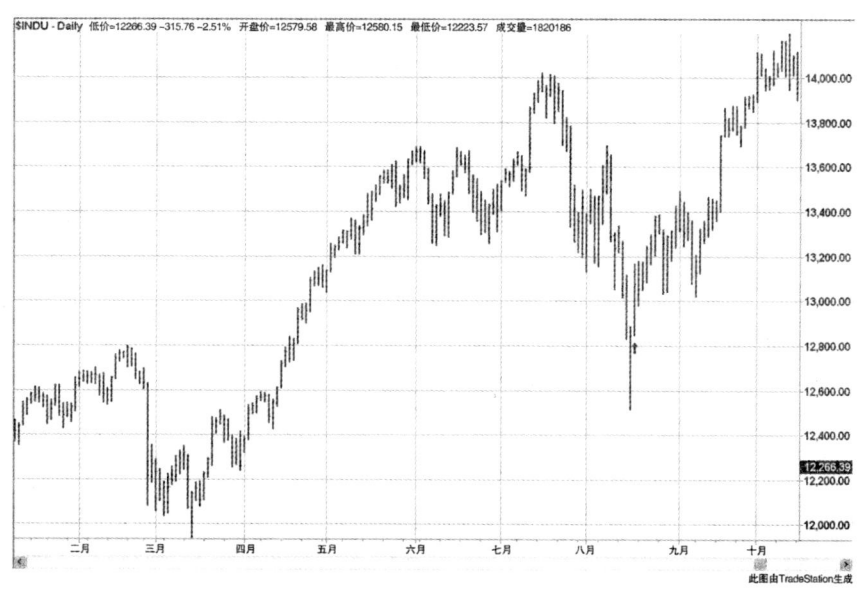

图 8.1　意外降息图

来源：ⓒ TradeStation 技术公司，1999 年，版权所有。

了解你的市场

你应该了解你所交易的市场。我无法告诉你每种报告会如何影响相关的市场,因此,你要自己去研究。特定的报告和新闻会影响特定的商品市场和股票板块。有些重要事件会影响所有市场,但是影响的方式不同。你的任务就是具体了解这些不同之处。如果交易原油期货或石油公司的股票,你要了解什么会影响这些市场,并且知道影响市场的报告何时会公布。你可以制作一个表,并随时做好应对计划。当你积累了丰富的经验并进行模拟测试之后,就能知道市场可能对不同的报告做出什么样的反应。一旦你了解市场会对不同的事件做出怎样的反应,当它们不能像你期待的那样对新闻做出反应时,你会做得特别好,因为这一直是很好的交易机会。获得这种知识需要时间和阅历,但交易不是一夜间的事情,因此,如果你还没有这方面的知识,也不要担心。如果你根据新闻事件做交易,则需要获取这方面的知识。

关注海外市场

如果欧洲或亚洲发生的事件会影响你所在的市场,你应该看看这些市场发生了什么事。是不是听起来很简单?是的,很多事情可能在一夜之间发生,因此,花几分钟时间看看全世界的市场都有什么事情发生。你可以通过财经频道了解大概情况,然后再花点时间看看报纸的主要新闻。这年头了解新闻太容易了,那些说看不到新闻的人基本上是在找借口。即使你不是根据新闻做交易的,但是我发现新闻能够帮你了解事情的前因后果。过去开盘时间都是固定的,现在则市场各不相同了,你必须为一天24小时的波动做准备。这会带来交易机会,同时也会带来风险。交易机会是显而易见的,而当市场在晚上价格刺破你的止损点或市场的开盘价同前一天晚上的收盘价有很大价差的时候,风险也悄然而至。

市场开盘情况如何

除了要关注市场在夜间的变化，你下一个重要任务是看它们早上是怎样开盘的。一旦你想到了市场会如何开盘，就要立即重新评估你的持仓。浏览你持有的所有仓位，判断持有它们的原因，如果持仓原因已经有所改变，则要相应地做出调整。留心观察市场的开盘价是否会在止损点或出场点附近。如果市场状况不符合你的行动计划，让你感到不安，我建议你平仓。如果市场接近出场点，你必须调整你的行动计划，并为行动做好准备。除了不喜欢的仓位，你还要关注其他仓位。你要检查你当前所有的仓位，看看是否有机会。有时，如果市场的开盘对你非常有利，这种走势可能是死神之吻，因为它在随后的走势可能都是反向的。观察下页图 8.2 标记有 X 的阴影圈，你将会看到标准普尔开盘时向上跳空了 8 个点，这个开盘价也是历史最高价。做多的约翰欣喜若狂，又蹦又跳。他开始计划在汉普顿买一艘快艇和一套房子。但市场却不这么想，在短时间的反弹后，填平缺口，接下来的 2 个月持续下跌了 170 个点。现在约翰必须撤开他的购房计划，他必须卖掉自己的车来应对追缴保证金的通知。

开盘后，市场中有很多机会，你可以使用开盘通知来寻找它们。例如：有些人喜欢在早盘寻找缺口，然后做反向交易以期望这个缺口会被补上。我在图 8.2 中给出一些回补缺口的例子。这个方法并非总是起作用，但如果结合缺口和其他变量，包括选择合理的进场点和止损点的时机，就可以通过缺口交易来赚钱。一旦你知道市场将在哪里开盘，就可以开始为这些类型的交易制定行动计划。我将在第十一章讨论我是怎样做的。

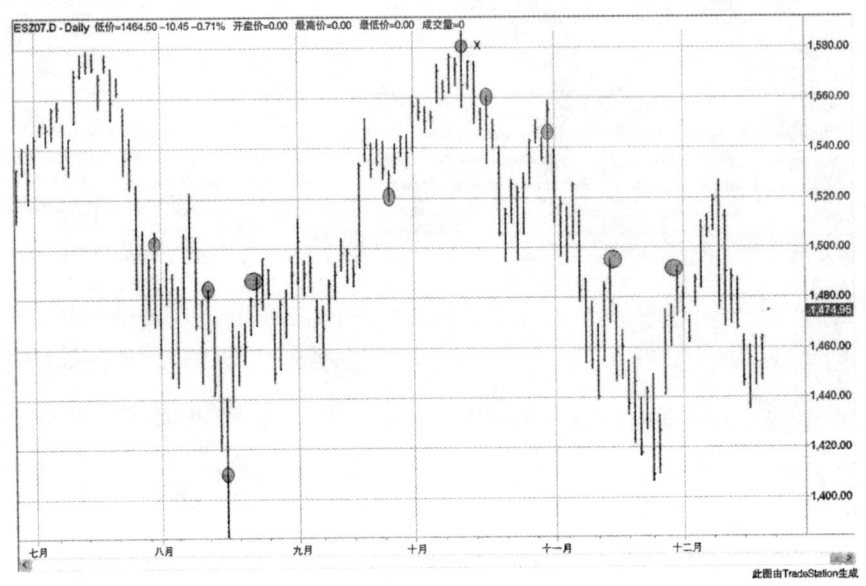

图 8.2 开盘跳空缺口图

来源：© TradeStation 技术公司，1999 年，版权所有。

调整

你在评估你的仓位时，是时候考虑对它们做一些必要的调整了。因为市场在夜间会有很多变化，你为这些仓位制定的行动计划在第二天早上可能就完全不同了。也许你现在需要决定是否出场，或移动止损点和目标点。也许你要重新计算仓位的风险，加仓或减仓。如果你使用了杠杆，且杠杆倍数比较高，此时你可能需要减仓以调整仓位。也许你一觉醒来后思想有所改变，此时你可以调整你的行动计划以便出场。作为交易者，你需要灵活地制定策略，以便能调整你的行动计划使其适合市场。如果你很固执，不做改变，那么会很难盈利。

夜里会有大行情吗

你要关注你持有的品种在夜间是否有大波动。如果波动方向和你的建仓方向相反，它有可能会刺破你的止损点。如果那样，你需要决定是否愿意在开盘时被止损出场，或是否利用机会并尝试以较好的价格出场？通常，最好的答案是出场；如果价格刺破了你经过深思熟虑而设定的止损点，那就更要出场。夜间的大波动会打乱你的计划。如果你做多了雅虎，如下页图8.3，你持有5000股，准备每只股票亏损2美元，也就是最多亏损1万美元；但在市场开盘之前市场大幅下跌，那么在市场开盘时，你可能已经亏损了3万美元。造成下跌的原因是盈利报告预期雅虎的业绩惨淡。有些人不愿意接受这种亏损，因此，他们会忽视最初的止损点并死扛下去。这会是个非常痛苦的过程，你以为2周内就会回本，而实际上可能2年后才能回本。

大波动的另一种情况就是波动对你的仓位有利，价格突破或接近目标点的速度比你预想的更快。那么你必须决定：我是继续持有仓位并贪婪地获得更多利润，还是直接出场拿钱？因为两种情况都有可能发生，所以提前预测是很难的。它可以是一个大行情的开始，也可以像我屡次见到的那样，即开盘很好，随后的一整天却向相反的方向走去，甚至像图8.2中的那样形成了大反转。当你开始做这些决定时，必须问自己："如果我是空仓的，我会怎么办？"持有仓位时的分析有时候是不客观的，就像凌晨3：00在酒吧里喝醉了酒，然后认为对面正在和你说话的人想要和你……你应该明白我说的是什么。花点时间清醒地想一下，并用没有偏见的观点考虑你的交易，那么，你就会快速重新评估交易的方方面面。

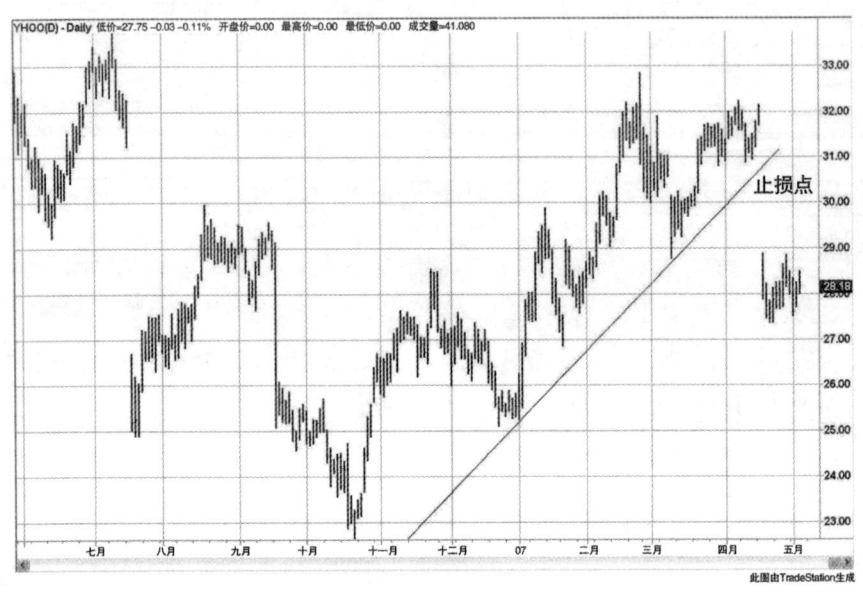

图 8.3 突破止损点

来源：© TradeStation 技术公司，1999 年，版权所有。

寻找可能的交易状况

早上是寻找新交易机会的最佳时间。我会坐下来浏览不同时间框架的图表，寻找可能的进场点，还会在图表上寻找趋势线、通道线、斐波那契回调线和可能的突破。我会观察 5 分钟图、60 分钟图、日线图和周线图，也会寻找支撑区和阻力区。我会寻找以前的顶部、底部以及我能找到的任何模式，还会分析我使用的指标，包括均线、相对强度指标、MACD、随机指标和平均真实振幅。

虽然前一天晚上我已经大概地做了上述工作，但早上我会更加详细地做一次，因为有些事在夜间发生了变化，早上头脑也许清醒一些。另外，你的优势是大概知道市场会在哪里开盘，这是你在前一天晚上不知道的情况。当你这样做的时候，寻找对你有帮助的模式。也许你会发现可能的突破或反转模式。市场可能无法如你所愿，无论如何，对于市场可能的行为，可以做好准备。记住如果市场走势和预期的不同，它会为交易者提供很好的交易机会。

图 8.4　寻找交易情况

来源：© TradeStation 技术公司，1999 年，版权所有。

我在图 8.4 中举了几个例子，图 8.4 是标准普尔的 60 分钟图，图中显示了 MACD 指标。假如说你在这段时间内做空了。在 11 月 13 日的早上，你可以决定在圆圈 A 处平仓。在这里，我注意到了市场与指标出现了背离，它表明可能到出场的时间了。此外，前一天晚上，市场收盘非常弱，现在开盘高开了 20 个点。我会等待半个小时，如果它没有下跌，我会出场。11 月 15 日以后的几天里，我发现做空的另一个机会，因为在 14 日市场没有上涨到高点，正好形成了趋势线的末端，并在当日收盘时市场在卖出。市场在 15 日开盘时是低开的，MACD 柱回到了 0 轴之下，我愿意碰碰运气在点 B 处做空。

　　11 月 27 日的点 C 和点 A 相似，你也能看见指标与市场背离，开盘是低开的，当天可能会上涨，因此，此时可以考虑出场。最后，在 28 日早盘，你会看到市场在趋势线以上开盘，且 MACD 线转头向上，如果你喜欢做突破，可以考虑买入。你可以把止损点设置在趋势线下面，然后坐下来休息。如果你喜欢交易缺口，则可以在开盘时做空，不过这次你是亏损的，这就是为什么你需要事先了解如果你做了错误决策，你将在哪里出场。

预想可能会出现的市场状况

　　为交易日做准备时，我喜欢提前预想可能会出现的市场状况。当用不同时间框架查看投资品种时，我为市场制定了假设应对计划。例如，假设市场开盘时向下跳空低开，然后市场继续走低，我会为此制定一个操作计划。假设开盘时向下跳空低开，然后市场立即开始反弹，我也会为此制定一个操作计划。假设市场回补了缺口，假设市场没有回补缺口，假设市场回补缺口后继续强烈地反弹，我都会相应地制定一个操作计划。我将在下一章详细讲解，因此，在这里就不举例子了。

　　如果你根据基本面做交易，当市场突破了某个价位、在某个价位反弹、或没有按照原先设想的方向前进，此时你要根据图表和新闻来制定相应的操作计划。市场是不可预知的，但如果你为不可预知的情况做好准备，并为它们制定不同的策略，那么就会在行动中占有优势。如果这样或那样的情况发生了，你事先知道怎么做，那么将会以更清醒的头脑进行交易，并在可靠行动计划的基础上，当一些情况发生时，它会给你带来惊人的好处。

调整仓位大小

当你为可能发生的事情制定计划时，要注意各种市场情形对仓位的影响，并决定是否要调整仓位大小。

关于仓位大小，你有四种方案：

◇ 继续持有。
◇ 全部平仓。
◇ 加仓。
◇ 减仓。

市场波动性的变化、持仓中不同品种之间的影响、账户资金的变化、市场状况和风险的变化都会影响到仓位大小。如果你有系统，你的系统信号也会让你加仓或减仓的。

你的仓位大小会受到影响的例子是：如果你在保证金紧张的前提下持有你喜欢的原油仓位，但是你又想买入大豆。

现在你可以选择，并问问自己：我是卖出原油然后买入大豆呢，还是继续持有原油，还是我卖出一半原油然后买入一些大豆呢？在市场开盘之前，这是你应该考虑的诸多情况之一，以便在开盘时不用过多思考就可以准备实施交易。

制定每天的行动计划

在早晨的最后一段时间，可能是走进浴室之前，你应该完成当日的行动计划。自从昨天收盘后，你已经收集了大量信息，现在，利用它们来做一些有创造性的事吧。你应该把前一天晚上行动计划摊开，花15分钟把所有的信息组合成当日的适当计划。不要只心里制定计划，而要把它写出来。如果你把它写在纸上放在你面前，就更易于遵守它。如果你同时交易10只股票，可以做一个表格，包括进场点、股数、目标点、止损点，把你假设的情况清楚地写出来。我喜欢把图表打印出来，并在上面画出箭头和圆圈，以便清楚地说明我在哪里进场，在哪里出场。

你可以只交易一个市场并持仓2周。尽管如此，你仍需要每天更新你的行动计划，由于你从来不知道会在哪一天买入或卖出你的仓位，因此，你需要做一些调整。

如果你是个纯粹的系统交易者，就不用做这么多工作了。你只要简单地采用系统信号就行了。遵守信号并调整交易的股票/合约数量就是你的工作。另一类交易者是每天做几百笔交易的日内交易者。实际上，日内交易者分为两种：

一种日内交易者是纯粹的高频交易者，这种交易者尽力去捕捉市场买入价和卖出价之间的价差，并时不时赚几个基点。他的行动计划依赖于他的纪律。他不需要花费太多时间来研究市场并制定每天的计划。实际上，他只想知道市场的方向，然后沿着那个方向做高频交易。他的交易可能是随机的，但当亏损时，他会遵守纪律马上出场。

另一种是活跃的当日交易者，他在交易中寻找回调买入，或反弹卖出，或利用其他模式赚钱。比如当价格到达某一价位时就做空，或两条均线金叉时就买入。早晨的准备工作对他的帮助不大。他有自己喜欢的品种，会等待这个品种出现的机会。他每天的策略都相同，因此，每天的行动计划也很少改变。虽然这些交易者看起来不需要花费时间研究市场并制定行动计划，但他们还是应该这么做。他们仍然需要做一些事情，比如：寻找市场的整体方向、个股的支撑线和阻力线、波动性变化，并确定要承担多少风险。

总结

这非常简单，你为交易日准备得越充分，就会做得越好。每天早上，花些时间来复查对你交易有帮助的所有信息。重新评估你的仓位，看看市场如何开盘，设想好各种可能的市场状况，并为当日交易制定操作计划。做好这些准备后，现在，你可以消除交易中的一些赌博因素，并成为一位优秀的交易者，或者你也可以不这样做，更多地依靠运气而不是技术。

第九章 设想各种可能的市场状况

> 短期投资失败了,所以变成了长期投资。

作为交易日准备工作的一部分,在前一天晚上,你应该设想各种可能的市场状况,并在第二天早上做出相应的调整。善于做充分准备的交易者会研究市场,并设想各种可能的市场状况。如果市场走势对你有利,你要知道如何应对——加仓还是减仓?如果趋势线被突破了,你会怎么做?如果盘中反转,你会怎么做?什么是最糟糕的状况?不仅你要在市场开盘前这样做,而且整天都需要这样做,因为与市场开盘前或上午 10:00 相比,市场在下午 2:00 会有很大不同。

随着我的叙述,我会告诉你,我是如何交易我喜欢的道琼斯股指期货迷你合约的。你可以把我的方法应用到你所进行的交易中。

重新了解你的市场

本章有助于你了解市场。如果你打算交易一些品种,应该知道市场波动的原因，它们的典型震荡区间是什么样子，这些品种是否具有一定的模式，等等。真正地了解市场需要时间，但如果你打算交易，就要花时间去了解市场。对于交易上百种不同股票的人，他们永远没有只专注一种或几种股票的人做得好，因为后者完全了解自己的股票。他们几乎知道他们需要了解的各种情况，这有助于他们更好地进行交易和监控仓位。与那些交易很多品种的人相比，他们会建立比较好的仓位并赚钱。

当你制定早晨的行动计划时，把可能对你的仓位（如果你持有仓位的话）和你要交易的市场产生影响的各种情况列成一个表。对于我来说，这个表是这样的：今天 2:15 美联储可能会宣布调低利率，或市场接近 50 天均线，或随机指标处于超买位置并开始下跌。因为市场行情总是变化，所以这个表格的内容也会每天变化。你的准备工作之一是要了解将要发生的市场状况。你应该知道哪个报告会影响你的市场，影响多大，并且应该知道市场何时会做出反应。没有比导致市场大幅波动的报告更让人感到吃惊的坏事了。例如，如果你做原油交易，应该会知道美国石油研究院在每个星期三会发布关于库存的报告。这份报告会使市场波动，常常使市场剧烈波动。你肯定不希望波动对你产生意想不到的不利影响。即使你期盼这份报告，可能也不想让它对你产生不利影响。你要学会自己做判断。

了解整体市场

如果你持有仓位，就从仓位开始分析。假如说我持有道琼斯股指期货的多头仓位，我想知道的第一件事是我为什么建仓。如果你保留了几天前的行动计划，找到建仓的原因并不难。在继续分析市场之前，我需要复查并想想建仓的过程。首先，我将向你展示我是如何设想市场可能出现的状况并建仓的。

我主要是想做多。图 9.1 中是道琼斯工业平均指数的周线图，最近 5 年市场一直在上涨，且上涨的力度比回调大。这是典型的牛市。虽然在某些点位做多时会亏损，但总体来看，市场是强势上涨的，故应该做多。如果我想做多，则希望价格下跌到趋势线附近，因为总体市场还是强势的。

图 9.1　道琼斯指数周线图，总体市场

来源：© TradeStation 技术公司，1999 年，版权所有。

我比较喜欢这种市场状况。当观察此图时，我看出两种可能的状况：一种是市场可能下跌，而另一种是市场处于强有力的上涨趋势，并且看起来会创造新的高点。

我观察的是实际指数而非股指期货。如我在第六章指出的那样，我采用实际指数做决策，然后交易股指期货，因为我认为指数是反映市场全局的真实指标。

更好地了解整体市场

接下来，我将观察日线图，以从全局把握将要发生的情况。在前2个月，市场呈下降趋势，但最后，市场可能会打破下跌趋势并反转。前一天，道琼斯下跌了200个点，收盘收在最低点，第二天，道琼斯上涨了350个点左右（见图9.2）。在这一天，市场上穿了前2个月的下跌趋势线，随机指标从超卖区开始上涨，同时，市场上涨到了2条均线之上。因为所有的情况看起来都很好，我会认为这是市场上涨的反转信号。但这只是我验证做多的第一步，我需要观察其他的时间框架来证实我应该做多。单独的日线图会给你波动信号，因此，我也观察其他的时间框架来更好地把握全局，期待交易，并为进场点寻找时机。

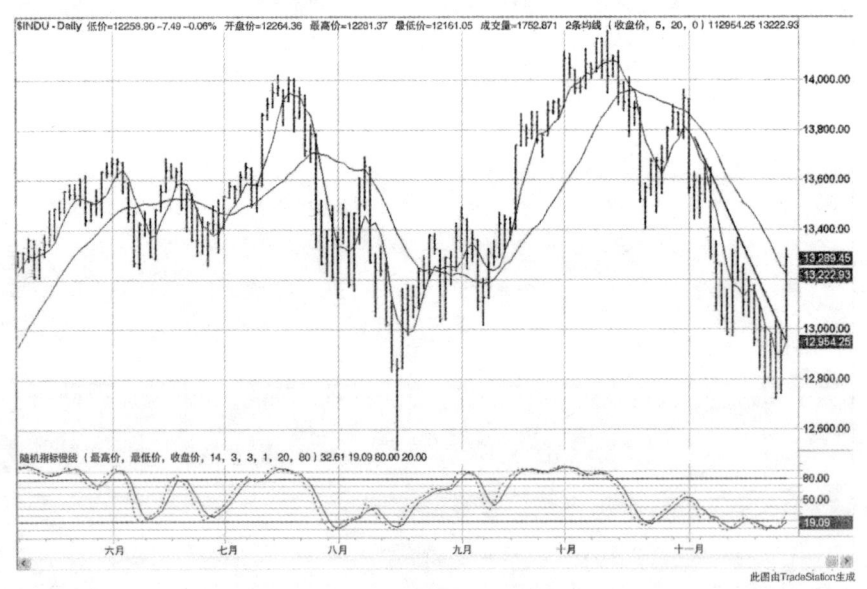

图9.2 道琼斯指数日线图，近观

来源：ⓒ TradeStation 技术公司，1999年，版权所有。

我们可以观察低一级别的时间框架，如下页图 9.3 是 60 分钟图，根据 60 分钟图走势形态是应该进场的，但你也可以用它来确认交易并计划进场点。

当我观察 60 分钟图表时，首先发现了市场在 11 月 21 日和 11 月 26 日创造了两个最低点，然而随机指标却没有出现最低点。背离是我最喜欢的反转信号之一。我在寻找一种做多的模式，这是一个很好的模式。尽管如此，我不想提前行动，在等价格向上突破了下跌趋势线时再行动。11 月 27 日市场在高于下跌趋势线的位置收盘，但对我来说，这个还不明显，不能作为进场信号。我知道动手的机会快到了，如果第二天开盘时价格向上突破了下跌趋势线，我会进场。如果我想早点进场，那么，在价格向上突破了下跌趋势线时就可以进场了。

第二天，当我为市场开盘做准备时，我知道股指期货会高开。这种开盘会导致我的均线出现金叉，对我来说，它是买入信号。现在，我需要设想市场可能的走势，市场可能会有几种走势。第一种走势是市场高开，然后回补缺口，在 60 分钟图中下跌到趋势线之下。第二种走势是回补缺口后上涨。第三种走势是借助于下跌趋势线的突破动量和随机指标的超卖信号（如图 9.3）高开高走。市场上涨的空间很大，也许它正需要这样的动力。我想到的最后一种走势是市场高开，试图上涨，然后下跌。我的早盘计划是，观察如第 127 页图 9.4 所示的 5 分钟图并观察 30 分钟图。如果此时的市场价格高于开盘价，我会进场，会把止损点设置在两天前的最低点，但稍后我会调整它。顺便说一下，如果我在本书的其余部分提到"把止损点设置在……最低点下面"或类似的话，这意味着我会把止损点设置在一个关键的技术点下面，希望市场在回调时不会下跌到关键的技术点之下，这是一个缓冲地带。在上升趋势中，如果我长期持有这笔交易，我想价格能上涨到 14000 点以上。风险回报率刚好是2:1，这个数值还可以，但不是最好的，我决定在建仓后提高止损点，这样风险回报率就会对我有利了。

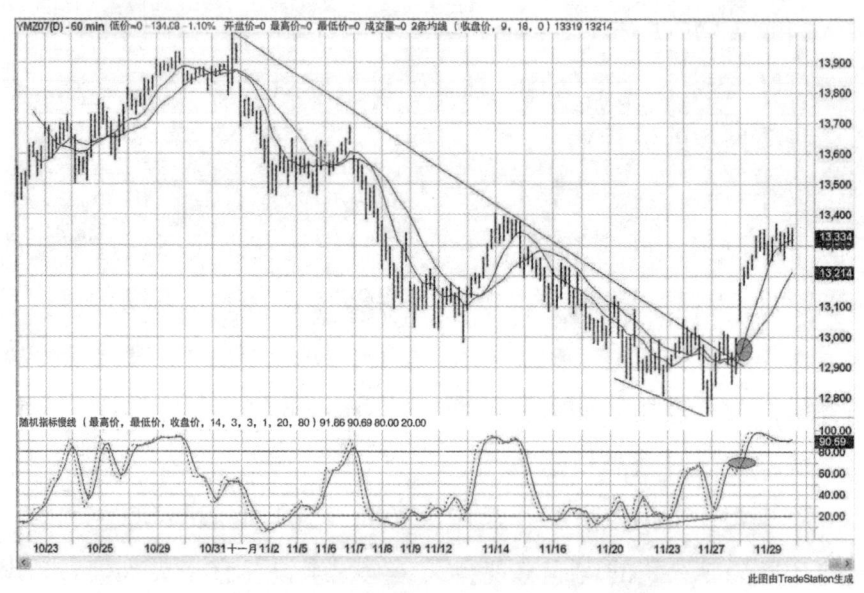

图 9.3　道琼斯股指期货 60 分钟图，寻找交易机会

来源：© TradeStation 技术公司，1999 年，版权所有。

- 当你观察图 9.4，也就是道琼斯股指期货 5 分钟图时，会看见市场高开并持续走高，当天一直在上涨。开盘后 30 分钟我下单买入，成交价是 13165 点。因此，我已经持仓了，必须考虑市场未来可能的走势。目前，我设定了一个紧急止损点，且我的长期目标点至少是一个新的市场高点，我认为它在几个星期后很可能会出现。尽管如此，我想把止损点向上移，因为最初的止损点太远了。我想把止损点向上移，使其恰好在当天的最低点以下，因为如果市场跌到了最低点以下，那么市场就会回补缺口，我会在回补缺口时重新评估我的计划。虽然我了解我的止损点和目标点，但是我还有另外一套标准，这套标准会观察收盘价是否在当天振幅的上半部分。否则，我会认为市场不会上涨，也不会突破趋势线，因此，我不想持有多头仓位。如果在下午 4 点，价格在当天振幅的下半部分，我会出场，否则，我会继续持有。因为我计划将这笔交易至少持有几天，我将在每天晚上和早上花费更多的时间观察它们，以便看看情况是否改变。尽管如此，我在午餐时或收盘之前也会复查我所有的交易和可能的交易，以便确保它们仍然是有效的且是我想持有的仓位。这就是我进行交易的典型思维过程。交易之前，我会考虑交易的方方面面，以避免发生意外。我将每天观察想要交易的市场，寻找机会。也许我不能总像这样找到好的模式，但总有一些交易机会，只是有些行情只会持续两三个小时。看着市场连续下跌了 2 个月，想不做空也有点困难，但我总是想得更长远，也在寻找买入点。尽管如此，如果我发现了好的做空机会，有时也会做空，并在比较近的价位设置止损点。

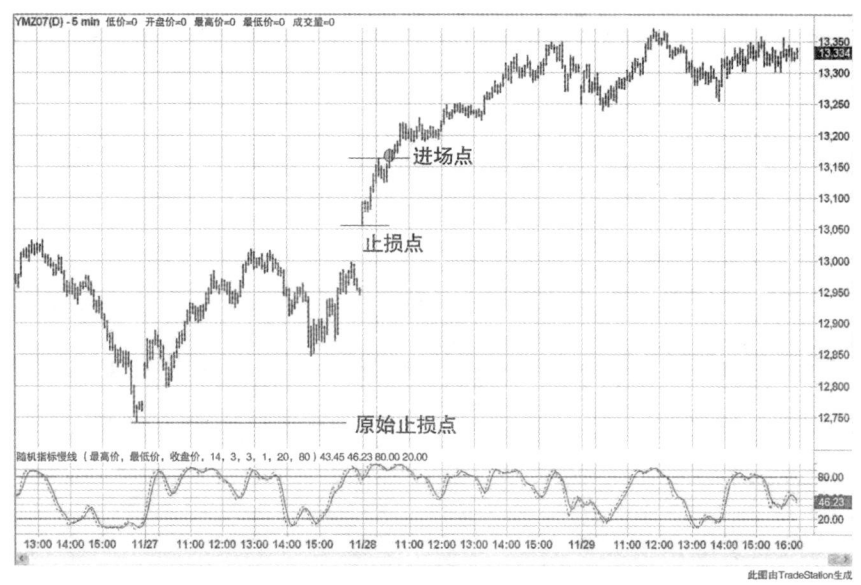

图 9.4　道琼斯股指期货 5 分钟图，进行交易

来源：© TradeStation 技术，1999 年，版权所有。

活跃的日内交易者也可以设想市场的可能走势，但他们的方法不同。日内交易者应该分析他的市场，并决定他的进场方向。只要你喜欢，可以一会儿做多，一会儿做空，但我更喜欢全神贯注于一个方向。如果我做多，就不会在平掉多头仓位时反手做空，我会等待下一次做多的机会。

一旦你决定了一个进场方向，就必须记住市场有时会出现震荡行情，这意味着低买高卖比较好。你必须知道这些走势都是会出现的。每天要根据市场行情来不断地更新你的应对计划。如果你希望头天晚上的计划更完美，应该在第二天市场开盘后1小时、中午、中午和收盘之间的正中间时段、收盘前1个小时至收盘前45分钟这些时点更新你的应对计划。

进场是交易中最简单的部分。接下来是较难的部分：监控并知道何时出场。这点能决定你是盈利的还是亏损的，因此，在进场以后，不要放松警惕。

当日收盘

如果我想持有隔夜仓，交易的最后1个小时对我来说很关键。这时我必须决定是否要持有隔夜仓。我会在收盘前15分钟做出最后决定。大多数时候，这与我在最后1个小时内做出的评估相吻合，但我也有几次在最后几分钟改变了计划。在收盘前的1个小时内，我要确定会发生什么情况。我要知道是否会有一些报告可能影响我的仓位。若是这样，我要确保它们没有改变风险。我将复查指标，并看看是否有一些情况改变了指标数值，同时也改变了我的观点。我要确认交易是否按我计划的方法进行。如果我买入了道琼斯股指期货，我希望它在哪天会有大行情，如果没有出现大行情，即使价格在我的目标点和止损点之内，即使仓位是赚钱的，我也会考虑出场。市场没有出现预期的走势，我为什么还要继续持有呢？收盘前评估市场时我可能会说："市场的表现不错。如果它能继续保持在13250点以上，我会继续持有，否则，我将出场。"或者我会说："虽然我的资金曲线下跌了一点，但是市场的走势在我计划之中。我不指望它会突然上涨，但相信市场会像我预期的那样进行，因此，我将持有隔夜仓。"

我不会在此时重新评估长线的目标点和止损点，这个工作迟点再做。此时，我会根据我的业绩来判断是否继续持有仓位，我会判断市场的变化，还要判断以前错过的一些走势是否会在第二天出现。一般情况下，我在建仓前就知道是否应该在同一天进场、出场或持有隔夜仓，但是全天的行情都在不断地变化，重要的是你要随着行情的变化而变化。这并不意味着你因为短线交易失败了而改做长线交易。

监控持有的仓位

我已经写了6页内容（正式出版的页数可能有所不同）来解释我是如何建仓的，在第十一章谈论的进场交易中也有相关内容。无论如何，既然我持有仓位，就要对它进行监控。每天晚上和早晨我都要这么做。在之前的叙述中你可以看出，进场前分析市场各种可能的走势是多么的重要。这是为什么在早晨制定当天计划的关键原因，因为你在头天晚上无法预想开盘情况。对我来说，监控仓位的最好方法是预想市场可能的各种走势。你不能建仓后就不管了，不能让系统自动止盈或止损，必须积极地监控你的仓位情况。

如果走势对我有利，我会一直持有仓位。持仓时间可能是几天或两个月。虽然我每天会监控一次，但会根据交易情况自行决定持仓时间。当我做这笔交易时，我的目标就是市场创造新高。如果市场没有创造新高，我就会出场。建仓时，看起来我做了正确的决策，但结果可能是错的。正如你在下页图 9.5 中所看到的，上涨以失败告终，市场没有创造新的高点。不过没有关系，不是每笔交易都能像计划的那样进行，但是我仍然坚持计划，这点很重要。在我进行交易的当天（阴影的圆圈），市场上涨超过 350 个点，我赚了 170 个点，这是很好的利润空间。但当预想市场可能的走势时，永远不要让持仓利润影响你的交易决策。

因此，第一天晚上，我必须开始观察市场并思考："现在我要做什么？"我首先担心的问题是不要让它变成严重的亏损，因为可能出现的一种走势是：第二天，市场会完全反转，并下跌 350 个点甚至更多。下半年，市场格外震荡，因此，任何情况都有可能发生。我想做的第一件事是确保止损点有效，这使交易有回旋的余地。目前，我的止损点在缺口的下面，我很满意，但不久后我会升高它的位置。

以上就是我所采取的行动。我仍然关注市场中有利可图的波动，在看见一些可能使我改变看法的情况出现之前，我会一直做多。此时加仓或平仓都太早了，我关心的主要问题是交易没问题，且我的仓位有保障。

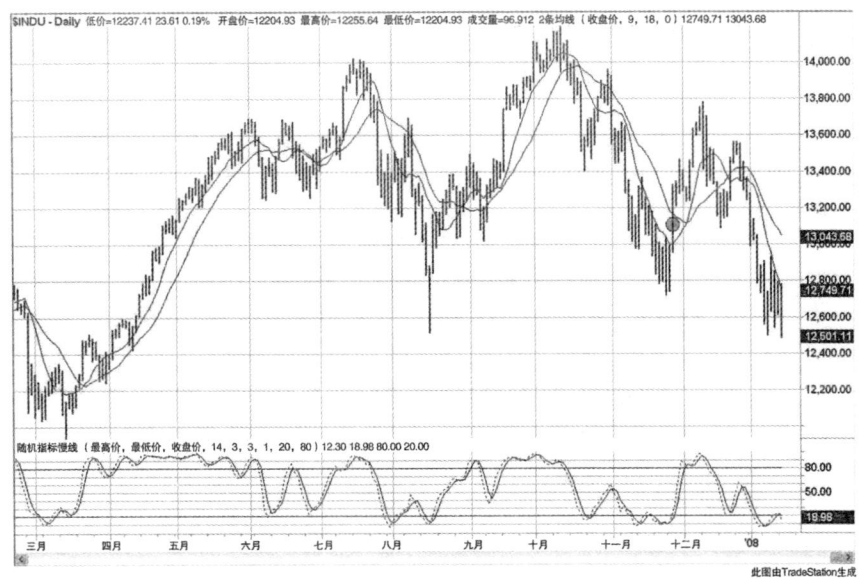

图 9.5　预测图

来源：© TradeStation 技术公司，1999 年，版权所有。

交易开始后

2007 年 12 月 5 日

让我们看看交易后的情况（如下页图 9.6）。交易一周以后，情况很好，市场并没有大涨，但我仍然很高兴。初期的快速上涨之后，市场进入震荡区间，但是低点已经有所提高，且市场刚好在接近震荡区间的高点收盘。我喜欢震荡区间，因为它意味着市场会暴涨。只要在超买位的随机指标方向不变，那么这些指标实际上是看涨的信号。此时，根据我的预想，市场会上涨、整固或向下突破。如果它向上突破，我会将止损点上移到几天以来的最低点所在的震荡区间（A）的下面，这样做会为我锁定利润，除非发生一些无法预见的情况。如果市场进一步整固或者下跌，我会把较低的均线作为我的止损点（B）。

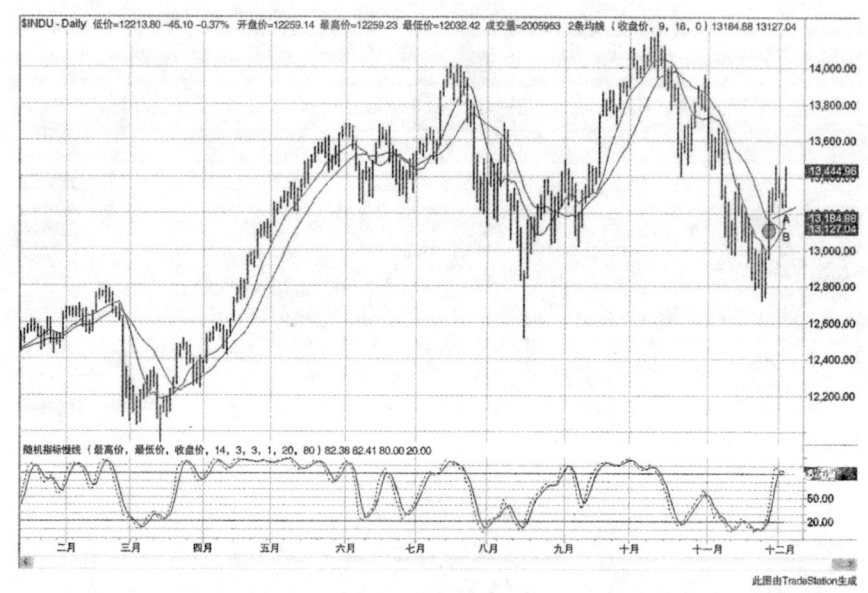

图 9.6　拟定情况—1

来源：© TradeStation 技术公司，1999 年，版权所有。

2007 年 12 月 10 日

接下来，让我们看看 3 天之后的趋势（下页图 9.7）。如果你认为 12 月 10 日已经过去了 5 个交易日，那是因为你把周末也算进去了。市场最终上涨，并且看起来可能如我期望的那样上涨到新高点。我想抬高止损点，把每份合约的风险限制在 500 个点以内，但是实际上找不到恰当的止损点。只要市场处于上升阶段，市场回调到 12 月 5 日的最低点之间的任何位置都是合理的。市价离均值太远了，我担心会出现几百个点的回调。明天 2：15，美联储公开市场委员会（FOMC）将会宣布调整利率，这会对市场造成巨大的影响，但具体方向不清楚。在公布出来之前，我打算平掉 50% 的仓位以锁定利润，等市场回调时再进场。虽然我的初始目标点有些高，并且市场如我所愿，但是我依然会在明天平掉一半仓位以减少一些赌博因素。对于另一半仓位，无论如何我都要坚持我以前的止损点。理论上，我仍然相信市场会上涨，但我想降低风险。我将通过60分钟图和5分钟图寻找最好的平仓点位。如果在美联储宣布利率政策之后市场反弹，我会再次进场以持有全部的仓位。我不担心亏损一些利润，如果我判断错误，那么对我来说，没有遭受打击也同样是避免了赌博因素。

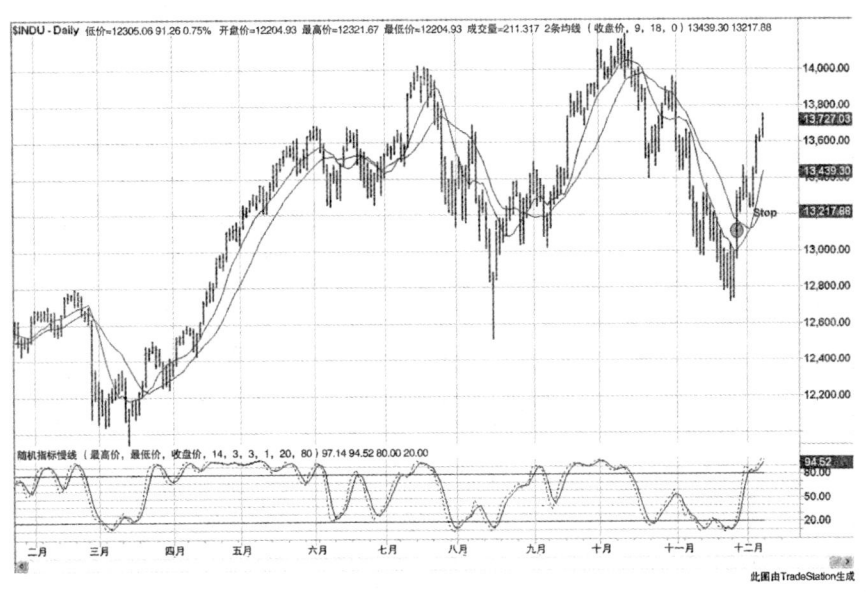

图 9.7　拟定情况—2

来源：© TradeStation 技术公司，1999 年，版权所有。

2007 年 12 月 11 日

哎呀！市场在当日收盘时下跌了 350 个点（下页图 9.8 和图 9.9）。恰好在美联储宣布利率政策之前，我在最高点附近平掉了一半的仓位。

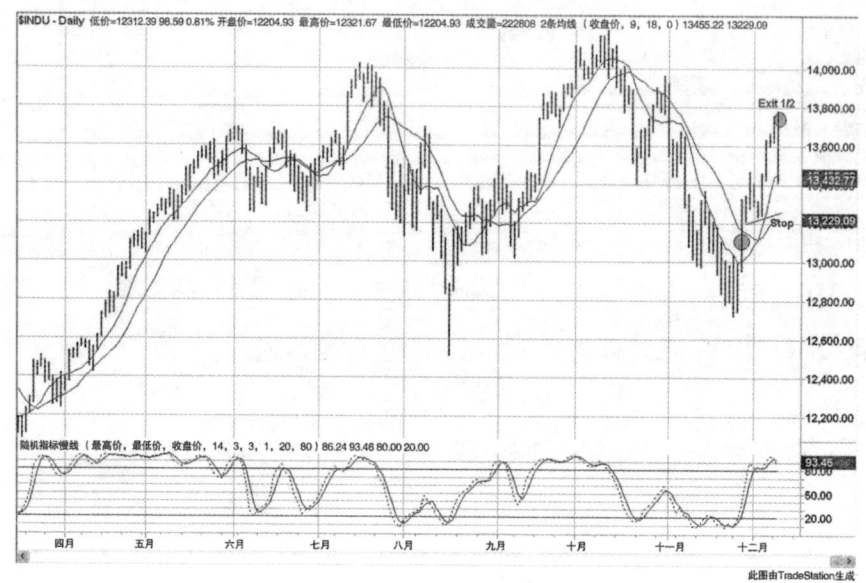

图 9.8　拟定情况—3

来源：© TradeStation 技术公司，1999 年，版权所有。

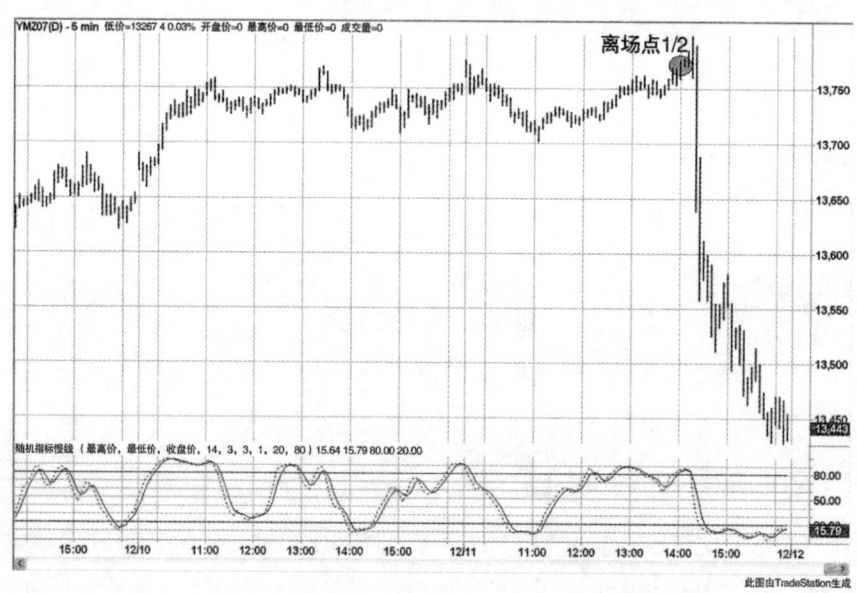

图 9.9　股指期货 5 分钟图，平掉一半的仓位

来源：© TradeStation 技术，1999 年，版权所有。

我可以用几页内容来阐述我是如何分析的。因为市场事先没有提示我应该出场,所以我一直持仓到下午2点。我平掉部分仓位(我在13761点平仓,利润大概有600个点)的主要原因是市场预期到了美联储要调低利率,所以市场将会提前大涨。如果真是这样,那么一旦美联储宣布调低利率,就要按照"在谣言传出时买入,在消息公布后卖出"这句话来操作了。在美联储宣布调低利率0.25%之前,市场正处于震荡区间的高点。但是美联储没有暗示可能进一步降低利率,只持观望态度。交易者有点贪婪,并且希望利率下调0.5%或有进一步下调的迹象。交易者最终没有得到想要的结果,他们非常愤怒地卖出,市场就大跌了。考虑到市场在前期涨了很多,这次大跌其实还是在合理的回调范围之内,所以说,整体市场的趋势还是上涨的。我还认为这是对新闻的过度反应,且市场会摆脱新闻影响并止跌回升。到了年底,投资组合经理表现很积极并试图在接下来的2个星期内使市场反弹。然而,现在我需要更加留心,因为350个点的下跌可能意味着行情结束了。如果市场下跌到几天前的震荡区间之下,我就必须平掉剩余的仓位。最好的设想是,下跌只是暂时的,市场还会继续上涨,如果是这样,我会重新买入之前平掉的仓位。很多交易者在美联储宣布利率政策之前就清仓了,如果我想长线持有,则会尽量不根据新闻事件进行交易。如果我在最高点附近平掉一半的仓位,然后市场又上涨了,那么我看起来就像是一个大师;如果美联储的政策是极度利空的,而我没有清仓则表明我是个笨蛋。到底是哪种情况,事前我并不知道。如果我是日内交易者,在美联储宣布利率政策期间,我肯定不会持仓。我会在市场没有任何长期预期的前提下进行日内交易,并尽量捕捉到每天的行情。在本章接下来的部分,我将以日内交易者的身份来思考,你会在以下部分看到我的分析。

市场收盘后,我做了各种设想,我认为市场可能还要上涨。我决定,只要市场在第二天开盘30分钟内走高,那么在第二天早晨,我会把之前平掉的仓位买回来,初始止损点不变。这是重新进场的绝佳机会,就像从桌子上拿走钱一样地容易。

2007年12月12日

市场如期望的那样高开,大约高开了250个点(下页图9.10)。我设想了几种可能的市场走势:第一种走势是市场会连续下跌,在这种情况下,我会持仓,直到止损出场。第二种走势是市场会摆脱前一天的下跌趋势并反弹,在这种情况下,我会重新进场。第三种走势是市场只是震荡,什么也不做,在这种情况下,如果当天收盘时是上涨的,我会在当天的晚些时候重新评估并考虑重新买入。市场在强劲开盘之后,当天大部分时间都在卖出,从最高点到最低点下跌了370个点,并且当日价格走势不太乐观。尽管如此,在交易的最后1小时内,市场突然从最低点向上反弹了170个点。当市场超过昨天的收盘点C时,我在前一天的出场点D(13452点)重新进场了。这样做的原因是市场和随机指标之间存在背离,这表明市场将会停止下跌,我觉得进场比较安全。

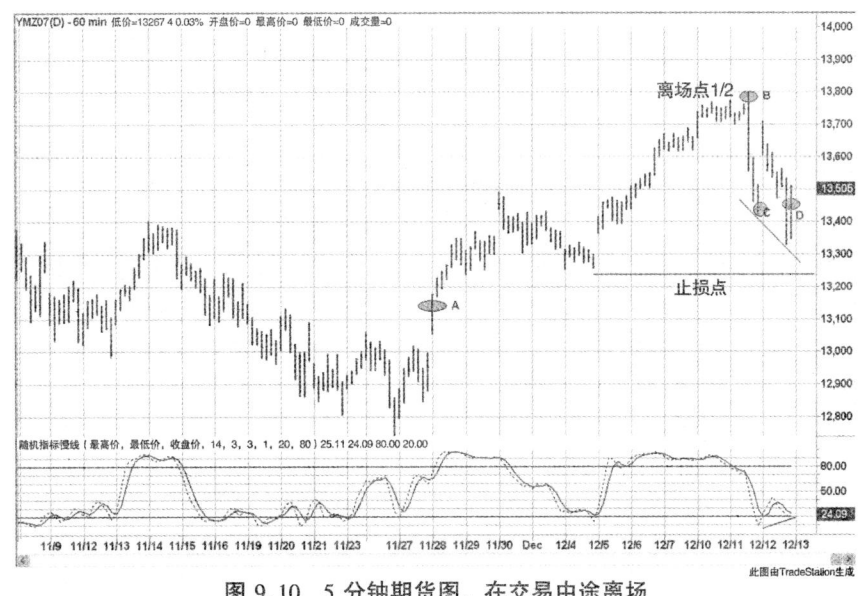

图 9.10　5 分钟期货图，在交易中途离场

来源：© TradeStation 技术公司，1999 年，版权所有。

2007 年 12 月 14 日

最近两天（下页图 9.11），市场一直在整固，低点始终处于一个稳定的区域内。今天，市场在接近最低点处收盘，距离我设定的止损点和较长的均线越来越近。市场跌入了均线通道，距离较低的均线只有 40 个点了，并且随机指标变得更低。这是我在明天或未来几天平仓的好机会。不管发生什么，我都不会降低止损点，因为我认为它的价位是恰到好处的。我希望市场低开，价格在上周的最低点之上并测试均线，然后，当天出现反转，这意味着会产生一个比前一天的最低点还要低的点，然后收盘时是上涨的。如果走势确实如此，我将增加 50% 的仓位，这样做的原因是如果我的决策失误，在这个价位上的风险会很低，而且市场有很大的上涨潜力。

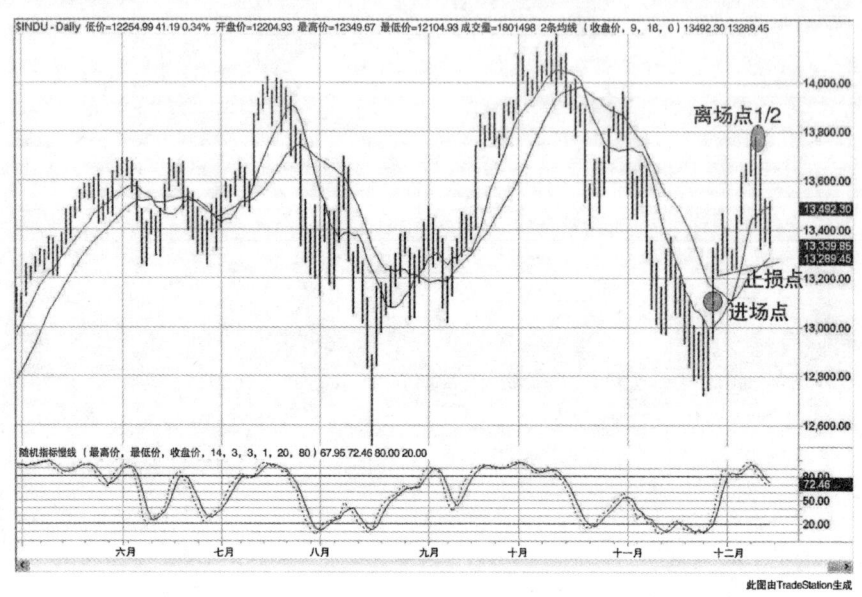

图 9.11 设想市场走势——4

来源：© TradeStation 技术公司，1999 年，版权所有。

2007 年 12 月 17 日

周一早晨，市场的开盘价较上周低了 70 个点（下页图 9.12），低于我的止损区。我重新评估了市场和仓位，暂时没有什么变化。我决定在开盘后先用半个小时来观察市场是否会反弹，如果市场不会反弹并且低于我的止损区，那么无论如何我都会出场。

市场的开盘较低，虽然没有马上卖出，但是也没有反弹，因此，我在 13252 点（点 X）处出场，起初的那部分仓位盈利了 87 个点，第二次做多的仓位则亏损了 200 个点。加上我已经在早期卖出的那一半仓位锁定了 596 个点的利润，因此，我总共盈利了 483 个点。虽然初始的仓位赚钱不多，市场也没有像预期的那样走势，但是总的来说，结果还不错。在交易中，我一直深思熟虑，即使亏损了 600 个点我也不会后悔。第一，我从来不知道市场什么时候到达最高点；第二，在交易中，我一直坚持我的行动计划，并且如果行动计划起作用，我会做得更好。现在，我需要寻找另一个做多的机会。

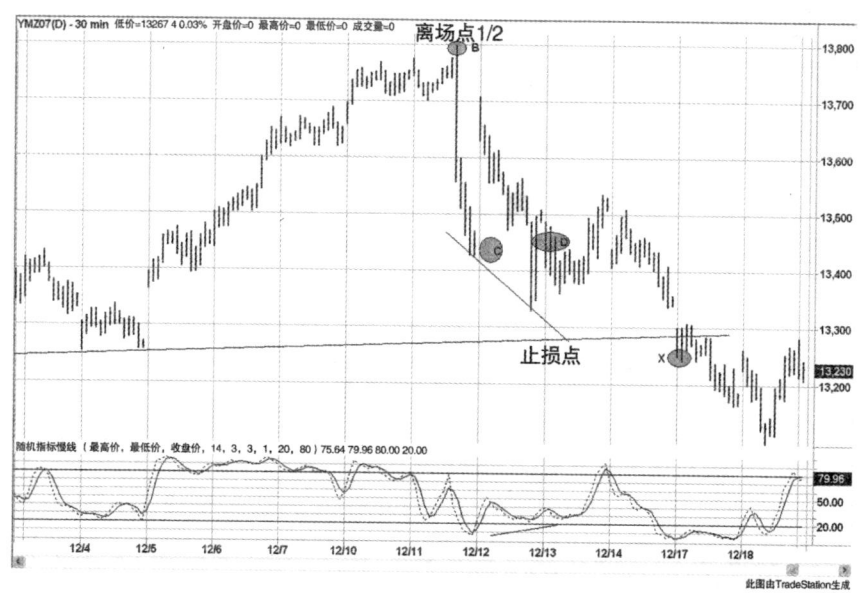

图 9.12　30 分钟期货图，止损出场

来源：© TradeStation 技术公司，1999 年，版权所有。

日内交易者

与一个每隔 10 分钟就买卖一次的活跃日内交易者相比，一个隔夜交易者设想市场可能的走势会比较容易。但是日内交易者也必须每天设想市场可能的走势，这样才能为自己增加优势并考虑所要采取的行动。他可能会意识到自己暂时处于横盘震荡的市场中，他要不断地猜测震荡何时结束以便改变交易策略，因为在震荡的市场中有效的策略在一个有趋势的市场中是无效的。开盘走势很重要，因为日内交易者所做的很多交易都基于市场的开盘情况。市场高开、低开或平开都无关紧要，一旦你知道市场的开盘状况，就可以开始为早盘的行动制定计划。基于你的设想，你应该为进场和出场制定果断的计划。

随着当日市场走势的变化，你应该为新建立的仓位做好应对计划。日内交易者必须思维敏捷，但是通过充分的准备，他也可以获得优势。

根据新闻设想市场可能的走势

让我们看看当你知道重要的报告或新闻事件会推动市场时的状况。在上面所述的交易中，我忽略了新闻因素，选择卖出一部分仓位并保留一部分仓位。有些人可能把这种行为称作赌博，但我认为这是在做长线交易，而且我也考虑了可能影响市场的新闻因素。除此之外，我打算通过卖出一些仓位来锁定部分利润。就算这是赌博，这也是经过了计算的赌博。但是如果你是个短线交易者或日内交易者，那么就必须围绕这类新闻进行交易。我敢说，在美联储公开市场委员会宣布调整利率之前，大约95%的优秀日内交易者都在观望，因为这种交易就是在赌博。

那么，做这种交易的最好方法是什么？答案当然是设想可能的状况。首先，搞清楚美联储能做什么。美联储可以既不上调利率也不下调利率、也可以上调利率或下调利率（如果下调利率，可下调0.25%或0.50%）。然后，美联储发布声明，这意味着利率会进一步地上调、下调或没有变化。市场普遍认为利率会下调25—50个基点（25个基点的可能性较大），并有可能进一步下调。你要为各种设想的可能性做好准备，另外，还要做双倍的准备，因为实际上你要观察市场对新闻做出的反应，之后才能做出

第九章 设想各种可能的市场状况

最佳决策。

考虑到当前经济放缓和贷款问题，上调利率的可能性不大，但是如果确实上调了利率，我期待市场确实会大幅下跌，并且我会尽快做空。如果美联储下调了 50 个基点的利率，并且还有下调的预期，那么你可以期待市场会暴涨。介乎两者之间的情况是很难推测的。利率下调 25 个基点并有进一步下调的预期表明对市场是强烈看涨的；利率下调 25 个基点，但没有进一步下调的预期时，表明对市场的预期是小涨或下跌，很大可能是下跌——虽然我也不希望如此糟糕。我以为市场会下跌 100 个点左右，然后在接下来一两天里反弹，这是我没有清仓的主要原因。要记住的另一点是在上 2 周里，市场恰好迅速上涨，市场已经消化吸收了所有的好消息，因此，接下来的趋势可能不会上涨，只能下跌。

这些是提前设想的情况。现在让我们看看市场能做什么。我知道市场正接近当天的高点，也接近上个月或上半月的高点。在这个价格，如果出现了新闻报道，市场就会出现大的波动，可能会迅速上涨到一个新高点，然后可能反转，也可能因为市场没有得到想要的新闻而卖出。有新闻报道时，我进行交易的方法就是坐下来，在前 10 分钟里什么也不做，然后，注意观察市场是向证实新闻还是否定新闻的方向波动。很多时候你会发现市场只是在上下洗盘，因为在大行情来临之前，市场不会有任何反应。同样，在有重大新闻报道的日子里，我不反对逆势交易，因为我认为可以利用这种与新闻相关的波动，且这种波动不会改变市场的方向。

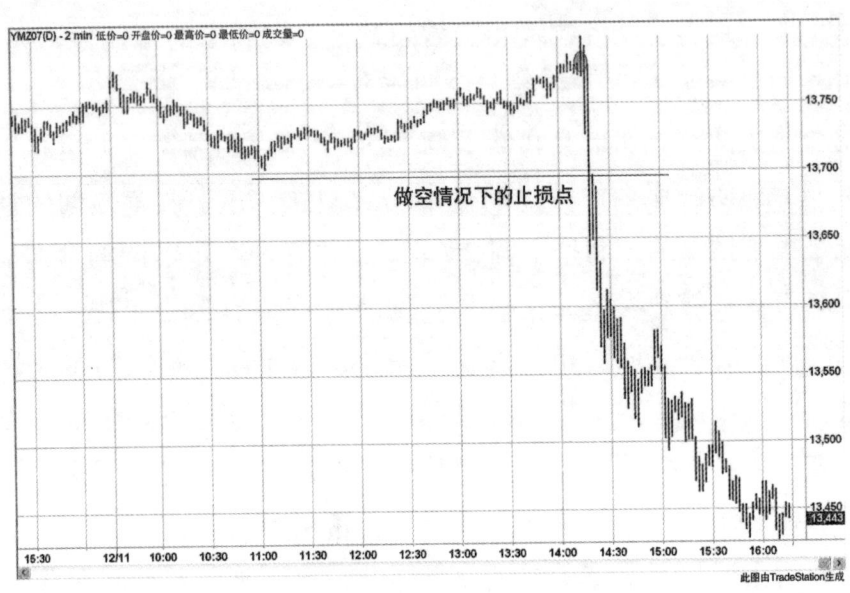

图 9.13 股指期货 2 分钟图，
美联储公开市场委员会宣布利率政策后的结果

来源：© TradeStation 技术公司，1999 年，版权所有。

你可以在当天的 2 分钟图（图 9.13）中看到初期的市场行情（阴影圆圈）价格一开始是上涨的，但下调利率的预期落空后，市场在几分钟后开始卖出。如果我做日内交易，则会用开放的心态进场。如果市场突破上涨到最高点，我会进场做多，把止损点设置在当天的最低点。如果在下调利率 0.25% 的前提下市场没有上涨，那么正确的决策是做空。在不会继续下调利率的预期下，市场的下跌幅度可能很大。由于我不做日内交易并且偏向于做多，就会选择观望，并寻找机会来重新买入我卖出的那部分仓位。

持有仓位需要关注的事情

你在收盘时如何看待市场取决于你持有的仓位。做多的交易者和做空的交易者都可以对其仓位持有乐观的看法，他们的判断标准和期望值也不同。使用不同指标或策略的人的行动计划也不同。我能为你提供的最好的方法就是提出一些你应该回答的基本问题，你在设想市场状况时可以用到这些问题。

你的进场条件消失了吗

我出场的一个主要标准是我进场的理由不再有效。假如你正在玩扑克牌（得克萨斯扑克牌），你手上有两张梅花，正等着翻牌。你希望可以拿到同花顺，但是如果随后不能继续拿到梅花，也没有拿到一对或三张，你就要盖牌了。你没有拿到期望中的好牌，所以你要盖牌。除此之外，你只希望拿到一副好牌让你取胜，然而希望永远不是好的策略。交易也是如此。如果价格突破了趋势线，我会做多；如果突破失败了，此时要出场。当你阅读这部分的时候，你可能想知道这和设想市场可能的走势有什么关系。当制定行动计划并设想市场可能的走势时，你需要记下你的进场条件在哪个价位发生了改变，你要知道什么样的市场走势能让你到达目标点。

最糟糕的状况是什么

虽然我们不能真正地预测到最糟糕的状况，但你应该做好应对准备，以防万一。如果在相当长的一段时间内，市场每天都在平均为100个点的区间内波动，你可能想不到市场会在某天下降400个点或500个点，但是有时这种走势的确会发生。在2007年

2月末（图9.14），我建了一个期权仓位，结果连续2天大亏。你也会偶尔遇到这样的一天，市场在下午2:30下跌200多个点，但是在收盘时却上涨了150个点。虽然我们无法为这样的事件做好计划，但是你应该设定保护止损点以应对市场中发生最糟糕的事情。每天市场会大幅下跌或上涨，你应该记住出现大反转的可能性很小，但是你必须有一个应对计划。这就像把每一天都当作最后一天来过，将来的某一天，你会发现自己这么做是正确的。

图9.14 非正常波动图

来源：© TradeStation 技术公司，1999年，版权所有。

现在，我们暂且不谈超级行情，因为它们不会经常发生。但即使考虑正常的波动，你也应该为可能犯下致命的错误或市场的不利行情做好准备。如果你做多并且赚了钱，还应该设想，如果市场证明你判断错误，你会怎么办。例如，我在本章的开头部分举例说明的交易中，最糟糕的状况是我判断错误，市场持续下跌。在进场（我在此处设定了初始止损点）之前，前两天的最低点就是我的止损点，包括滑点亏损在内的所有风险，总体风险接近400个点。当我把止损点提高至当日的最低点时，最糟糕的状况却没有改变，但新止损点会让我提前出场的。不管是哪种状况，我都做了最坏的打算，因此是不会有意外发生的。

我的8000美元亏损

我记得有一天做日内股票交易时，我正好开始和一个居住在离我办公室两个街区远的女孩约会。她那天下午打电话告诉我她下班了，问我是否要过去。我挂断电话就出门了。当时我大概做多10个仓位，它们在令人厌烦的震荡市场里。因为我设置了止损点（比较宽松的止损点），所以也没有想太多，就将它们放任不理。当我去她那里的时候，我打开了财经频道以便跟踪市场，当时的市场不太好。大约过了1小时之后，发布了关于炭疽恐慌的报告。我的第一反应是："天啊，我要完蛋了！"我的第二反应是："天啊，我怎能离开，她会杀了我的。"我已经设置了止损点，所以决定留下来。稍后，我匆忙回到办公室，我的止损单都被成交了，我亏损了8000美元（对我来说，这是较大的亏损）。

虽然你无法设想到这种状况，但是始终要对意外状况有所准备，并在它发生时做好防护工作。最糟糕的是：这是虚假的恐慌，市场在稍后就猛烈上涨了。那种感觉比她发邮件告诉我"你是个笨蛋，我不想再见到你"更糟糕。总之，故事的寓意是：如果你打算放松一下，那么一定要做好保护工作。

应该在何处设定止损点

在设想各种可能的市场状况时，你需要不断地重新评估你的止损点。你要问你自己："我需要重新调整止损点吗？"你可以把止损点设置在比较近的价位以便锁定利润或承担较小的亏损。如果市场中需要，你可以将止损点设置在比较远的价位；但是，因为止损点离持仓成本太近而把止损点设置在比较远的价位并不是好办法。尽管你的交易决策仍然是正确的，但是在一两天以后，市价就离你的止损点很近了，造成这种情况的原因可能是市场的波动性发生了改变。如果确实如此，我要么出场，要么根据新的波动性移动止损点。

大多数情况下你应该将止损点设置得离持仓成本近一些。当你设想不同的市场走势时，如果市场走势和你的预期不同，那么你要搞清楚如何出场。有一点请注意，在交易中，我可以针对不同的可能走势设置不同的止损点。我在市场上做多的同时会设定一个保护性的止损点。如果市场跳空高开，然后在收盘时比昨天的收盘价低5个基点，我的系统可以让我平仓。在本例中，基于我进场的原因，我设定了初始止损点，但是如果市场高开，就把止损点设置在昨天的收盘价之下5个基点处。如果市场没有跳空高开，我就不会改变初始止损点。如果市场跳空高开并且没有下跌，那么第二天我会继续使用常用的止损点，除非有一些其他原因而移动它。

市场接近止损点还是出场点

市场离止损点或出场点越近，你采取行动的时间就越紧迫。现在是你必须设想最难应付的状况，确认你想要怎么做。不能因为市价离你的止损点或目标点很近就想移动它们，你必须拒绝这种诱惑。但是市场是动态的且在不断变化，因此，你在2天前制定的目标点恐怕不适应今天的市场了，你需要做出正确的计划。当市价接近止损区时，你要非常警觉。在上述例子中，我知道市场在开盘时会让我止损出场的。但是根据我设想的走势，我可以给自己30分钟，看看是否还有转机。要是你在30分钟之后被迫出场，我认为这样做也是可以接受的。当你说你打算出场而实际上却没有这样做的时候，问题就出现了。

你应该加仓还是减仓

这是你要设想各种可能的市场走势的主要原因之一。市场每天、每小时都在变化，可能你当初持有的品种不再强劲或者可能更加强劲。只要你密切关注市场的变化，就可以持有好的仓位来锁定利润、限制亏损或者寻找新的位置来加仓。一个人建立了一个仓位，然后对之不理不睬，这样的交易者只能算作半个交易者。重视每笔交易，你将会从中获利很多。

这个指标说明了什么

指标不是一成不变的科学，有多种可能性。你可以问自己："如果趋势线被价格刺破了，我该怎么办？如果趋势线没有被价格刺破，我该怎么办？当相对强弱指数上升时，5天均线和20天均线交叉，我该怎么办？要是随机指标处于超卖水平并停留在超卖区，我该怎么办？要是随机指标突然从上涨变成了下跌，我该怎么办？要是市场突破了为期10天的震荡区间，我该怎么办？要是市场突破后下跌，我该怎么办？"类似的问题我可以再继续写满12页纸那么多，希望你能明白我的意思。为任何可能发生的事拟定情况，当情况发生时，你就会对交易有所准备，而不会盲从。

当评估仓位的时候，交易者设想可能的市场走势各不相同，各自的看法也很多。我想知道我进行交易的市场的平均真实振幅。如果它保持在平均真实振幅之内，我则认为是正常的走势；如果市场的振幅大于平均真实振幅，那么说明市场的走势变了，因此，我会从不同的角度进行观察。有些人想知道轴点（前一天的最高价、最低价和收盘价的均值）的位置。如果价格高于轴点，他们会用一种方法交易；如果价格低于轴点，他们会用另一种方法交易；如果价格围绕轴点上下波动，交易者又会采取别的方法交易。无论你喜欢使用哪些指标，要根据这些指标的具体情况设想可能的市场走势和应对计划。

盘中反转该怎么办

在交易期间，你为大反转做好准备了吗？虽然大反转不会每天都发生，但是它确实会发生，而且很猛烈。我见过很多次商品市场一开始跌停，然后盘中反转，最终涨停。我见过道琼斯指数在下午2:30下跌了150个点，然后反弹了300个点。我曾在几天里既做空又做多，一开始我亏损了12000美元，但是在收盘时又赚了10000美元，反之亦然。有很多次我交易得很好，做空做多都赚了钱。我有一个方法，就是使用多重时间框架并观察60分钟图中的支撑线（支撑线在日线图或5分钟图中不太清晰），再结合随机指标从超卖区转头向上，这个方法很不错。我最好的表现就是从不死守自己的仓位，不会认死理。因为有些波动在当天巨大的行情里看起来像是正常的下跌或反弹，事后才能明白这是大行情，所以说预测是很难的。也许你做空了道琼斯股指期货，此时道琼斯指数下跌了150个点，你赚了很多。没过多久，市场上涨了50个点，你认为这是反弹，是加仓做空的机会，你就加仓做空了。突然，市场上涨了50个点，又下跌了10个点，再上涨了40个点，诸如此类，直到收盘时上涨了150个点。这些波动发生得如此之快，以至于你不知道发生了什么。要知道这样的事会发生，你要设置止损点来帮助你回避灾难。一旦灾难来临，你要重新审视资金曲线急剧下跌的原因，迅速做出反应，不能固执。

总结

本章篇幅比我计划的要长，而且长很多，因此，我猜测本章内容比我预想的更重要。这里要强调的内容太多了，但我不想写得很长。因此，我只想说，收盘后、开盘前以及交易时段里，设想所有可能的市场走势真的很重要。思想要开放，要试着从不同角度来观察市场。你的想法并不是唯一的。即使你按错误的想法进行交易，也应该知道市场可能的走势，并且为它做好准备。你设想将会发生的可能走势越多，就越有可能减小风险并赚钱。

第十章　去除交易中的赌博因素

一天，饭店里的一个男人突然大叫："我儿子窒息了！他吞了一枚硬币！救命！大家帮帮忙！救命！"邻桌的一位男士走过来，自称是这方面的专家。他走过去，双手紧紧抓紧男孩的睾丸并反复挤压。最终硬币被挤出来了。然后，这位男士就回到了自己的桌旁，像什么事情也没发生过一样。男孩的父亲哭着说："谢谢！谢谢！你是护理人员吗？"这位男士回答道："不，我在国税局工作。"

起初，我把本章的标题写成了"高胜算操盘"，这个标题选自我写的另外一本书。它们的内容基本相同，既然我最后选择了本书的标题，也就会采用新的标题，不过理性交易只能通过高胜算操盘才能实现。

本书的其他标题

我没有按照顺序来写这本书，现在只剩下最后四五章了。在这段时期，我还做了很多其他的事情，已经断断续续地写了一年半了，大部分时间并未花在本书上面。不过现在我专注写完本书，很高兴，本书快写完了，之后我又有空闲时间。虽然写到这里才过半，但是我已经完成了我想说的全部内容的3/4。如果你想知道原因，那是因为我先写的章节里面没有图表。我每次写两章，一章是在家里写的，在家写的时候可以使用行情软件，而另一章是用笔记本电脑随时写的。例如，我同时写了本章和第十七章（也可能为第十六章）。希望当我重新整理所有内容时，它们是合理的、通顺的。

无论如何，我用了差不多2年的时间去思考本书的书名，主要是因为没过多考虑。一个暂定书名是《按计划交易》，但是这个太泛滥了。我的朋友和家人共同想出的名字是"我认为永远也写不完的一本×××书"。

以下是我认为可以用于本书的书名：

◇《哈利·波特——市场奇才和他的交易秘诀》
◇《有史以来最好的交易书籍》
◇《通向财富、游艇和比基尼美女之路》
◇《高胜算操盘Ⅱ》
◇《真正的傻瓜交易法》
◇《为美好生活而交易》

第十章 去除交易中的赌博因素

上一章让你设想市场各种可能的走势，然后做好相应的准备，这样，你在交易时就不会遇到意外情况而无措了。如果你想去除交易中的赌博因素，那么确实需要为每笔交易做好计划，并寻找已经证明是高成功率或高风险回报率的交易机会。我仍然在斟酌下一章是否用"为每笔交易找个理由"为标题或与本章合在一起来写。之所以要斟酌，那是因为除非你有充分的理由做交易，否则就不能实现高胜算操盘。由于我在本章中都会根据这个概念而展开，因此，我在后面可能不会用一整章来阐述高胜算操盘。我也在本章节借用了上一章节和"分析和管理交易"章节中的一些内容。等所有的章节都完成了，我再看看结构是否合理。对不起，如果有些内容反复出现，说明它们必定很重要。

好交易可能会亏钱

虽然在上一章中我所做的交易没有预期的那么好，但是依我看来，它仍然算是一笔高胜算的交易（译者注：英文原文是指高概率，翻译成高胜算也可）。它具有好交易的所有要素，并且和我想要的模式一样完美。尽管我在交易中赚了钱，可是没达到我的预期，不过我认为交易的整体思路是正确的，并不是所有的好交易都会赚钱。有时建仓时看起来很好的交易，最终还是亏损的，这也是无能为力的事。你尽力了并坚持了自己的计划，这就行了。并不是所有的交易都会赚钱，如果在经过深思熟虑的交易中没赚到钱，不要感到痛苦，这只是游戏的一部分。尽管这笔交易没有大赚，不过它仍然算是笔好交易。我无法控制市场环境。现在离上笔交易结束已经有2周了，市场变得更糟糕（下页图10.1，阴影区域是上一章提到的区域）。前后两次进场思路一样，在第二次进场时我亏了一点钱。主要原因有对经济衰退的恐惧加剧了，不良信贷导致金融板块出了问题，对企业未来盈利的担心，原油的价格涨到了每桶100美元。这些原因在本周已经向市场敲响了警钟。但是我并不担心，仍会寻找另一个入市做多的位置，因为如果我们获得更多有关的经济衰退新闻，那么市场会出现普遍看空的悲观情绪。但是我会在正确的位置做多，等长期趋势反转上涨了，就会寻找风险低的模式进场做多。

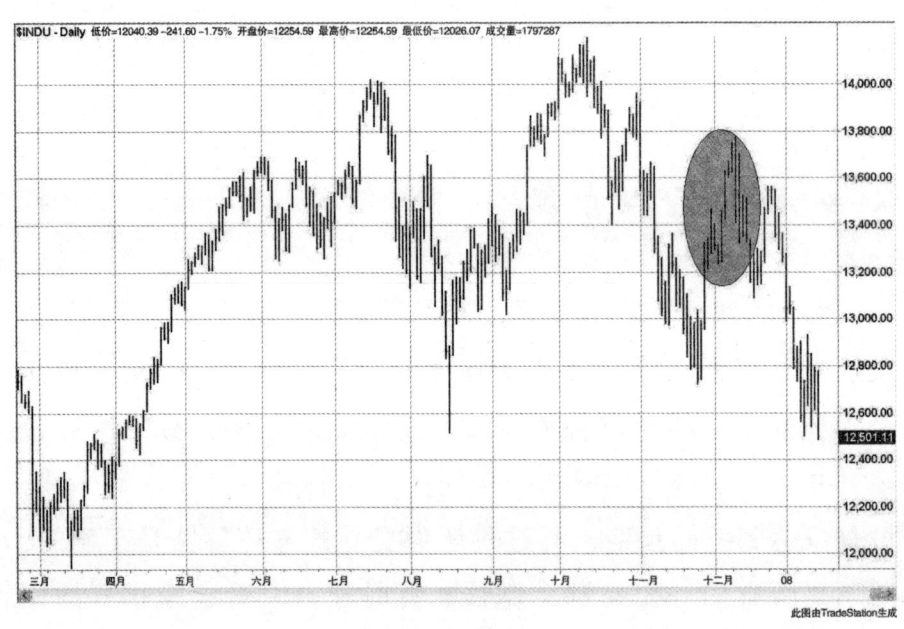

图 10.1　道琼斯指数日线图，仍然下跌

来源：© TradeStation 技术公司，1999 年，版权所有。

美联社的头条新闻——"由于对投资银行划减的担心和对盈利的忧虑，股票突然下跌"，这说明市场不堪一击！这是新闻报道的前几段：

第十章 去除交易中的赌博因素

华尔街在星期五又陷入新一轮恐惧中，市场担心银行板块的信贷问题无法在短期内得以解决，而部分消费者又会受到经济下滑的拖累。在这种恐惧心理的影响下，股市大跌了。每个主要指数的跌幅都超过了1%，道琼斯工业平均指数在收盘时下跌了近250个点。

当季度盈利报告出来以后，投资者担心在次级房贷市场崩溃的情况下，银行和经纪公司在亏损后该如何经营。交易者在下周国家最大的金融机构要发布报告前就显得十分悲观。美林公司（Merril Lynch & Co.）、花旗银行（Citigroup Inc.）和摩根大通公司（JPMorgan Chase & Co.）声明下周会就财务情况发表相关报告。

投资者的忧虑增加了，根据《纽约时报》的报道，美林公司因为次级房贷而亏损150亿美元。国家最大的经纪人公司也说在寻找其他公司注资以解决财务问题。

在美国运通公司（American Express Corp.）发出警告说锐减的开销和在信用卡逾期现象将会影响2008年的利润后，投资者更变得不安了。

我女朋友在离家很近的ACA资金控股公司（ACA Capital holdings）还可以上3天班，这是一家财产管理和信贷保护公司。标准普尔公司对ACA的信用评级降到了CCC级别，我想这是比较差的评级。监管部门准备接手这家公司，他们让所有员工在下周三离开。另外，今年没有人在华尔街拿到了很多奖金，所以，我敢肯定出现了问题。

我通常不会利用新闻做交易，不过我很聪明，知道它何时会影响到市场。不管怎样，我仍然会观察图表来制定长期决策，如果有机会，就会行动。我仍相信市场会上涨，所以还不想做空，因为下跌常常是无情的。在有价值的买入信号出现前，最好的方式就是离场观望。我一个月前写的第十六章是关于交易规则的，其中没有提到的一条比较重要的规则是：空仓也是一种仓位，所以说空仓不是罪，不必担心。因为一半的交易都可能亏损，如果你能在观望中回避这些亏损的交易，那么你一定是最棒的交易者。

在下页图10.2中的道琼斯周线图中可以看出继续买入的理由。5年来的主趋势还是上涨的，价格还在趋势线之上。我认为下跌是买入机会。如果价格向下刺破了趋势线，那主趋势就是下跌的。如果价格向下突破了趋势线，我一定会做空的，因为我喜欢做空。

我想我现在已经写了3页相关的内容。你不可能做一笔完全无赌博因素的交易，因为总是有一些你无法控制的外在因素（像新闻事件或主力平掉巨大仓位造成的市场波动）。你唯一能做的事就是尽量深思熟虑，制定一个适当的计划，然后一直坚持那个计划。交易的关键不在于单笔交易的方法，而在于长期的方法。如果你一直能做出正确的决策，从长远来看，就会一直做得很好。这就是你的目标——为了避免交易中的赌博因素，你要坚持高胜算的交易。

交易的两部分

在继续叙述之前，我想让大家了解一笔交易实际上包括两部分：进场和出场。

第十章　去除交易中的赌博因素

图 10.2　道琼斯指数周线图，了解整体趋势

来源：© TradeStation 技术，1999 年，版权所有。

出场又进一步分成两部分：风险和回报。如果以极好的方式进场了，但中途就出场了，这笔交易算不上成功的交易。为交易制定计划时，除非你已经想好了出场点，要不然你的计划是不完整的。如果说，我担心经济还会衰退，再加上我的女朋友失业了，所以我要做空。这样的交易并非是经过深思熟虑的。这些现象可以帮助你思考，也许这些现象是很好的证据，你应该更详细研究研究。比如你可以问自己："如果我要做空，我应该在哪里进场？是在明天开盘时进场，还是基于某某指标选择交易时机？"接下来，你需要确定你的风险。毫无疑问，这是交易中最重要的部分。如果你不知道止损价位和风险，就不能进行交易。请反复默读这句话，它是成功交易的关键。关于止损点，你不能简单地说："我要做空，我会承担 200 个点的风险。"你必须想好止盈方法和出场方法。也许你没有利润目标，还可能会拿着盈利的仓位说："当它停止下跌时，我就会出场。"不过你要有相关的策略。这个策略可以是等市场反弹20%或35%，也可以是价格与50天均线交叉。之后我会在这本书中更详细地讨论这点。目前，如果你在没有考虑所有因素的情况下进行交易，就是在赌博。

同一个市场，两种观点

按照我的定义，好交易就是对盈利、亏损或空仓的情况都经过仔细考虑的交易。我将举个例子，以说明为何两个人同时面对同一个市场却产生了不同的观点，而且他们的交易思路都算得上是好的，且没有赌博因素。还是用上一章提到的道琼斯指数为例。

做多

2008年1月7日

市场到了一个分水岭，长期上涨趋势可能会结束，短期下跌趋势会出现。我知道很多新闻都看跌，这样会加速市场的下跌。然而，当技术指标给出不同观点时，我会忽略新闻并会依据技术指标进行交易。请观察图10.2，这是道琼斯指数的周线图，你可以清楚地看到它过去5年是呈现上涨趋势。单凭这一点，你就会想做多。如果观察图中的随机指标，你会发现它的数值在底部，市场在前面创造了3个低点，它们对应的随机指标也是这样。所以下跌可能很快结束，此时出现了做多的好价位。水平线代表了以前的最低点，且它扛住了最后的下跌，这表明市场也许会停止下跌。

现在请看日线图（图10.3）。在12500和14000之间好像有一个支撑区和阻力区。市场处于震荡区间的底部，之前的成交密集区与最后的下跌都在同一区域内。这两个信号都表明市场可能要上涨。再算上随机指标，那么就有3个信号了。然而，这个时候买入还是太早了。对于交易新手来说，在做交易前，需要计算风险和回报。

图10.3　1月7日的道琼斯指数日线图

来源：© TradeStation 技术公司，1999年，版权所有。

就可能获得的利润而言，你可以观察几个目标点。第一个目标点在点A上方，第二个目标点在点B上方。然而，最终目标点可能会更高，我可以用斐波那契预测方法来得到这个目标点。由于空间限制，我不能将这个目标点显示在图中，但是这5年来从最低价到最高价大约是 6800 个点。用 6800 个点乘以 0.38，约等于 2500 个点，然后再加上前面的高点 14200，那么我的第一个长期目标点是 16700 点。这是长期目标，可能需要 2 年的时间才能达到，但是在没到达前我偏向于看涨。所有的目标点都不是让你"到达目标时就出场"，如果市场到了这些目标点，我会重新评估我的仓位。如果市场到了这些目标点，同时我继续看涨，显然我会继续持有并找到新的目标点。

接下来谈风险。我看到几个能当作止损点的支撑区。第一个支撑区非常接近于市价，在最低点下面，用点 D 表示。这是股市最近出现的双底，如果我把止损点设置在这里，止损点可能离市价太近了，市场随时会让我出场的。下一个支撑区也是一个最低点，用点 E 表示。因为市场在 E 点之上持续了 10 个月左右，如果市场向下突破了 E 点，那么就是下跌趋势了。所以我认为 E 点比 D 点好。为了保证安全，我想把止损点设置在 E 点下面的 50 个点处，也就是 12450 点这个价位。如果市场向下突破这个位置，我认为市场将测试这 5 年的趋势线（X），因此下一个止损点正好在趋势线下。这就是跟踪止损，目前 12050 点是一个安全止损点。最低点 F 也可以作为止损点，但是因为点 F 在趋势线 X 下，我会忽略它。如果线 D 被向下突破，我就出场。当市场接近趋势线时，我再考虑进场。

在进行交易之前，我想用标准普尔期货周线图（下页图 10.4）来确认它和道琼斯指数是一致的。在标准普尔走势图中，市场在星期五碰到了 5 年趋势线，星期一早晨市场回调到趋势线下方，但是没有继续下跌，又反弹到趋势线以上。我喜欢这样，这是假突破的信号，下跌可能会结束。市场也在前面的低点 A 点上方。然而，随机指标仍有下跌的空间，这足以将市场拖到趋势线下。和道琼斯指数相比，标准普尔指数离整体市场的反转点更接近，所以观察标准普尔指数更重要。如果标准普尔指数向下突破了趋势线，那么道琼斯指数也有可能向下突破趋势线。

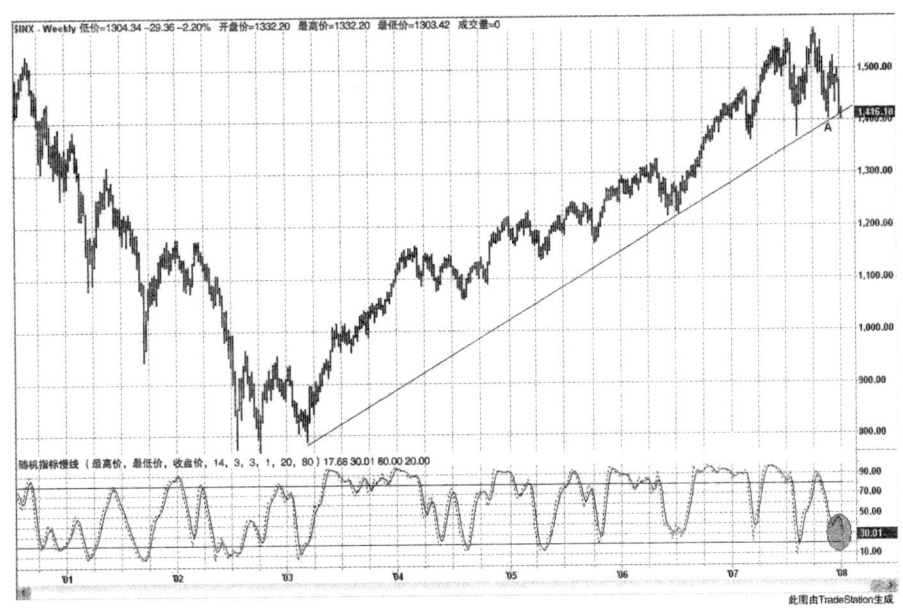

图 10.4　标准普尔期货周线图确认

来源：© TradeStation 技术公司，1999 年，版权所有。

我准备建仓 3 份合约，这样就可以在不同的目标价位进行逐级平仓。我建仓的合约数一般是 3 的整数倍，比如 15 份合约或 21 份合约。现在我需要做的是选择最佳的时机进场。我的止损点是点 E（图 10.3），我的目标点仍在点 B 上方。目前来看，我需要承担的风险是 300 个点，可能的利润是 1300 个点。我准备用低一个级别的时间框架来寻找安全的进场信号。从这个角度来说，我等于在寻找赌博成分小、成功概率高的交易机会。我很喜欢这个模式，如果决策正确，风险回报率是 4.5。如果你的交易具备这样的风险回报率，那么你的交易是没有赌博成分的。拥有一点运气会对你有帮助，但是风险过大或愚蠢的交易并不能让你一飞冲天。

我为交易做了充分的准备，然后等待进场的位置。我设想了几种市场可能的走势，可惜市场没这么走，所以我无法进场。通过道琼斯股指期货60分钟图（下页图10.5），你会发现市场持续下跌了几天。我的设想之一就是当市场向上穿过朝下的趋势线时买入。然而几天过去了，这种情况没有发生。在那段时间，标准普尔向下突破了5年趋势线（下页图10.6），故道琼斯也有可能向下突破趋势线，在这种情况下我不能进场。放弃这笔交易看来是个明智的决策。要不是我计划得周密，现在可能已经做了错误的决策。即使我做了这笔交易，也会在一周后下跌了大约300个点时止损离场，对于这笔亏损我已经准备好了。

做空

现在让我们从别人的角度来看看同样的市场。我的朋友布鲁斯是个大空头。顺便说一下，我在本书中好几次提到了布鲁斯，他叫布鲁斯·泰蒂（Bruce Tandy），是做日内交易的，做了10多年股票，并且他是我知道的少数几个靠日内交易赚钱的人。虽然他是一名日内交易者，但有时候也做长线，只是在做长线时他有点烦躁不安。当他不做长线时，会根据自己的观点做交易。

第十章 去除交易中的赌博因素

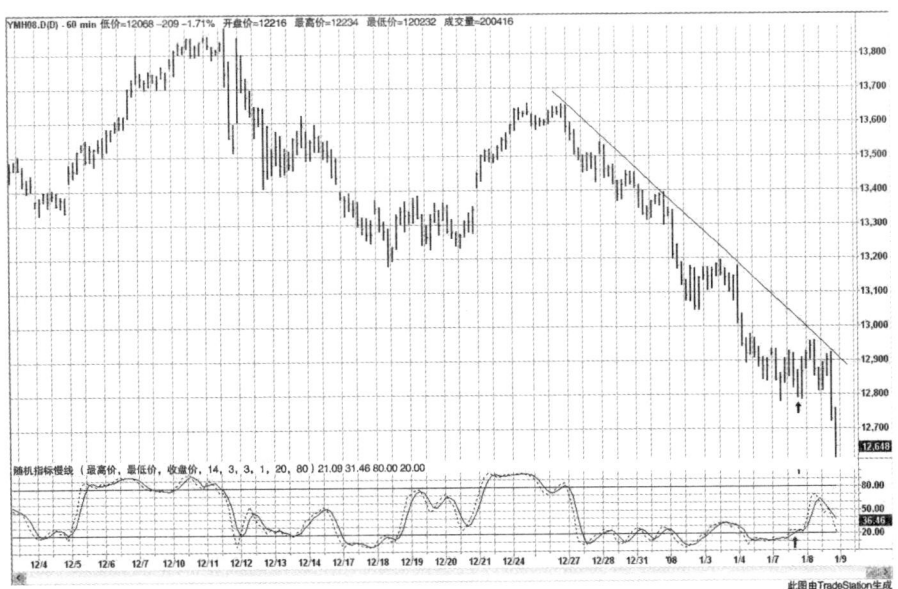

图 10.5　1 月 9 日道琼斯股指期货 60 分钟图

来源：© TradeStation 技术公司，1999 年，版权所有。

图 10.6　1 月 9 日标准普尔突破趋势线的日线图

来源：© TradeStation 技术公司，1999 年，版权所有。

我在前面提到了很多利空的消息，他会参考这些利空消息。这些消息让他看空市场，虽然他的观点和我的完全不同，不过他的观点是有用的。他认为市场可能会下跌 2000 个点。他告诉我在图 10.7 中点 A、点 B 和点 C 处可以看到头肩顶的模式，并且认为这种波动会使市场下跌。他认为市场会下跌到 10000 点以下，之后市场可能还要下跌 1000 个点。他发现 50 天均线和 200 天均线出现了死叉，且市场在上周一直位于 2 条均线以下。市场在 Y 点向下突破了三角形，突破点和 2 条均线的死叉点差不多在一起。他把止损点设置在向下的趋势线（线 Z）之上，趋势线 Z 正好形成了三角形的一边。他将从这里开始使用移动止损，当市场下跌时，他会向下移动止损

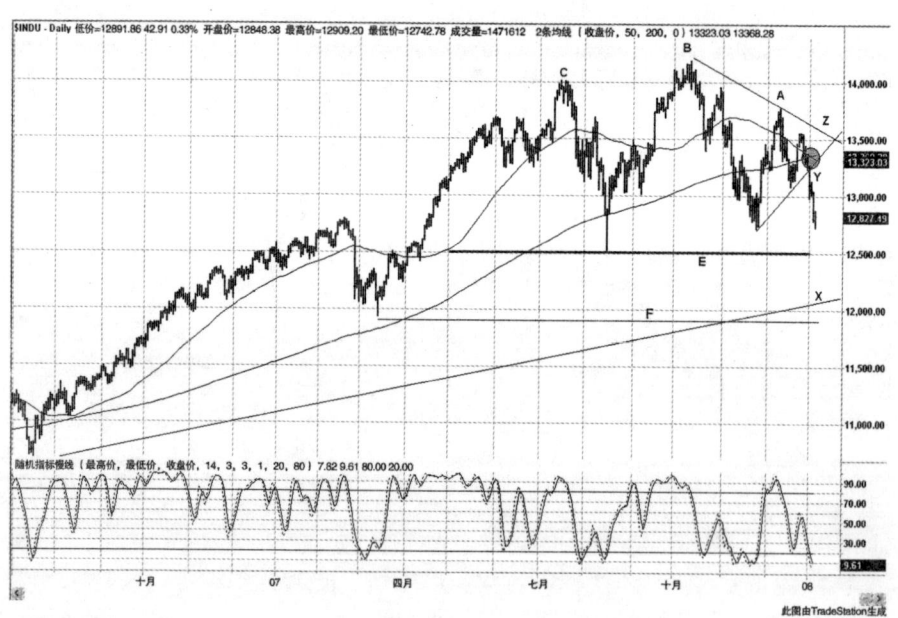

图 10.7　从看空的角度观察道琼斯指数日线图

来源：© TradeStation 技术公司，1999 年，版权所有。

点。假如 50 天均线和 200 天均线金叉或市场在 2 条均线之上时，他会止损出场。虽然他必须观察市场在接近线 E 和线 F 时的反应以做出正确的评估，但是他还是会承担 300 个点的风险以实现 2000 个点的利润目标。由于标准普尔已经向下突破了 5 年趋势线，他的信心大增。

以上是两种不同的交易方法，并且两种方法思路都不错。只要在交易时没有犯错，那么只有一个人是赚钱的。10 天后，当我写到这里时，市场已经大跌了（下页图 10.8）。大量的负面新闻导致市场下跌了。他仍做空，而我在等待进场的信号。道琼斯在 5 年趋势线之上，但标准普尔向下突破了它的趋势线，并且这两个市场均在各自的 50 天和 200 天均线下方。所以我不再像以前一样看涨。现在我会考虑做空，不过我会等待做空的机会，因为现在风险/回报太高。如果我看到了底部模式，或市场突破了某个高点，或出现了某个我喜欢的模式，也会考虑做多。虽然道琼斯向下突破了很多支撑点，但是道琼斯没有向下突破 5 年趋势线，这点让我表示担心。在向下突破之前，我会坐在电脑前观察图表并让自己看起来很忙，这样我那刚失业并且脾气很糟的女朋友才不会让我做家务。我一般会在晚上写书，所以不能用写书当借口。

顺便说一下，写完上面内容的 2 天后，我就做空了。我将在下一章告诉你具体情况。

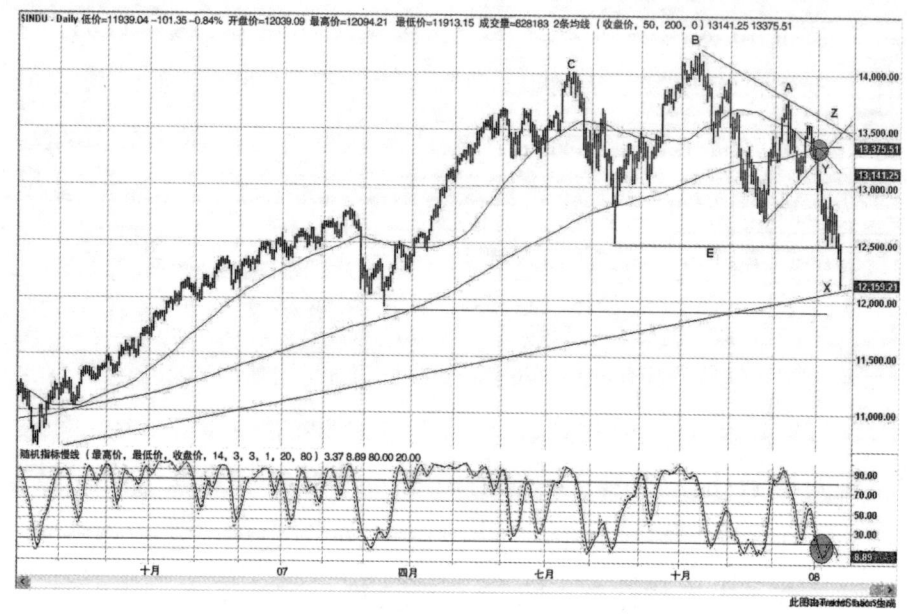

图 10.8　从看空的角度观察道琼斯日线图

来源：© TradeStation 技术公司，1999 年，版权所有。

等待恰当的机会

我在前面讲过，空仓也是一种持仓。与其不停地交易，还不如耐心等待完美的模式，甚至日内交易者都会从中受益。如果你有能力每天交易 25—40 笔，而且这些都是高胜算的交易，那你为何还要每天交易 100 笔呢？当我刚开始做交易的时候，并没有耐心，没有耐心不是好事，我真希望当时就能明白这些道理。我当时的状况就是无论如何都要做交易，我不是在做多，就是在做空，中午都不休息的，一直交易到收盘为止。我当时认为行动比选择时机更重要。幸运的是我现在成熟了，不那样想了。现在我知道了在进入交易前等待恰当的市场时机的重要性。寻找趋势、选择时机、等待回调、不冲动、不草率，这些做法都帮助了我。以前，我天生爱赌，喜欢不停地交易——我总是赌牌，等电梯时也要赌哪个电梯会先开门。当我学会了等待时，已经不再是赌徒了。职业赌博者不是真正的赌徒，他们会尽量减少赌的成分，善于运用概率，知道如何等待正确的机会。作为一个交易者，你也需要做到这一点。当你坚持一个行动计划并且能合理地解释每一笔交易时，就会自动地减少交易笔数。剩下的交易应该会有最好的收益。你不可能在进行每笔交易时都做出正确的决策，不要担心，只要等待最好的时机，这样你的正确率就会更高。

计算风险回报率

如何才能真正去除交易中的赌博因素？答案很简单：只做成功概率大的交易。这意味着你首先要了解几件事，这几件事分别是盈利的交易笔数占总笔数的百分比，亏损交易的笔数占总笔数的百分比，总盈利金额和总亏损金额。前面两件事假设你有一个证明有效的回溯测试策略。如果你使用软件系统做交易，那么很容易就能得到这些百分比数据，只要用你的软件系统做模拟测试，软件系统就会告诉你这些百分比分别是多少（这些百分比数值有时会误导你。数值是根据你的数据测试出来的，不过它在测试震荡市场和测试有趋势的市场的结果不同。你认为正确率为62%，但是事实上，它在有趋势的市场的正确率仅为40%，在震荡市场的正确率是77%）。

另一方面，如果你像我一样是主观交易者，你也需要研究过去，找到自己的正确率。除非你使用电脑交易系统并做了模拟测试，否则你的正确率就不是精准的。我选择正确率高的交易机会的方法就是深思熟虑，研究一些指标、研究一些参数、寻找有用的模式。关于这个模式的正确率，我没有一个准确的数值。然而，根据我的经验,我的正确率为40%—50%。

一旦你知道了系统的胜率(译者注:成功率和胜率都是同一个意思),那么还需要据此算出可能的利润总额和亏损总额。如果你的系统胜率只有30%,但只要利润明显大于亏损,这个系统还是可以赚钱的,所以说利润和亏损数字比胜率还重要。如果你能知道每笔交易可能的最大利润与最大亏损,那意味着你知道了这笔交易的止损点和利润目标点,这样你的计划就是恰当的。这些工作很简单,如果每次都这样做,你就会胜人一筹。我在交易前会研究风险回报率是否大于3,如果小于3,我就认为这笔交易不值得做。但这只是我的标准,你的标准可以有所不同。

现在,很多人都会认为我在道琼斯指数上承担300个点的风险太多了。但是,我愿意承担这个风险,这是我交易的方式。有些人不会用这样方式交易,因为这超出了他们的风险限额,但是因为我想赚大钱,所以我会这样做。这是我交易的风格,如果交易者每笔交易只愿意承担50个点的风险,他肯定不能接受我的方法。布鲁斯在做日内交易时,他疯狂地买卖股票,如果股票逆向波动5个基点,他都会非常恐慌。每个人都有自己的交易风格,因此要选择适合自己的交易风格。

不要为了高风险高回报而去进行交易。如果某笔交易胜算不大,你或许就不值得冒那么大的风险。你要认真研究做计算,交易不是精密科学,除非你的交易系统经过测试证明有比较明确的胜率。在评估交易时,要把滑点亏损考虑进去,因为很多人都忘记了这样做。对于这点,我感到很内疚——我每次观察图表,寻找优势时都忘记了考虑滑点亏损和佣金成本。如果你想要精确评估每笔交易,就不要忘了这点。

这个世界上没有完美的参数,你在做交易前,要确保"利润/风险比"乘以"赚钱笔数百分比"大于0.5。如果数值小于

0.5，那么你的成功率比较低，就好像在没有优势的赌场里赌博一样，你只能期望奇迹出现。我个人希望上面的这个数值要大于1.5。

这是你需要的公式：

W = 胜率 = 赚钱的笔数/总交易笔数
R = 风险率 = 可能的利润额/可能的亏损额
W×R = 胜率×风险率 = "是否进行交易"的数值

例如：如果我知道系统的胜率是50%，风险是300个点，可能的利润900个点，则公式如下：

W = 0.5
R = 900 / 300 = 3
然后
W×R = 0.5×3 = 1.5

获得优势

要想获得交易优势，你必须知道这个公式。它类似于在21点中算牌。只要玩家用心研究，在所有的赌博方法中，21点所赋予赌场的优势最小，所以21点是赌场里最受欢迎的赌博方式之一。玩21点时，赌场的优势不到1%。请注意"用心研究"的关键含义。很多玩家凭直觉赌博，不知道利用优势，不知道用心研究。一旦玩家开始这样做，赌场的优势就会上升到5%以上。

懂得如何算牌的玩家能获得 1.5% 的优势。这并不意味着他每次都会赢，但只要坚持赌下去，算牌者的优势会超过赌场。算牌是一件困难的事情，而且赌场也害怕玩家算牌，所以我认为你最好学会做交易，并确保所有的交易都有合适的"是否进行交易"的数值。

提高成功率的方法

提高成功率、消除赌博因素或做高胜算交易与数学无关，与重复进行正确交易有关。你可以做几件简单的事情来帮助自己，所需时间不多，但是却需要很强的纪律性。这些内容在前面都讲过了，因此，我会快速概括一下。

采用证明有用的策略

听起来这似乎是一个不重要的常识，但实际却不是那样。你在采用某个策略或指标前要确保它是可行的。当然，最好的方法是模拟测试你的交易系统。对于别人的交易系统，如果你没有亲自做过模拟测试，就不要采用它。你应该知道模拟测试的重要性。如果股票上涨了 33%，别人就叫你做空，你不要轻易相信他。你要了解这个系统背后的原理并确认这个系统是有用的。即使你在某本书中看到了这个系统，这本书用 2 年的数据证明了这个系统有用，但是在实战时可能还是没用。只有你自己开发了一个策略，并证明了这个策略有用，才能使用这个策略。如果你在使用过程中调整了参数，或是忽略了这个策略的信号，说明你根本没有遵守这个策略，那么也就无法得到想要的收益。

遵守计划

这一部分没有太多新内容。如果你为每笔交易制定计划并坚持那个计划，你的成功率肯定比较高。然而，你的计划必须合理，并且应该行得通。我相信肯定有很多人每天都制定交易计划和行动计划，但是他们并没有赚到钱。他们没赚钱的原因很有可能是他们的计划无法用于实战，或他们没有遵守这些计划。

知道风险和回报

在不了解风险和回报时一定不要进行任何交易。风险和回报是制定交易计划的一部分，并决定是否应该进行交易。因为我已在前面花很多时间讲过这一点了，所以在这里就不多讲了。

知道出场点

这是另一个很简单的问题，现在我会用两个章节的篇幅多谈一下这个问题。如果你不知道在哪里进场，在哪里出场，你就得不到准确的风险回报率。我认为制定出场计划比制定进场计划更为重要。所以，当不知道在何处出场时就不要进行交易。出场点的设置不要太刻板，不过我将出场点作为指导方向和利润目标。我经常调整我的止损点，并会依据市场的情况移动目标点。如果出场点不起作用了，我会随时出场。

为每笔交易找个理由

关于这个话题，因为要讲的东西太多了，所以本章不再多说了。我在后面几章会讨论进场和出场，我将把这个话题加进去。很明显，除非你有合理的、深思熟虑的交易理由，否则不能进行交易。不要因为无聊或为了抓住突发而来的波动而进行交易。尽量减少交易笔数，考虑更多的选择，这样你才能做得更好——哪怕你是个日内交易者。做日内交易时，你可能没有时间为每笔交易都制定计划。你的个别交易可以是随机的，但是你要完全遵守慎重考虑后的方法进行交易，这个方法可以从白天或晚上提前做准备工作中得到，也可以从你使用的一个系统中得到。

记得有很多次，我本想做多，但是市场回调几分钟后，我就莫名其妙地想做空了。其实我当时无外乎就是贪婪和无聊，没有别的原因，而我最终也亏损惨重，所以在接下来的日子里，我不得不整天面对这个糟糕的仓位。那时候的交易真是既青涩又愚蠢啊！

资金管理

我在这章没有提及资金管理，不过在后面会谈到资金管理。除了单纯的运气之外，制定一个可靠的资金管理计划是让你不会爆仓的唯一办法。无论这笔交易多么好，如果你不知道承担的风险是多少，就是在赌博。交易不是一件很容易的事。无论你多么自信，都有可能亏损。如果你过于自信，从而过度交易，就可能会爆仓。交易的底线就是不能爆仓。我想在上一章节中我做的交易是很简单的，这个模式非常完美，我在交易中也赚了钱，但是，如果我疏忽了，如果我的仓位太重，则也会亏损的。

纪律

我会以谈论纪律来结束本章。如果没有纪律来努力工作、制定行动计划、坚持计划、遵守资金管理等，前面所讲的目标都是无法实现的。成功的交易和赌博都与纪律有关。如果你想成为一名优秀的交易者，就要有纪律。

总结

如果你想成为一位优秀的交易者，必须学会尽可能去除交易中的赌博因素。把握胜率，慎重考虑，预先确定止损点和出场点，那么你就能实现这个目标。我能从多空两方面来告诉大家如何经过深思熟虑做交易。是的，某笔交易可能会是错误的，不过那不是最重要的，因为不可能每笔交易都是赚钱的。你的目标就是持续一致地赚钱，该空仓时要空仓。这就是制定并遵守正确行动计划的好处。问题是当人们没有为交易做准备时，交易就是赌博。

第十一章 进　场

　　股票经纪人正在填写一份职业申请表。有一个问题是："你被警察抓过吗？"他回答："没有。"下一个问题是："如果你被警察抓过，原因是什么？"股票经纪人的回答是："从来没被抓过。"

虽然我不想写"每笔交易都要有个理由"这章，但不意味着我在本章不会阐述这个话题。事实上，本章看起来像是对本书的前半部分的概述。这并不是件坏事，因为有些观点确实需要强调。进场包括几个要素，我会在下面阐述。首先，我要强调一件事，你可能会猜到无论是进场，还是出场，都必须为每笔交易找到理由。我已在前两章中详细地阐述了我是如何进行交易的，所以我尽量不重复，并且不会在例子中介绍过多的细节。不过，能让我的观点清晰化的最好方法是列举一个真实交易的例子，也就是接着上一章的例子继续讲解。

发现机会

找出交易的理由不会花费太长时间。我放弃了做多的想法,根据今天(2008年1月11日)道琼斯的行情我做空了。到目前为止,我对这次交易很满意。但我进场并非是为了赚一天的钱。进行交易的第一步是看准你想买入的品种,这包括个股、商品、市场板块、你看到的模式或新闻事件。我不喜欢同时跟踪很多市场,只想找到我想交易的模式。不要以为我只交易道琼斯,我也会定期观察其他市场。我会每天观察原油、欧元、美元和有着不同利息收入的品种,也会偶尔看看谷物市场。如果我看到了自己喜欢的模式,就会按照先后顺序把不同品种用表格记录下来,然后依次进行交易。不过,我80%的交易品种都是道琼斯或标准普尔股指期货。如果其他商品很吸引人,我也会少量参与的。有些人只交易一个品种,有信号就交易,没信号就等待。还有些人有自己的交易系统或交易模式,他们会在几百只股票里面寻找适合自己系统或模式的股票。不管你的风格是什么,只有找到的这个品种对你说:"嗨,买我吧。"此时你才可以进行交易。以我交易的道琼斯为例,我看出市场很可能下跌,所以决定现在做空。优秀的交易者会发现自己的错误,还会改正错误。另一方面,约翰则是糟糕的交易者,他一旦认定了市场会上涨,就会死守下去,如此下来,他要么赚钱,要么爆仓。

现在来看看我的交易。我看到机会,实际上是新机会,因为50天和200天均线交叉时我错过了第一次机会,然后几天以前市场第一次跌到底部A和趋势线A以下,这是第二次机会。市场在向下突破后又反弹了300个点左右,又回到支撑位以上;市场再次向下测试,第二次向下突破了(图11.1)。此时标准普尔已经向下突破了5年趋势线。我认为这是个做空的好机会。

为交易做计划

一旦你发现了交易机会，下一步就要想出操作计划，这个计划的风险要小。发现好的交易机会后，我必须坐下来开始做计划。在做计划这个阶段，你要形成你的交易策略。这时你就要决定具体如何进场。

图 11.1　道琼斯日线图，发现机会

来源：© TradeStation 技术公司，1999年，版权所有。

看见机会是一回事，及时进场交易又是另一回事。进场时，很多人会变得战战兢兢，而其他人又太过草率了，时机一到，他们就马上冲上去了，也不研究如何找到最好的进场价。你需要为进场做个计划，尽量做到最有效地利用资金。你不必找到最好的进场价，但要避免糟糕的进场价。如果你错过进场的机会，那么就必须为下一次进场机会制定新的计划。

这种情况发生在我身上了。市场在前几周跌了很多，我还没做空。我没有意识到原来的做空机会，只好在大跌后开始做空。考虑到当前所处的形势，我必须制定好进场计划。不但要考虑进场点，还要考虑出场点。但是我会在下一章阐述出场点——只是假设在本章的每一步中都已把它考虑进去了。

为交易做计划时，我在等待一个恰当的安全的进场机会。我不喜欢在突破某个价位时做交易，我喜欢市场在重新测试这个价位时进场。在下几节中我会讨论进场的所有计划阶段。

设想进场时的市场走势

为交易做计划时，做准备工作时，要设想好进场时的市场走势。如果你对不同走势都有恰当的行动计划，这肯定会节省资金。首先，这会帮助你找到实际进场点。根据你设想的不同的市场走势，你可以决定不同的目标点和不同的进场点。其次，能让你认识到"或许这不是一笔好交易"。当你认真分析时，就会发现你最初看着很好的交易可能是一笔高风险交易。也许你会看出很多分析是错误的，所以决定放弃这笔交易。

关于交易，我设想了几种进场时的市场走势。你可以观察60分钟图（下页图11.2），来看看我是如何思考进场的。我这次使用的是股指期货的图表，图中的趋势线是根据实际指数画出的趋势线。一旦市场在1月8日向下突破了趋势线A和底部A（阴影区A），那么，我的设想之一是市场一直大跌，直到测试趋势线B为止（趋势线B取自图11.1）。之后市场可能会有几种不同的走势，不过这是以后担忧的事。市场还有一种可能的走势就是横盘震荡，犹豫不决，直到最后才确定方向。还有一种走势就是向下的突破是假突破，市场很快就会反弹。

图 11.2　60 分钟道琼斯股指期货图，拟定情况

来源：© TradeStation 技术公司，1999 年，版权所有。

根据 60 分钟图，我决定等待做空的机会。我注意到在向下趋势线 D 和随机指标底部的向上坡度之间出现了背离。我也注意到市场离均线下方很远，所以，期望它会反弹并靠近均线。这两个信号都表明最近的下跌行情要结束了。只要我耐心等待，那么潜在反弹会让我在更好的价格做空。如果我判断错误，也不后悔错过了机会。这就是我设想的市场走势，我等了两天就等到了机会。市场在 1 月 11 日之前反弹了 2 天，到了 11 日，我要的机会来了。在反弹期间，市场反弹到了我可以接受的价位。如果再观察图 11.1，你会发现在 10 日市场是如何返回到趋势线 A 上方的。虽然市场向上突破了趋势线 A，不过在 11 日还是下跌了。市场当日最多上涨了120个点，但没有在最高点收盘，在收盘前市场下跌了100多个点。你能很清楚地在图11.2的点B和图11.3（5分钟图）看到这种走势。对我来说，这是个下跌的信号，让我为第二天的进场做好准备。

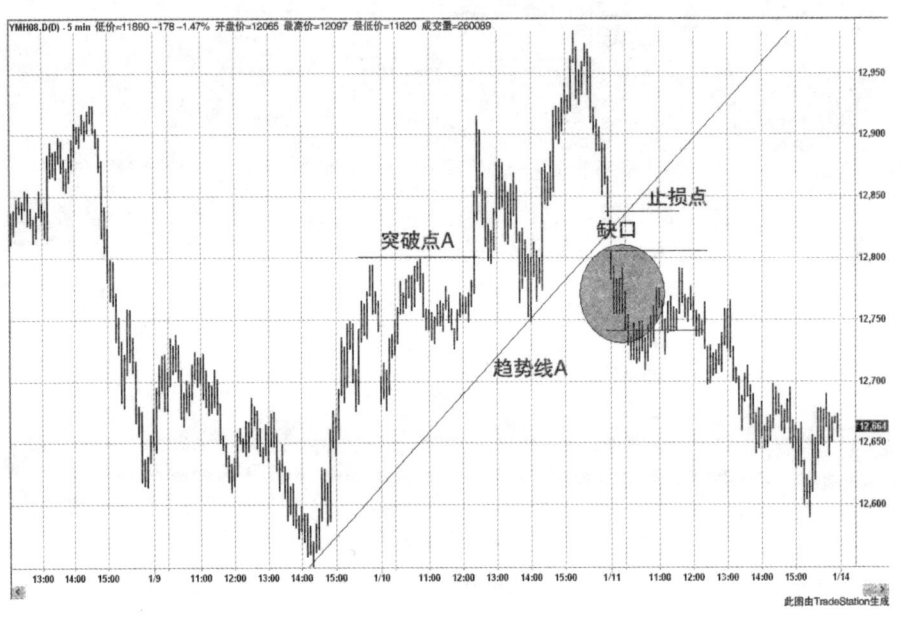

图11.3　道琼斯股指期货5分钟图，选择交易时机

来源：© *TradeStation* 技术公司，1999年，版权所有。

在11日，了解到市场可能会以约低50个点开盘时，我知道市场有两种可能的走势。我现在正在观察道琼斯股指期货5分钟图（图11.3），以进一步确定市场可能的走势。一种可能走势是当开盘后，市场反弹，补上缺口，此时又有两种可能的走势：继续上涨或下跌。如果市场继续上涨并向上突破了趋势线A，我就观望；如果补上缺口之后就停止不动了，我会重新评估市场。

另一种可能走势是市场直线下跌。在这种情况下，我用30分钟突破模式（图11.2中阴影区A）来进场。如同你在图11.3中看到的，市场几乎全天一直在下跌。市场可能的走势太多了，我不想再用10页纸来讨论这些，我现在只关心两种可能的走势。接下来，我会阐述在实战中我是如何选择交易时机的。

不要追逐市场

在选择交易时机之前，我认为更重要的是要学会不追逐市场。如果你错过了交易信号或第一次机会，此时又要急忙进场，那么你的风险和滑点亏损都偏大了。当然，如果你一直等待或等不到理想的进场价格，你可能会完全错过交易。不过风险很大时，交易的方方面面都发生了变化。很多次，我看到有些人根据消息草率进场，结果市场却反向而去。请再次观察图11.3，你会看到市场在向上突破一个叫作"突破点A"的价位后继续上涨。市场8分钟左右上涨了100个点。如果你草率做多，你很可能会在行情的最高点附近进场，然后看着市场立即跌落150个点。你最好是等待市场出现了整固或回调到向上突破前的整固区时再进场做多。如此一来，你的风险会更清晰，也会更小，滑点亏损也不大，这样滑点亏损就无足轻重了。如果你草率进场，你的滑点亏损是30—50个点，这个滑点亏损数字太大了。

选择交易时机

要想赚钱，选择交易时机是一个关键因素，但很多人都没认真对待这点。我发现当我花时间研究交易时机时，能将本来会亏损的交易变成盈利交易，将盈利少的交易变成盈利多的交易，尽量不出现大的亏损。是的，我这么做确实错过了一些行情，但是"那又如何呢？"我可以继续交易。因为我相信那些进场点更好的交易长期下来会帮我省钱，帮我赚钱；那些错过的交易也许也帮我省钱了。我之所以喜欢用多重时间框架进场和出场的理由，不仅仅是为了了解市场的整体状况，更重要的是能有助于选择交易时机。

关于我的交易，虽然想做空，但是我 3 天后才在 12712 点处做空。对于多数人来说，那是个漫长的等待，但是值得这样做。即使这笔交易亏损了，但至少我的进场价比较理想，至少比之前的进场点高了 100 个点。我不必承担 300 个点的风险，止损点也很近。

市场已经下跌了 1500 个点，此时我才决定做空，所以必须找到一个安全的进场点。我是按照日内交易的思路寻找进场点的。我选择使用一直很受欢迎的开盘后 30 分钟突破系统，我在本书后面会介绍这个系统。简单说就是在开盘后，如果市场在前 30 分钟是横盘震荡，当 30 分钟后市场向某个方向突破时就顺势进场。于是我做空了，如果我判断错误，就会在震荡区间的高点出场。风险约为 100 个点，但是实际上，我留了点余地，准备当价格上涨到缺口处再止损（见图 11.3）。我是用日内交易的思路进场的，如果判断错误，也要按照日内交易的思路出场。然而，如果判断正确，我会把这笔交易当作长线持有。因为我能选择我的交易时机，所以也能进行低风险高胜算的交易。

寻找长线模式

我在寻找进场点的时候，喜欢先在市场中寻找长线交易的方向，然后在长线的时间框架里寻找短线交易模式。你可以在长线的时间框架里寻找短线交易模式，也可以在更低级别的时间框架里寻找短线交易模式。这样做的原因我在上文中已提到，那就是选择交易时机和减少风险。我在前面已经说明了如何在5分钟图上用30分钟突破系统来选择长线交易的时机。我要进场，而且用一种风险尽可能低的方法来实现。这只是我为了选择更佳的交易时机而寻找的模式之一，我还可以使用其他模式。比如说，市场开盘向下突破趋势线A时，我也可以选择进场，可以把止损点设置在前一天的最高点。但是如果我这么做的话，风险大约有200个点，这个风险大了点。

我还有很多在模式中寻找进场机会的例子。

谷物的价格在过去一年半里让人瞠目结舌。部分原因是中国需要大量谷物来制造乙醇燃料，再加上美元走弱，所以谷物的价格达到了历史新高。请看大豆的周线图（下页图11.4），你会发现一个急剧上涨的行情。如果你错过了这个行情，现在想进场，你会怎么做？假如你是顺势交易的话，唯一的方法就是等待回调，然后，在明显的上升趋势中寻找一个进场模式。你可能会认为进场太迟了，但是在大众的推动下市场越涨越高。我从爱德温·李费弗（Edwin Lefevre）写的《股票大作手回忆录》（*Reminiscences of a Stock Operator*）中学到的一点，那就是市场过高并不意味它不会上涨。

在下页图11.5中第一个椭圆处有我想进行交易的模式。这个模式非常简单，我在上涨趋势中寻找回调点，然后等待随机指标上涨到超卖线上。如果随机指标回到超卖区或当随机指标降至最低点时市场也创造了新低，我知道我的判断是错误的。第二个椭圆处出现了同样的模式。当市场可能会走低但却没有走低时，一旦随机指标从低位开始上涨，我会做多。目前我还没有进场，在等待同样的回调模式，当模式出现时，我会进场。我每天花一分钟的时间去看看市场是否回调了。我用大豆的连续图表来了解整体情况，但是我会用当前最活跃的月份合约来选择实际的交易时机以进行交易。

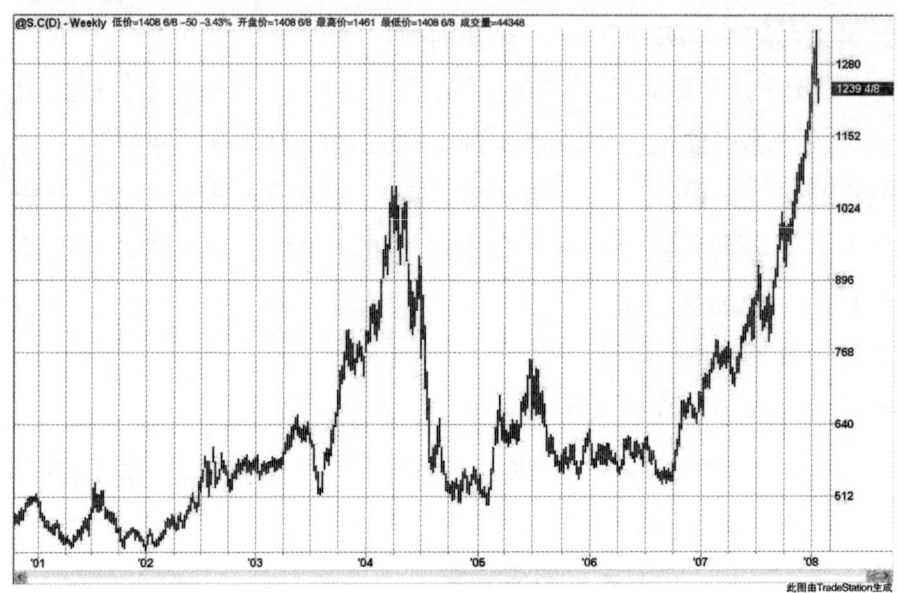

图 11.4　大豆周线图

来源：© TradeStation 技术公司，1999 年，版权所有。

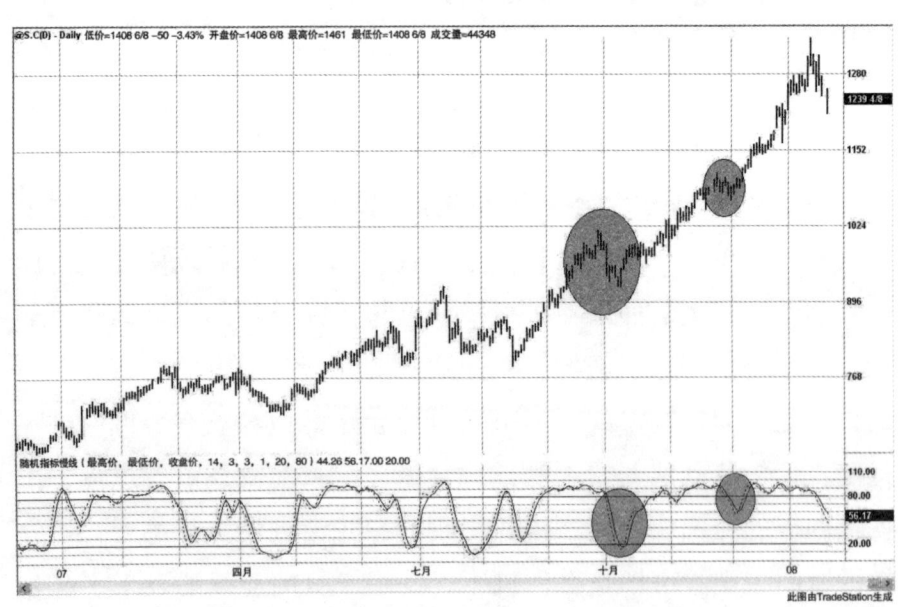

图 11.5　2008 年 1 月 21 日的大豆连续日线图

来源：© TradeStation 技术公司，1999 年，版权所有。

第十一章 进　场

下一步是研究细节，选择较好的交易时机或进行日内交易。我用当前最活跃的合约（译者注：一般指成交量最大的合约）做分析。我分别使用 60 分钟图（图 11.6）和 5 分钟图（下页图 11.7）观察这些模式。在 60 分钟图上正好能看出上涨趋势和回调区域。60 分钟图中的 A 点和 B 点与 5 分钟图是对应的，都是进场点。

图 11.6　60 分钟大豆期货图

来源：© TradeStation 技术公司，1999 年，版权所有。

对于图表中的第一个回调模式，因为出现在当日收盘时，所以你需仔细观察后再进场。在 60 分钟图中市场向下跳空低开，下跌到均线附近，然后市场反弹并补上了缺口，又要下跌。第二次卖出的力度不如第一次卖出的力度强，市场又向上突破了趋势线（图 11.7），这表明下跌结束了。一旦价格向上突破了那条趋势线，你就有了买入的机会。你也可用随机指标的金叉来确定买入机会。这发生在收盘前 5 分钟，所以这笔交易是隔夜交易，而不是日内交易。正如你所看到的，第二天市场就暴涨了。这是个如何运用两种时间框架的好的例子，你可以看到不同框架下的模式，并能找到极好的交易机会。你的止损点可以是当日的最低点，你的目标点由持仓时间决定。采用较长的时间框架，你会很容易找到丰厚利润的目标点。

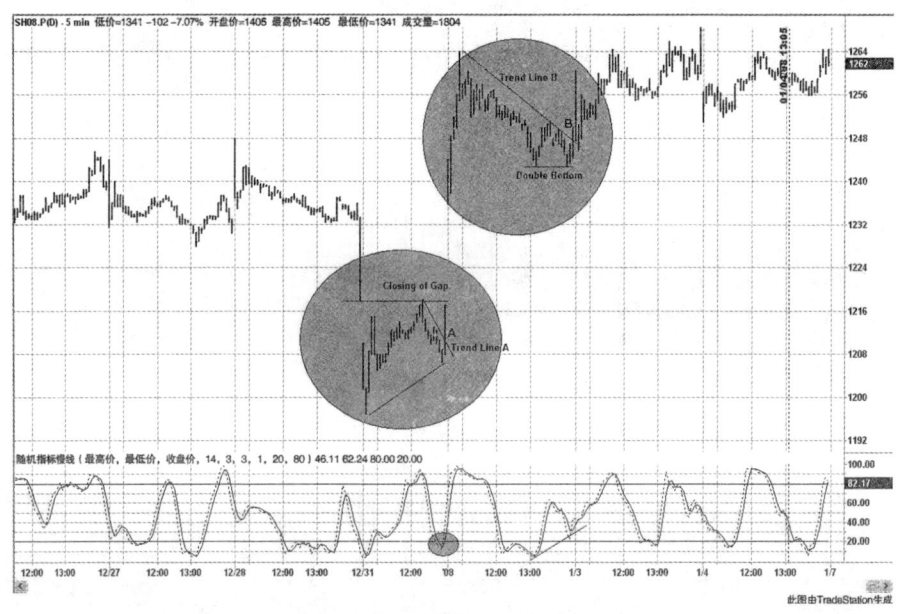

图 11.7　5 分钟大豆期货图

来源：© TradeStation 技术公司，1999 年，版权所有。

在第二个例子中，上涨的市场是一样的，但所看到的模式不同。市场在下跌，形成了趋势线 B，这次形成了双底，双底的最低点和随机指标的低点出现了背离，这表示最后一次下跌并没有看上去那么强。一旦价格向上突破了趋势线，你就可以进场了，可以把止损点设置在双底之下。

在强劲趋势的市场中，这些是你能够进行的最好交易。你可以寻找市场的回调进场模式，这样风险比较低。通过在主趋势中寻找低风险进场的机会，你会让自己有更好的赚钱机会。

了解风险

我想说风险管理和进场一样重要。高风险的进场并不是个好的交易决策。不管单笔交易是盈利的还是亏损的，如果承担的风险超出了你的承受能力，长期下来你是亏损的。在进场前，你必须知道你所承担的风险。考虑做交易时，首先要想到风险，然后是利润，如果风险回报率满足你的标准，你就进场。所有的计划和设想的市场走势都有助于确定风险。所有的优秀交易者都具备资金管理能力。如果你没有风险意识，就不会进行资金管理。对于你来说，这有点显而易见，但是我过去做经纪人的时候，发现很多业余交易者不够重视风险。总而言之，知道风险会有助于你对交易进行评估。

决定交易数量

你不但要知道进场的位置和风险，而且还要知道你要交易多少份合约。每笔交易、每个市场都是不同的。有时你想激进一点，有时你想少量参与。我将在本书后面的资金管理章节详细解释。如果你不知道风险大小和可能的利润大小，就无法决定合理的仓位大小。如果我发现了一个很好的模式，且风险也不大，就会采用比正常情况下大的交易量（译者注：指合约数量或股数）。如果我判断错误，适时出场才是关键。你还要知道在什么模式下加仓。不要因为赚了钱就加仓。如果要加仓，你也应该像你建仓时那样经过深思熟虑后再做决定，因为事实上它是一笔新的交易。

总结

我认为进场就如同生养小孩。在婴儿来到这个世界前，父母就做好了计划。当然，并不是每个婴儿出生都是计划好的，有些婴儿是过量饮酒的产物，不过让我们忽略这种情况。怀孕的过程比较辛苦，和孕妇在一起生活也比较辛苦。分娩无欢乐而言，特别是你的妻子自然生产把你的手都抓紫的时候。在婴儿出生前，你在想："哦，天哪，上大学要14万美元。"但是从另一个角度想："当我老了，不能自理时，至少有人会照顾我。风险低，但回报比较大。"当婴儿出生后，那就意味着繁重的工作真正开始了。你要照顾他，还会担心他是否能受到正规的学前教育，如果不是这样，你还会浮想联翩。这和交易很相像。持仓并不等于你能放松身心了。你要像照顾初生儿一样照顾自己的仓位，你要不停地检查孩子的体温并问自己："如果孩子的体温到了40℃，我该怎么办？"或"我们出去4小时，25个尿布够用吗？"或"在脸上涂2加仑防晒乳够用吗？"等等。直到孩子上大学后，你才能放松。就好比平仓后，你才能放松。

第十二章 出　场

最近，弗瑞德通过做空市场赚了很多钱，于是他决定买一辆价格不菲的跑车。销售商好奇地问他是如何赚到钱的，弗瑞德告诉他是通过炒股赚的钱。销售商很惊讶地问："现在经济不是不景气吗？"弗瑞德回答说："是不景气，当上市公司快破产的时候我就去做空它的股票，这样就赚了很多钱。"销售商又问："由于你在他人受亏损的情况下赚了钱，有没有想过把钱捐给慈善机构呢？"弗瑞德想了一会儿，说："没想过，但是我会买下这辆车，之后再把钱捐给慈善机构。"

像上一章一样，本章也会概括并进一步阐述前几章的相关主题。本书不是关于出场策略本身，而更多的是阐述如何执行出场策略。我在《高胜算操盘》一书中讲述了很多设定止损点和利润目标点的方法，所以本书不再重复了。然而，本章通过强调在交易过程中预先为出场做计划及掌握出场的重要性，从而帮助你成为一名优秀的交易者。

预先制定出场策略

我在本书中多次提到了要预先制定出场策略，这点非常重要——进行交易前，你必须知道出场点。计划交易时制定一个出场策略，这会使你走向成功。你必须知道在赚钱时如何出场，还要知道在亏钱时如何出场。你要提前做好出场计划，不要在出场时还感到莫名其妙。出场策略不必过于刻板。出场策略作为准则能帮助你评估是否要进行交易，并帮助你设定初始目标点。一旦交易进行了，为更好地反映不断变化的市场状况，你还需要调整你的出场策略。

因为出场价位能说明你是赚钱的还是亏钱的，所以出场比进场更重要。请记住，进场并不会让你赚钱，只有出场才可能赚到钱，同理在出场时也会亏损。只有在出场时，你才会真的亏钱。账面亏损也是真实的，不可疏忽大意了，但是出场才能决定具体亏损的数字。从长远来看，一个好的出场策略才能保证你赚钱。

作为交易者，做出错误决策时，你的任务就是尽可能少亏钱；在做出正确决策时，要尽可能多赚钱。如果你愿意花时间去思考哪笔交易的风险小，可能的利润大，那么你离赚钱的目标越来越近。不幸的是，很多交易者是先交易，然后也不考虑自己会赚多少，更不会去考虑可能会亏多少。

就像你想欺骗你的配偶一样。如果你想那样做，在做之前一定要计划好并想好借口。早晨 5:00 你身上满是香水地回到了家里，情急之下向妻子解释说有应酬，这很容易露馅。相反，如果你告诉你的妻子每周四晚上你要去弗兰克家打牌，而且他的妻子是卖香水的，你在回家时可以带一瓶香水以防万一，然后说出预先想好的托词，这样成功的概率会高些。

截断亏损，让利润奔跑

这是众所周知的交易格言。原因是这句格言会让你赚钱。当你寻找赚钱模式（小亏损，大利润）的时候，当你建仓的时候，当你设置出场点的时候，请记住这句格言。如果一笔交易的风险很大，可能的利润才几个基点，就不要做这笔交易。你无法靠这种方法成功的。你要想办法让利润奔跑。如果你赚了 10 个点就会变得坐立不安，那么就不要选择可能会亏 8—12 个点的交易机会。如果你判断错误，相比之下亏损就大多了。具体的利润数字只有在出场后才能知道，不过你必须提前估算出可能的利润。你必须这么做。提前出场也是一种致命错误，你只有改正这种错误才能成为优秀的交易者。只有预先确定目标点，你才能学会让利润奔跑。有时候市场会在你的目标点和止损点之间的灰色区内停滞不前。此时，你需要决定是否继续持有还是提前出场。这种情况不好处理，如果你判断错误，就会自责；然而，我认为如果交易不像计划那样发展，而且你已等了足够长的时间并做了评估，那么就出场，然后去寻找其他机会。

行动计划中要考虑止损

制定出场策略会帮你避免大亏损，这是交易的关键。在交易中有点亏损没什么，但如果亏太多，那就是个问题了。不过你可以用优秀的出场策略解决可能的大亏损问题。在进场前想出一个止损点，能解决亏损过多的问题。当然，你需要了解如何正确设置止损点及如何坚守止损点。止损点离进场点太近了会让你频繁止损，频繁止损不是好事。另一方面，止损点离你的进场点太远意味着你会遭受很大亏损，而这种亏损本来是可以减少的。在市场波动性发生了变化和趋势持续的情况下，你要知道如何移动止损点。随着市场波动，你需要在新位置设置止损点。在有趋势的市场中更是如此，你要沿着趋势线移动止损点。建仓后，你要设想市场可能的走势，并考虑把止损点设置在哪里。

在交易前制定计划的时候，你要知道自己的判断可能会出错，所以要保护好本金。设置止损点有助于交易者了解他们的亏损上限，并把亏损控制在上限之内。不要因为你设置了止损点就以为可以偷懒了，设置止损点只是交易的一部分。你还需要一直观察并照看你的仓位。如果你以为设置好止损点就万事大吉了，则可能会在被止损后无动于衷，从而错过了其他机会；也有可能在应该止损的时候不止损，导致亏损变大了。

这让我想起了重要的一点。你是应该下真实的止损单，还是心理止损？我的建议是下真实的止损单。如果是心理止损，当市场接近止损点时，大多数人无法做到遵守纪律并只采用心理止损，他们会在应该止损的时候找理由不止损。如果你没有能力采用心理止损，那么我还是建议你下真实的止损单。市场中总是充满了意外，除非你在市场中有止损点，否则市场会破坏你的计划。只有在不活跃的市场中，我才建议尽可能采用心理止损点。如果你下了真实的止损单，场内交易者会轻松地扫掉你的止损单。

很多时候，当你止损出场后，市场就开始转向，并朝有利于你的方向走去。造成这种现象最有可能的原因是你的止损点太近了。如果你的止损点是合理的，一旦遇到了这种情况，不要用头撞墙，不要急躁，不要冲动交易。市场是不可预知的，有时候它会突然偷袭你。你要学会泰然自若地接受亏损并保持清晰的头脑，为下一次交易做好准备。我以前在大学学打网球时，教练一再强调：不要受丢分的影响。运动员在丢分以后，容易心存不满，从而猛烈击球，这种现象很常见。他的话语充满了智慧，他说你只是丢了一分，不要让这一分影响了正常水平的发挥。他是对的，如果运动员在丢分后慌乱的话，他就不能发挥正常的水平。

为你的风险做计划

当制定风险计划时，你必须明确几个问题，包括：

◇ 你愿承受多少亏损？
◇ 止损点的适当位置在哪？
◇ 何时及如何调整止损点？
◇ 你想用哪种止损点？

计划交易时，你应该先停下来想想你愿意亏多少钱。这是进行交易时最先考虑的事。我会举个日内交易者的例子，因为他们也必须考虑风险。上一章我们谈到了道琼斯，我会从那之后几天的走势谈起。虽然我喜欢同时观察道琼斯和标准普尔的图表，但是在这里为了简单行事，我只谈论道琼斯。从道琼斯和标准普尔的图表来看，上几周的走势几乎相同，只不过是直线下跌而已。请看下页图12.1，你会看到近来的急剧下跌。

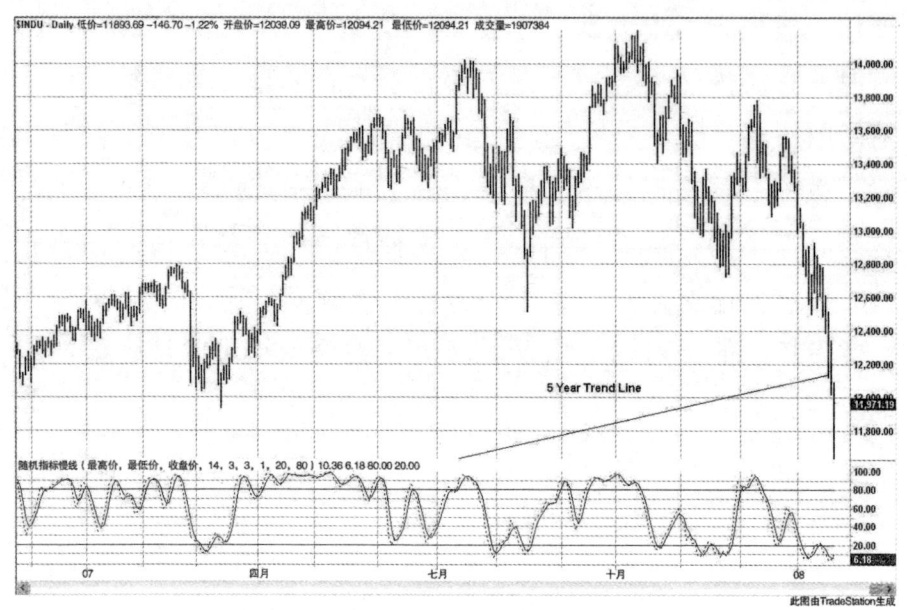

图 12.1　1月22日道琼斯日线图，下跌

来源：© TradeStation 技术公司，1999 年，版权所有。

交易模式

在过去 5 天中市场直线下跌，今天是 1 月 23 日，市场开盘时低开了 200 个点左右。请看下页图 12.2，这是道琼斯指数股指期货 5 分钟图，你会发现我密切关注的市场走势。

昨天早晨开盘前出现了一条突发新闻，在预计召开的美国联邦公开市场委员会会议前一周，美联储突然降低 75 个基点的利息。这是 23 年来最大的一次降息。这条新闻也许可以引起一次令人振奋的暴涨，然而大众害怕经济继续衰退，结果市场低开了 400 个点左右。投资者认为美联储对经济现状感到不安才会迫不及待地提前一周大幅降息，如此说明经济形势确实很不乐观，所以市场大幅低开了。尽管一开始很悲观，但是当市场大众都接受了降息这个现实后，市场在开盘后马上反弹并补上了缺口。随后大众又开始担心经济继续衰退，下午大部分时间市场在横盘震荡，收盘时则下跌了 125 个点。

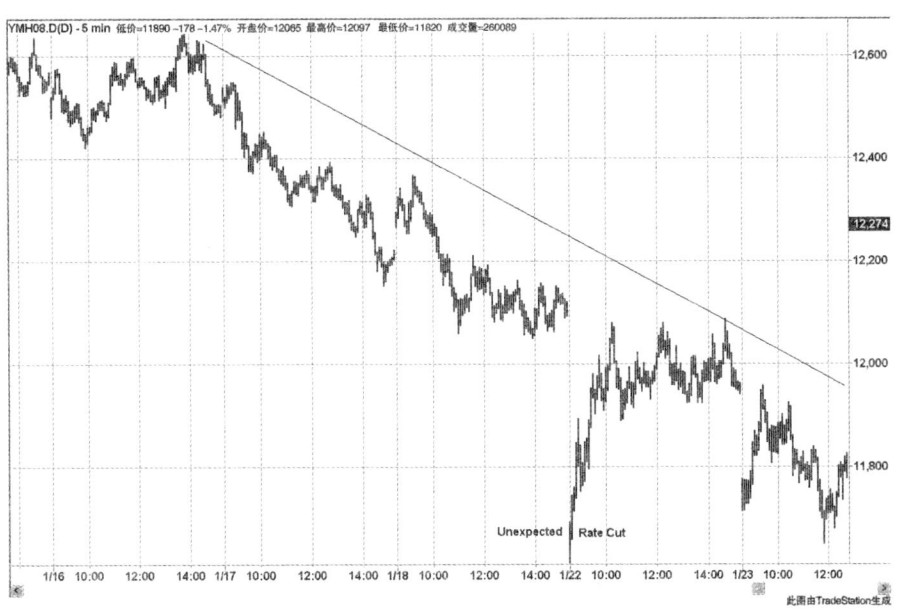

图 12.2　1 月 23 日道琼斯指数股指期货 5 分钟图

来源：© TradeStation 技术公司，1999 年，版权所有。

持怀疑态度

我对所有消息都持怀疑态度。我也是喜欢打破砂锅问到底的人，如果你想知道为什么"持怀疑态度"这个表达方式在英语中叫作"一小把盐"，我已经找到了答案。自从 1647 年它一直用在英语中，来源于拉丁语"cum grano salis"，可追溯到公元 77 年。它来源于老蒲林尼（Pliny the Elder）写的一本名为《自然历史》（*Naturalis Historia*）的书中，这本书是罗马时期必读物，一共有

37卷，书中某处提到了一种毒药的解药处方。书中说解药必须和着一小把盐一起服用。如此一来，一旦人们遇到了毒药的危害，可以依靠一小把盐缓解这种危害。

现在回到新闻这个正题上来。交易者是浮躁的。之前他们已得到了降息的传言，但因为这个消息没有想象中的那么满意，所以市场大跌了。今天他们得到了意外大降息的消息，加上他们期待下周还会降息，市场大跌了，然后反弹，之后又大跌，再反弹一次。所以说，根据新闻做交易是很难的！

利用缺口做交易

我将举几个交易的例子，关键是想让你了解风险。对于交易新手而言，你可以观察今天和昨天的图表中的模式，最常见的交易模式就是逆着开盘时的跳空缺口方向进场交易，一旦缺口被补上了，你就平仓。如果跳空缺口的方向是逆着主趋势的，此时沿着主趋势方向建仓最好；当然了，如果跳空缺口是顺着主趋势方向的，也可以建仓。建仓方式有两种：一种是在开盘时建仓，另一种是开盘30分钟后建仓。这个不重要的，重要的是如果你判断错误，要知道在哪里出场。在交易中有几种设置止损点的方法，至于使用哪种，则由交易者决定。有些人把具体的金额作为自己的最大止损，有些人会根据技术设置止损点，还有些人会用时间止损。

不管用什么方法，你应该粗略估算如果自己判断错误，愿意接受多少金额的亏损。假如说约翰正在交易，他很性急，在22日开盘后就建仓了。因为约翰不知道如何设置止损点，所以我现在告诉你几种方法，你再去帮他。

方法 1：时间止损

时间止损是指建仓 30 分钟后，如果是亏损的，就止损。通过观察 30 分钟图并得出 30 分钟期间的平均振幅，你能估算出自己会亏损多少钱。请看图 12.3，你发现最近的平均振幅是 40—90 个点，而且每天都在扩大，这天开盘后涨了 120 个点，收盘前涨了 135 个点。如果你知道了这些情况，在建仓 30 分钟后若亏损超过了 150 个点，就必须止损。一般振幅应该是 70—100 个点。在交易中并没有完美的方法，这种估算平均振幅的方法算是一种不错的方法。市场常常会上蹿下跳，让你深受其害，但是采用平均振幅对你是有好处的。为了防止最糟糕的情况出现，你还可以设置一个最远的止损点。

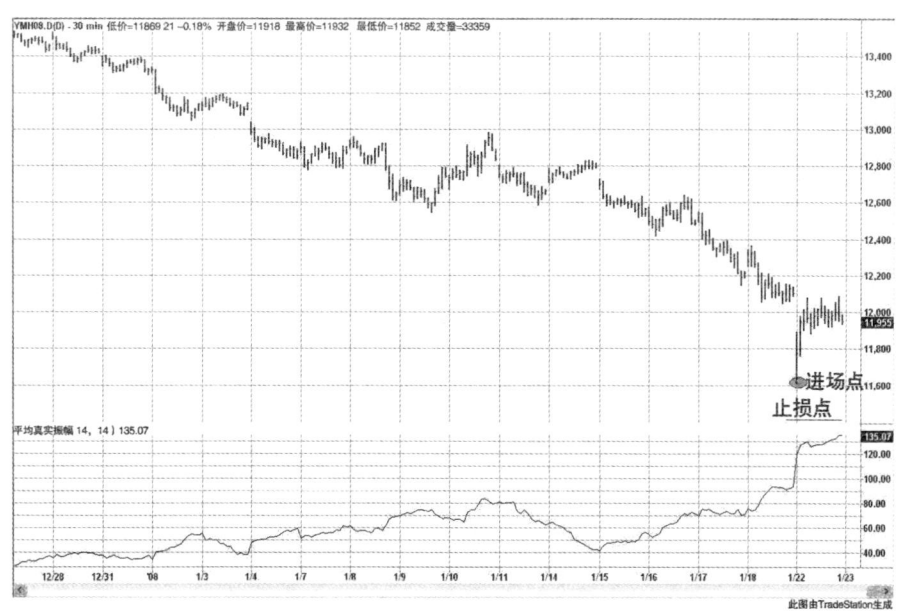

图 12.3　1 月 22 日道琼斯股指期货 30 分钟图

来源：ⓒ TradeStation 技术公司，1999 年，版权所有。

方法 2：固定金额止损

另一种止损方法是固定点数止损或固定金额止损。你可以这样说："我愿意亏损 50 个点，然后就平仓。"也可以这样说："我愿承担 2000 美元的风险。"这两种说法是同一个意思，后一种说法表明你很聪明，知道自己要交易多少份合约，你在理性地交易。如果你持有 10 份合约，每份合约可以接受 50 个点的亏损（相当于每份合约亏损 250 美元），那么就承担的风险就是 2500 美元。所以如果你想把风险保持在 2000 美元以下，那么就只能交易 8 份合约。你可以根据正常情况下的平均真实振幅、标准偏差或你喜欢的方法来确定最大亏损点数。例如：如果你知道一天内正常的波动是 150 个点，然后你用 150 个点加上几十个点，那就是你的最大亏损点数。

方法 3：技术点位止损

在市场中你可用技术点位去选择止损点。技术点位通常指支撑点、阻力点、成交密集区、附近的最高点或附近的最低点。请看下页图 12.4，我可以把前一天的最低点当作止损点。在直线下跌的市场中，恐怕很难找到合适的价位作为止损点，如果有的话，则要善加利用。

方法 4：技术指标止损

另一种方法是用技术指标帮你设置止损点。回到第一个缺口处，请看下页图 12.5 中随机指标的水平线，如果随机指标回调到水平线，也就是最低点附近，你就止损。这类止损点会很难计算你实际上会亏损多少。但是如果具有足够的交易经验，你能更好理解市场和指标的关系，从而估算出自己可能会亏损多少。我估计当市场下跌三四条竹线时（译者注：也就是 K 线）就到了止损点，这样会亏损 200 个点左右。

第十二章 出　场

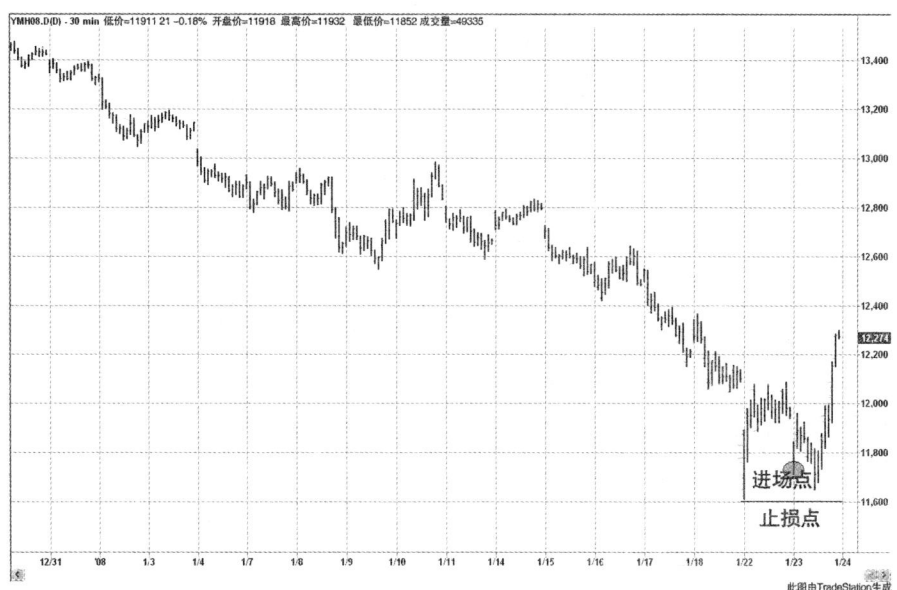

图 12.4　1 月 23 日道琼斯股指期货 30 分钟图

来源：© TradeStation 技术公司，1999 年，版权所有。

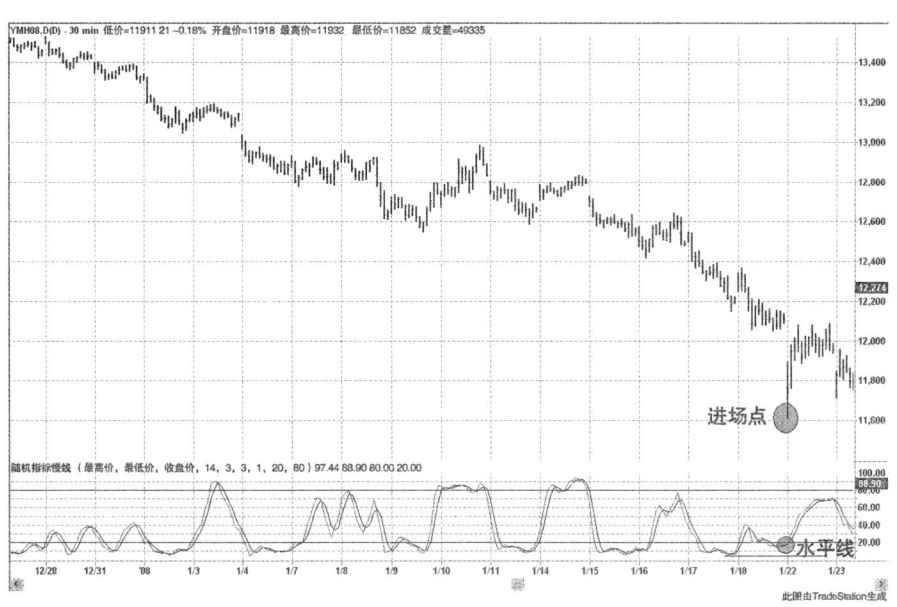

图 12.5　1 月 23 日道琼斯股指期货 30 分钟图

来源：© TradeStation 技术，1999 年，版权所有。

我个人比较喜欢第一种止损方法。但是如果交易不顺的话，我也会考虑其他止损方法。

图 12.6 道琼斯股指期货 5 分钟图，另一笔交易

来源：© TradeStation 技术公司，1999 年，版权所有。

另一笔交易

如果要做日内交易的话，交易机会应该不止一个。让我们假设一下，在两种情况下填平缺口时，你利用缺口做交易，之后出场。因为市场是下跌的，而且刚好补上了缺口，所以我的第一反应是应该做空。对我来说，减息的新闻不是主要因素，因为市场通过向下跳空低开完全摆脱新闻的影响，而且我认为随后的反弹会是出现缺口后的正常技术性反应。

请看图 12.6，假如说当缺口被补上，且随机指标向上穿过超买区时，我在 S1 点处做空。这个点位是 12050 点，止损点则设置在 400 个点之上。作为一名日内交易者，我会在灰色框区域所代表的密集成交区的上方设置止损点，或用随机指标判断，或在最近 2 天的趋势线上方设置止损点。

我也会用 30 分钟图或 60 分钟图来寻找止损点。对于这笔交易，我会在成交密集区上方设置止损点，也就是 12220 点（止损点 1）；当市场下跌时，我会向下移动止损点。目前我是顺势交易的，我的风险是 200 个点，可能的利润是 400 个点，我对这笔交易很满意。当天剩下来的时间里，市场开始震荡下跌，期间两次测试最高点。对于喜欢使用震荡指标的交易者来说，这是个好时机。我保证有很多人总是在顶部买入，在底部卖出的。因为我的仓位并没有被止损，所以对我来说，最好的做法就是持有空头仓位。

疯狂的一天

今天开始写这部分时，市场处在图 12.6 的最右边。庆幸的是，直到写完这本书我才有时间做日内交易，我对持有空头仓位很满意。但是今天，这些做日内交易的人们遭受了很大的亏损。

我把昨天的最高点作为空头仓位的初始止损点（止损点 2）。当我再次进场或市场波动时，会调整止损点。假如说当市场向下突破当天的趋势线时，你想在 S2 点处做空。根据你交易的风格，你可能会把止损点设置在止损点 3 或止损点 4。你赚得越多，你的止损点就可以设置得越远。如果某笔交易只能赚 50 个点，那么就不能接受 200 个点的亏损。就个人而言，我会首先着眼于当日的最低点，然后是前一天的最低点。

如果空头仓位赚钱了，当市场价格向下突破了当日的最低点时，我会考虑加仓，并且会随着趋势线向下移动我的止损点。道琼斯已下跌了300个点，但是最近市场陷入了混乱中，昨天反弹了，但没有继续上涨，而且波动越来越大，所以我认为市场还会下跌。然而，作为一名日内交易者，你需要仔细考虑市场会低到什么程度。这些都涉及设想市场可能的走势，市场越是接近你的目标，市场的走势和你设想的就越相像。有时候市场会下跌500个点左右，实际上这样的下跌在历史上发生过几十次了。虽然你不会每次都能捕捉到这么大的行情，但是市场是可以出现超大行情的。当市场下跌300个点时，很难再加仓，所以我会考虑反向交易。不过如果我加仓了，则会一直紧密关注止损点，以免出错。

不管怎样，在图12.6的最右边所在的时间，我和快2岁的女儿坐在沙发看万众瞩目的《海绵宝宝》，但我却在沙发上睡着了。当我在3：30左右醒来时，很震惊在这期间市场所发生的巨大变化。市场在下跌300个点后，又上涨了将近300个点。请看图12.4或下页图12.7，你会发现这是令人难以置信的收盘前上涨。我也非常震惊地看到，无人看管的小孩已经吃掉了一支黄色蜡笔的一半，她正在试图毁灭证据，在此之前她已经用这支笔做了无数的破坏性工作。

如果你没有设置止损点，如果你不认真交易，是很容易爆仓的。你在上涨趋势中反复做空，以为上涨趋势随时会结束，但结果就是亏钱。如果我现在是空仓的，会考虑在A点和B点（图12.7）处做空，我看好这两个点的模式，止损点还用以前的止损点，但是我有可能已经做错了。

先把市场放到一边，我现在必须向刚做完瑜伽回来的女朋友解释为什么墙壁和西耶娜（Siena）的舌头都是黄的。要知道她刚失业，而且她的股票最近也很低迷，所以她现在脾气不太好。庆幸的是，千色乐（Crayola）蜡笔是一种无毒蜡笔，用一点WD-40清洁液就能从墙上清除掉。解释工作完成以后，我需要检查已经持仓了2周的空头仓位。我已经回吐了600个点的账面利润，这不是小数啊。我再也不想亏损这么多了，600个点的亏损太多了，不过我确实没想到最近的波动如此之大。市场仍在我的止损点下方，但是我需要重新评估这种反弹。市场的主趋势有可能会反转。我要确保不错过任何信息，同样，也需在所有时间框架内复查交易。我会在下一章阐述相关内容。顺便说一下，图12.7中的止损点只能用于日内交易，而不能用于长线交易。

图12.7 道琼斯股指期货5分钟图，反转

来源：© TradeStation 技术公司，1999年，版权所有。

我相信如果其他人写这本书，他将会用事后诸葛亮的方法，用这张图来展示完美的市场计划，如何从A点或更好位置捕捉到整个行情，等等。这就是我觉得很多书是胡说八道的原因。是的，如果你事后到处找指标，不停地调整参数，一定有办法捕捉到行情的底部，但这都是事后才明白的。只有我这样的少数作者才会指出这个问题。我当时正在小睡，所以也不知道在这个底部该如何操作。我确实看见了均线出现了金叉，随机指标出现了买入信号，但是我确信市场到达趋势线并且有一次小回调时，我应该积极做空。我可能会在趋势线上方止损出场，但不太可能做多，因为我还是看空的，并且认为上涨波动很可能失去势头，我可能会再次做空。

我要强调的最后一件事情就是，如果你是活跃的日内交易者，等市场收盘后再去睡觉，否则，你有可能会犯错。

为你的目标点做计划

了解设置止损点的位置仅是一份出场的预先计划。它是交易的防守部分，能防止你爆仓。但是如果你想赚钱，还需了解在盈利交易中如何出场。再次强调，你在开始交易之前就要完成这些工作。当你打算进行交易并估算出愿意承担的风险时，你还要估算出自己会赚多少钱。这比选择止损点难得多。止损点是你在图中能见到的最糟糕的情况，它是指你愿意承担亏损的固定金额。但是，目标点只是你期望市场能够达到某个位置的一种猜测。例如，我在前面讲过，谷物当时到达了历史最高点，但没有任何迹象表明谷物会继续涨多少。也许你可以通过计算来估算下一波行情会涨到哪里，不过，这纯粹是猜测。对于道琼斯，你可以通过模拟测试知道平均每笔交易会盈利 800 个点，但这只是介于盈利 50 个点和 2000 个点之间的中游水平。再次重申，这仅仅是猜测。也许你会认为中国的原油需求会增加，所以做多了原油；但是你并不知道何时需求会变少，也不知道原油的供应情况如何。那么，你该如何估算呢？也许你会使用技术上的支撑点、阻力点、趋势线、斐波那契数字、艾略特波浪理论、各种技术指标，不过大部分都是猜测。如果你判断错误，至少你手头还是有些工具的。我根据支撑点和行情的具体情况认为市场可能会下跌 2000 个点，这也是猜测。我并不知道是否真的会下跌 2000 个点，我只是为自己的交易寻找理由罢了。

如何出场

当你为出场做计划时，也需要计划如何出场。如果你在用一个纯机械系统，确实不需考虑太多，你只要机械地按照信号下单就行了。该出场时自然就出场了。如果你的交易方式和我一样，你需要知道在什么情况下出场。是干旱结束的时候吗？是市场连续 3 天下跌的时候吗？是其他市场反转的那天吗？是市场下跌到 50 天均线以下的时候吗？无论你的出场标准是什么，你都要提前搞清楚。是的，一旦建仓了，你可以根据具体的市场状况改变你的思路，但是在建仓前你必须有一个大致的思路。你在建仓前就要确定这笔交易可能的利润大于你愿意承担的风险。你可以参考我在前面几章节提到的多头交易。我认为市场会创造新高，且风险不大。我做了错误的决策，不过那又怎么样呢？我仍会设法赚钱。我发现市场不会到达我的目标点了，所以我必须重新思考。如果我认为市场会上涨就做多了，但若我没有目标点，那也无法知道自己的对错。

中间区域

接下来讨论最有可能的情况，市场在你的止损点和目标点之间的灰色地带。止损出场是出场的最后一种形式，但是如果仓位没有赚钱的希望，在市场到达止损点之前你就应该出场。你要考虑如果你的目标点没达到，那么你的出场点是什么。在这个灰色地带，赚钱和亏钱是最常发生的。你做了认为是经过深思熟虑的交易，但是现在它却与你计划的完全不同。你要意识到这点，就得出场。市场没到达止损点，还是没到达目标点，这不重要。我已经说了几次了，当你的进场理由不再存在时，你就应该出场。当交易告诉你该出场时，你就需要出场。对于糟糕的交易者来说，在小亏的情况下出场是最难做到的事。他会为自己找理由，比如现在的亏损并不多，比1小时前还少亏了，我想把佣金赚回来再说，反正我设置了止损点。一旦你学会了平掉没希望的仓位，那么就可继续进行下一笔交易。糟糕的交易者很害怕接受亏损，我发现这是人们最难克服的事情之一。不过，学习承担亏损是很重要的。我曾在某处读到亏损对于交易来说就好像吸气和呼气一样；一个人不可能只吸气不呼气，也不可能只呼气不吸气，呼吸是人的天性，交易也是如此，要把亏损理解为交易的天性。交易的关键不是一笔交易赚了或是亏了多少钱，交易的关键是长期的交易行为如何。如果你平均每笔交易的利润在1000美元以上，而且你能长期保持这个能力，那么赚钱的概率就会大大增加。

  还有一种市场走势就是市场接近目标点，并且看起来是正向目标点的方向前进。我会将它看作是一次新交易，必须得重新考虑每一件事。你不必先出场再进场，但是需要重新评估这笔交易。你之前定了一个目标点，且市场到达了这个目标点，现在该怎么办？我持仓的时间是不是太长了？市场依然很好吗？我的目标点太近了吗？我能接受回调吗？我需要移动止损点吗？如何确保不会出错，不会回吐利润呢？有很多要考虑的事情，不过如果你想继续持有的话，则需要重新评估你的仓位。

第十二章 出 场

总结

正如我花了很多时间为进场做计划，观察不同的时间框架，设想不同的市场走势一样，在出场时也要这么做。我不会一时兴起就出场了。我需要出场的理由，就好像开始一笔新交易一样，我会设想市场可能的走势并制定出场计划。出场同进场一样很重要，不能轻视出场策略。我知道在阐述如何在实战中选择止损点和利润目标点时不是很详细——我在第一本书中已经全部阐述了——本章节谈论更多的是出场的原因，以及如何为出场做计划。如果你已经知道为出场做计划需要花费比进场更多的时间，那么我的工作已经完成了。哦，当宝宝附近有蜡笔时，千万不要睡着了。

第十三章 复查和管理

　　市场分析师是指知道为什么市场明天的反应和今天的反应不一样，而且还知道为什么昨天预测的事情今天没有发生的专家。很显然市场分析师很像天气预报员。

　　到目前为止，我已经向你介绍了如何为进场和出场做计划。可是当你进行交易时，时间该如何把握呢？这个时候你不能放松警惕，必须一直复查和管理你的仓位。无论是做日内交易，还是持仓长达数周，都要这么做。你需要一直评估自己的仓位、市场、资金管理、出场点和计划。我在第九章已经谈到了这个问题。

交易开始后

　　如果想成为一名优秀的交易者，你需要一直掌握自己的交易。不仅仅是进场、确定止损点和下出场单，在出场前还有很多工作需要做。是的，在进场前预先制定一个出场计划是非常重要的。然而，市场是动态的，所以你需要不断更新自己的计划。每天晚上在你复查当日的交易并且准备第二天的策略时，花时间去详细检查并复查你的持仓。如果你喜欢，可以观察图表并浏览新闻，然后设想市场可能的走势，移动止损点和目标点，做出必要的调整。

我昨天平掉了空头仓位，是赚钱的。我的建仓点是12712，赚了400个点——我并没有赚到预想中的几千个点的利润。市场发生了变化，我越来越担心市场可能会反弹，我不想等到止损点出场。目前，我正在寻找新的做空机会，但我想等到美国联邦公开市场委员会召开会议并发布利率通知后再寻找机会进场。

我总是在复查和管理自己的仓位之后才出场的，特此作为上一段的说明。

从上次停下来的地方继续讲解，我发现市场出现了巨大的日内反转。在当晚我查看仓位时，市场仍在最初止损点内，但是我仍然很担心，因为市场多次表明这种波动可能意味着反转。通过下页图13.1可看出行情结束的迹象。从这张周线图可以看到，市场向下突破了5年趋势线。不过，我看到了市场在斐波那契38%回调线上惊人的反弹。也许你会怀疑，但市场回调到了这个价位常常能上涨。还有其他因素也让我决定出场。我担心下页图13.2中的随机指标可能突破超卖价位，并且趋势线提示是时候出场了。

正如你在图13.2中看到的，趋势线1太远了，市场有可能上涨到趋势线1；趋势线2太陡，而不利于设置跟踪止损点，市场能很轻松地向上刺破趋势线2。对均线来说也是如此，因为以前市场大跌离它们太远，并且很可能快速弹回。

我把真实的止损单设置在成交密集区的上方（图13.2中椭圆处的止损点），对于长线仓位来说，这里是最恰当的止损位置。然而，最近市场大跌，这个止损点看起来有点远。虽然这个价位和我的进场价位差不多了，但是我也不想回吐太多利润。

第十三章 复查和管理

图 13.1　道琼斯周线图，斐波那契回调线

来源：© Tradestation 技术公司，1999 年，版权所有。

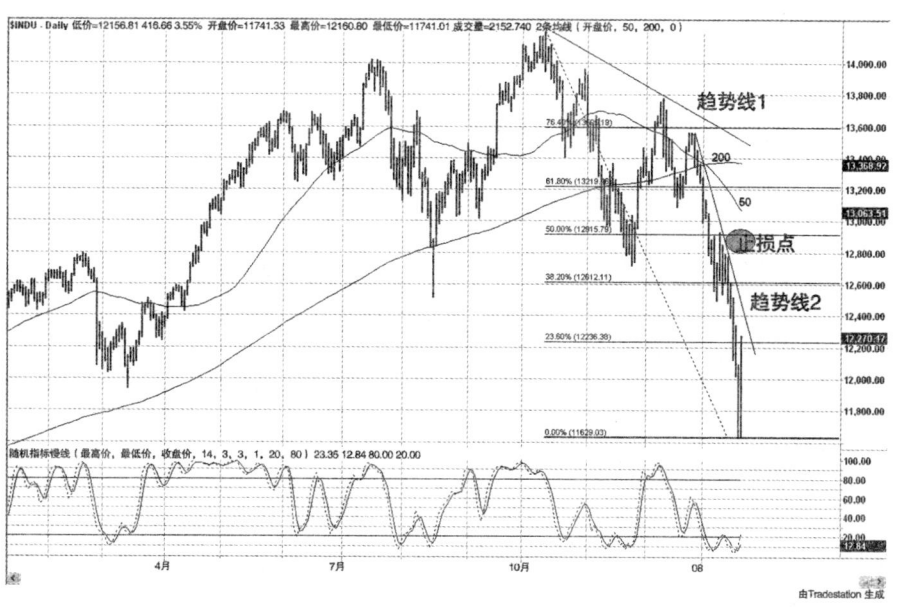

图 13.2　道琼斯日线图，出场原因

来源：© Tradestation 技术公司，1999 年，版权所有。

虽然市场还没有到达止损点，不过我还是要谨慎行事，不要转盈为亏。这不意味着我一定要出场，但需要保持敏感，如果持仓的理由不存在了（开始重新考虑），我就出场。在我脑海中隐约出现一件事，美联储有望在2天后即将召开的美联储公开市场委员会会议上宣布降息，市场大众一致认为会降50个基点。如果真是这样，市场有可能上涨。但是，我认为在召开会议前市场就会在流言中上涨，等会议召开后公布相关信息时，如果市场涨不上去，就会选择下跌。市场还有其他的可能走势，我会迟点再谈。

我还想看看从10月份的最高点到现在的最低点（图13.2）的斐波那契回调。我估计市场会上涨并测试回调38%这个价位，这个价位比市价高340个点。不到万不得已，我也不想放弃。

在出现了巨大的日内波动的那天晚上，为了复查自己的仓位，我观察了60分钟图（下页图13.3），并仔细琢磨出场点。我画出了一条向下的趋势线，决定如果市场向上突破这个价位，我会在价格到达主要止损点之前就出场。虽然看上去趋势线很明显，可是别忘了它是60分钟图，60分钟图中的趋势线肯定没有日线图中的趋势线强。日线图中的趋势线太陡了，市场可以轻松地向上刺破它，但是因为疑虑，我需要一个更紧密的出场位置。

虽然市场在第二天（1月24日）上涨了，但是震荡比较明显（见下页图13.4中的阴影部分），市场收盘在趋势线下面一点点。市场接近我的止损点，但未到我的止损点，我的止损点是一个缓冲。

第三天是至关重要的一天。那天早晨，我认为市场会向上跳空高开100个点（图13.4的价位A），并且在我止损点（止损点1）之上。因为我制定了行动计划，所以决定取消这个止损点，并用30分钟缺口交易模式出场。

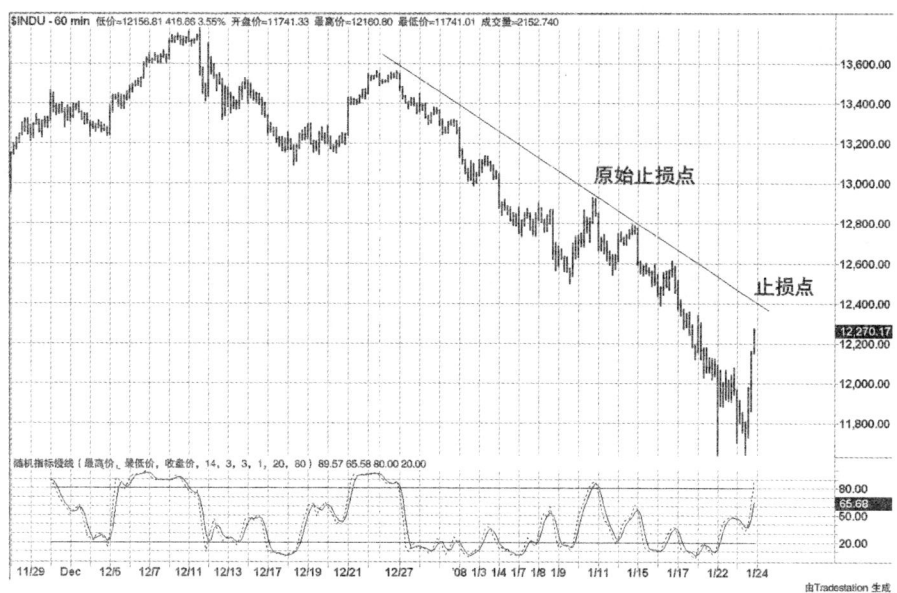

图 13.3 道琼斯 60 分钟图,越过止损点

来源:© Tradestation 技术公司,1999 年,版权所有。

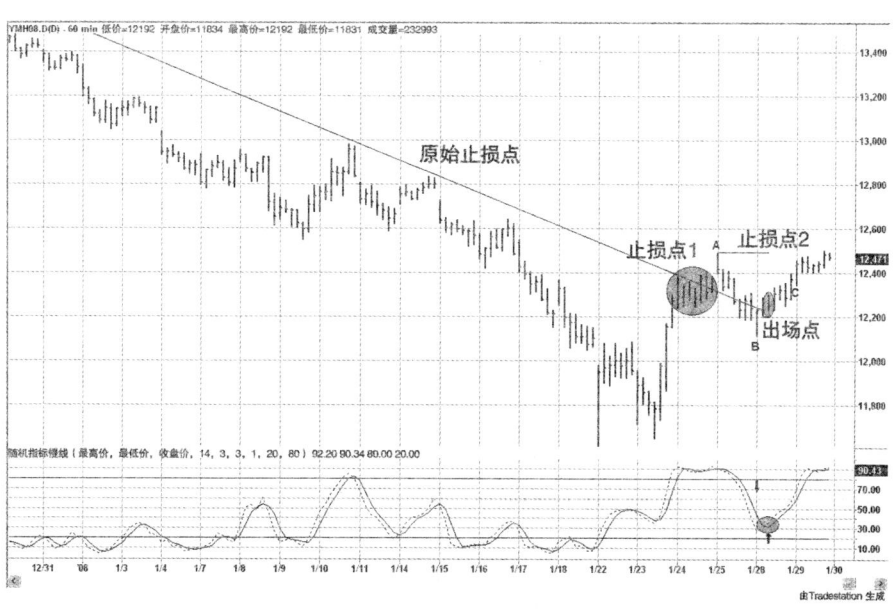

图 13.4 道琼斯股指期货 60 分钟图,微调出场点

来源:© Tradestation 技术公司,1999 年,版权所有。

如果30分钟后市场比开盘价高，无论如何我都会出场。不过我内心还是希望市场能回补缺口并走低——市场确实是这么走的。在当晚进行复查时，我决定把止损点提高到当天的最高点，这个最高点只比前一天的最高点高一点点。我很少提高止损点，但这次这样做在技术层面上说是可行的。

此时，我有点自鸣得意。但是第四天早晨（B点所在的价位），市场以稍低价位开盘。根据这个信息，我是这样设想的：如果市场下跌到前一天的最低点之下，我会加1/3仓；如果市场上涨，我就止损。这笔交易中，我的止损点很近，是个难得的机会。我觉得60分钟图的随机指标有下降的空间，我很喜欢这点，也许最近的反弹只是噪音。我希望昨天的下跌是反转。不过我没抓住机会，因为我为空头仓位设置了止损点，如果市场在开盘后上涨，我不会增加空头仓位。如果市场先反弹后下跌，当它跌到最低点之下时，我会加仓做空。

实际情况是，市场在开盘时下跌了，但不久之后就转势，然后在当天剩余时间里一直上涨。当价格突破昨天的最低点时，我增加了空头仓位，但是当市场上涨时，我就快速止损出场了，我亏损了55个点。随后当随机指标上涨时，我就清仓了。整笔交易我赚了435个点的利润。虽然没达到我所期望的利润，不过仍算是不错的交易。后来市场强势上涨，涨到了C点，相对来说，我的出场价格还是很不错的。

展望未来

这让我想了一晚上。我觉得明天美联储会宣布降息。我仍想做空，不过此时很关键，我要制定很多计划，然后再看是否可以安心地做空。如果市场出现不同走势，我必须做好应对计划。这点我已经讲过了，就不再用5页纸来重复了。市场可能会出现以下状况：

◇ 降息50个基点，市场反弹或下跌。
◇ 如果降息25个基点，市场会骤然下跌。
◇ 如果降息75个基点，我相信你会看到急剧上涨，之后，当人们意识到美联储对经济感到非常紧张，而且经济衰退快要到来了的时候，市场会下跌。

最棘手的是他们是否会按照预计的那样降息50个基点。如果市场下跌，我的反应是找个位置做空；如果市场是反弹的，我会在反弹中找一个价位做空。如果市场直线上升，我会坐在场外观望。我会用斐波那契回调线作为我的最初止损区。现在太晚了，我想上床睡觉了。我会让你知道明天会发生什么。

事实上现在已经是两天后，我昨天没时间写作，但是新闻如我所期望的那样，美联储宣布降息50个基点，市场根据新闻反弹了230个点。然而，反弹并没有保持住，在收盘时市场较昨天的收盘价又下降了35个点。因为人们担心经济处在危险中，所以在交易的最后1个小时下跌了几百个点。请看道琼斯股指期货5分钟图（下页图13.5），因为市场向下突破了趋势线X，我就在12592点做空了。在收盘时看起来形势还不错，我就持仓过夜了。

我在头一天晚上分析了市场，细节就不讲了，总之，我把止损点设置在最高点。然而，今天早晨，市场向下跳空低开，缺口有150个点（见下页图13.6），我需要仔细考虑一下。

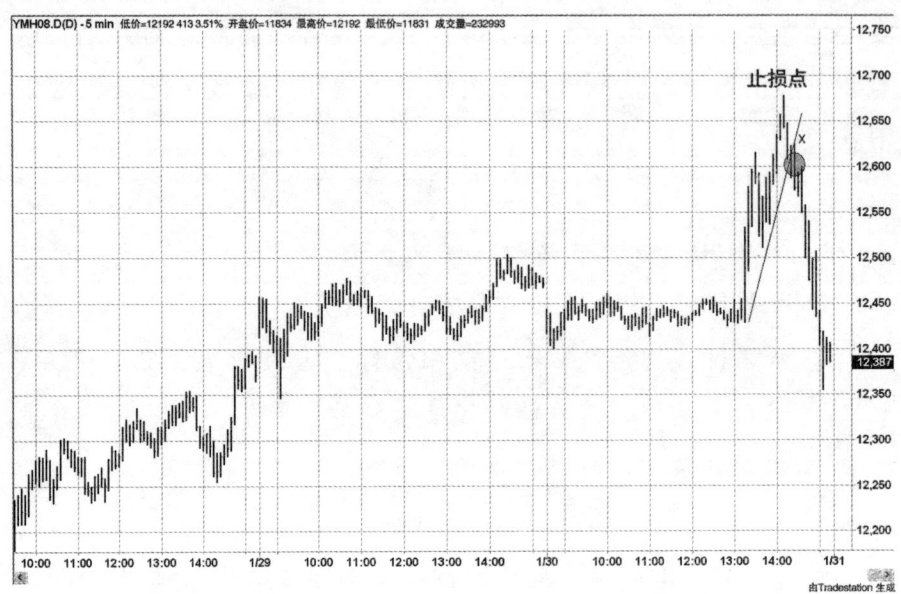

图 13.5　1 月 30 日道琼斯股指期货 5 分钟图

来源：© Tradestation 技术公司，1999 年，版权所有。

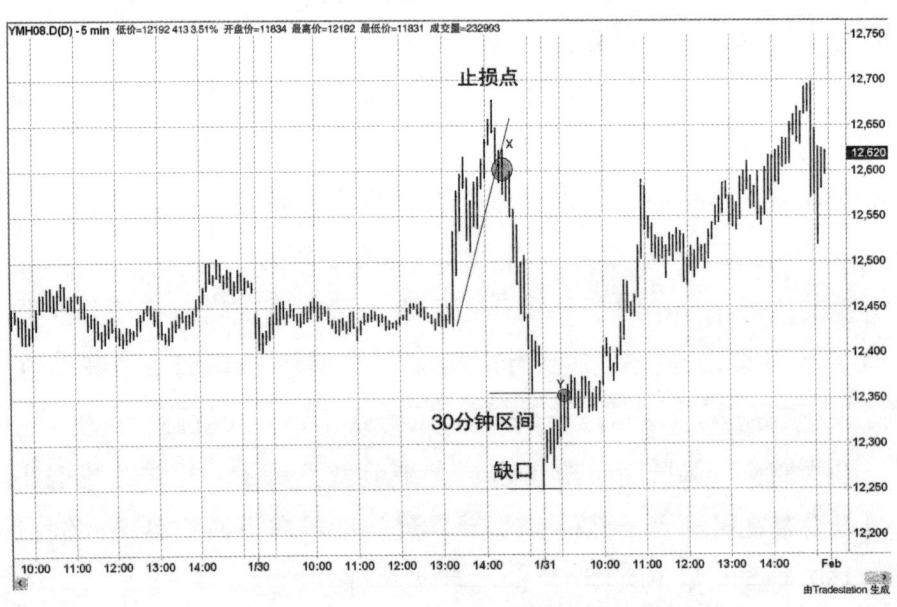

图 13.6　1 月 31 日道琼斯股指期货 5 分钟图

来源：© Tradestation 技术公司，1999 年，版权所有。

我的第一反应是想和女儿跳"赚钱了"这支舞，但是，我发现市场补上了缺口以后还在继续上涨。因此，我决定用30分钟突破模式来止损，这会带来利润，只是没有想象中的那么多。如果我止损出场了，则会重新评估并再次做空。我在 Y 点出场了，且很满意，市场反弹后补上了缺口；当投资者认为降息确实会造成影响时，市场又反弹了200个点，并强势收盘。

浮躁的交易者会发现在这样的市场中无法做长线。市场每天的日内波动太大了，而且新闻也没有任何特点。分析师只能在市场收盘后才能找到当天市场走势的原因。然而，我发现利用开盘跳空缺口模式做交易效果非常好，我准备积极地利用这个模式做交易。你也许会觉得我刚刚所写的大部分内容好像属于其他章节，如设想市场可能的走势、进场或出场；但是我想强调的是，当你坚持检查市场和交易时，你的思路会更清晰。我刚注意到早盘的缺口交易就像课本中的案例一样符合标准。只要你能找到有用的模式时，就可以大胆地利用这些模式做交易。这几笔交易的止损都不算大，事实上结果都不错。所以，你要不同地分析，一旦发现了赚钱的模式，就要充分利用这个优势。也许你认为我应该更加积极地去交易，但是我会担心这些优势可能会不复存在了。

至于我的长线观点，还是看空的，但是，我要等待最近的上涨行情结束后再考虑进场。

复查你的交易

这不仅仅是每晚对你的仓位进行简单的复查。你应该复查交易的每个方面——包括进场点、出场点、交易和资金管理计划。如果只是进行交易，你不会成为优秀的交易者，你要有求知的欲望。只要每天花一点时间去检查你的交易情况，你就会变成一名优秀的交易者。有很多事情需要检查，但是不用花太长时间，而且很值得这样做。

复查

复查不是你在市场收盘时才做的事情，在交易时间也应该这样做。市场一直在变化，也许市场在开盘时是下跌的，但市场随时会转向。你应该每天花点时间来多次复查自己的仓位和市场。如果你跟不上市场，可能会增加亏损的概率。

已平仓的交易

在每天收盘时，我会复查所做的每笔交易并且争取从中学到一些东西。我要弄明白进场和出场的原因。我要确信已经坚持采用了我的止损点、目标点和计划。我还要弄清楚我的资金管理计划是否明智。我一直在成长，最好的学习方法就是复查交易以找到自己的优势和劣势。你在收盘后学到的东西要比在盘中学到的多，你从已经平仓的交易中学到的东西要比持仓的交易中学到的多。具体原因是当你持有仓位时，你的观点离不开你的仓位，你的思路会偏向于你的仓位；当你空仓时，你的思路比较客观，就能清楚地看出自己的对错。在平仓后，仅仅完成交易记录还是不够的，你要确保从交易中学到东西。

管理仓位大小

暂且不谈是否继续持有仓位，或移动止损点等等，有一个关键的工作就是要确定仓位大小。当你建仓时交易才刚刚开始，在平仓前需要精心照顾你的仓位。进场和出场算是比较简单的，等你水平提高了，还要学习如何逐级加仓和逐级平仓。在有优势时，你要增加仓位；当情况变糟时，你要减少仓位。

当我有持仓时，每天晚上就会从加仓和减仓的角度来思考。

如果要加仓，我会把这个新加的仓位当作新的交易来对待，或者找到一个新的进场理由。我不会随机增加数量。除非是预先计划好的，否则，我的加仓量不会超过初始仓位的，我正常的加仓量是初始仓位的1/3或1/2。很多次我寻找时机全力进场，在设想的市场走势出现之前，我会先建立一个小的仓位。等期待的市场走势出现时我再建立正常大小的仓位。这是预先计划好的，我不会随便加仓的。另外，在获利的前提下，我会用金字塔加仓的方式少量加仓。

加仓经常会出错。人们总是顺势加仓的，这样仓位会越来越重，往往仓位最重的时候正好是市场要反转的时候，这样就会面对不利的局面。也就是说，本来他们的初始仓位是很赚钱的，但加仓的最终结果却是亏损的。最糟糕的是有些人喜欢向下摊平成本。作为一名交易者，一条最终会使你赚钱的简单规则是：不要向下摊平成本。

减仓比加仓还要困难。如果市场沿着你的建仓方向波动，你是想顺其自然还是先兑现部分利润？这种情况下不好做决定，你会觉得这两种做法都有道理，而犹豫不决。对我来说，平掉部分仓位是最难做的事情之一。既然我持有仓位，这就意味着我喜欢我的仓位，那么为什么要平掉部分仓位呢？如果我平掉了部分仓位，那么为什么不彻底清仓呢？如果仓位出现了亏损，我只平掉部分仓位，那么行情必须放大1倍的波幅才能赢回我的钱。

减仓的理由有这些：第一，如果风险或波动性增加了，因为你不再是承担相同数量的风险，所以，你必须移动止损点并同时减仓；第二，如果市场到了你的目标点，不过还有继续赚钱的可能性，你可以通过减仓来处理这个问题，由于市场已经到了目标点，你兑现了利润，再用剩下来的仓位作为资本争取获得额外的利润，即使剩下来的仓位没继续赚钱，你总体还是赚钱的；第三，你想继续持有目前的仓位，同时又发现了其他的交易机会，这时你可以减仓，用部分资金参与新的交易；第四，你的仓位是亏损的，或者市场不如人意，但是你又怕错过了机会，此时可以通过减仓来减少风险。

多种仓位

下面讨论持有多个品种时要做的工作。照看一个品种已是很难的事了。不过对于那些同时持有多个品种的人来说，确实每晚需要仔细检查。活跃地交易 10 个品种比交易 1 个品种要难得多，因此，我的准备工作必须做得更好。你必须每天制定完善的计划。如果你持有多个品种，行动计划会让你变得轻松一些。如果没有花时间认真检查你的持仓品种，那你在做交易时会有点困难。

有一点很关键，当你持有 10 个品种并亏钱时，要知道先平掉哪个仓位。约翰喜欢平掉最赚钱的品种，能锁定利润，并期望其他品种会回本。正确的做法正好是相反的。在复查仓位时，你要将它们按盈亏排列，这样就能知道应该先平掉哪个品种的仓位。

你交易的市场

由于你会发现有些市场比其他市场好赚钱，因此需要观察并记录不同市场的特征。你要积极投资于曾经做得不错的市场。对于总是亏钱的市场，也许你要回避一下。这里的市场不仅仅指不同的股票和期货，还指不同的市场状况。如果你通过观察发现自己善于顺势而为，那么就应该积极地寻找有趋势的市场。你还可以进一步分析在上涨的市场中该如何操作，在下跌的市场中该如何操作。也许你还会发现有些期货在震荡的市场中比较好赚钱，而其他品种则趋势明显。通过检查你的交易和市场行情，你能发现很多过去曾经忽略的东西。

资金管理

我会在本书后面用一章来阐述资金管理，因此在这里仅简单讲讲。你复查交易的目的就是确保坚持你的资金管理计划。我有很多次从1万美元开始交易的，结果总是爆仓。我研究生毕业后就拿了1万美元开始交易。我制定一些重要的资金管理公式，并开始交易。我赚钱了，账户变成了2万。但是，我不断加仓，持有的合约数越来越多。我刚建仓时只持有2份迷你合约，后来增加到了五六份合约，最多时我持有10份合约。我的账户确实翻番了，但是我承担的风险是正常风险的3—5倍。当不可避免的大跌来临时，没用多久我的账户就降到了3000美元。于是我开始交易4份合约，我想让账户回到1万美元。此时，我的资金只有3000美元，是原来1万美元的1/3，承担的风险则是原来风险的2倍。我完全改变了我的资金管理策略，但自己却不知道，心里还在嘀咕为何自己总是亏钱。我发现很多人都是这样，你要避免这种可怕的状况。如果你花时间去检查你的资金管理规则并知道如何回应它们，在你违反了资金管理规则时勇于承认错误，就会越做越好。但是，最困难部分就是无论在赢钱或亏钱时都要有自律性以坚持计划。

做交易日记

我强烈建议你将交易的方方面面都记录在交易日记里。对于那些懒惰而不想这样做的人，因为你不够优秀，动作缓慢，很快就会付出代价。如果你写下你做的每件事情及其原因，就会学到很多东西。即使你不想记下每件事，但至少应该记下一些交易心得。你要了解的事情如下：

◇ 我为什么要做这笔交易？
◇ 我是不是太激进了？

◇ 我持仓时间太长了吗？
◇ 我没有制定行动计划吗？
◇ 我遵守了行动计划吗？
◇ 我的仓位合适吗？
◇ 我承担了太多的风险吗？
◇ 我有充分的交易理由吗？
◇ 我很幸运或聪明吗？
◇ 我赚钱了吗？
◇ 我做错了什么吗？

你可以提出更多的问题，如果你能回答这些问题，那么就会开始就看到自己的交易模式，这样就能成为一名优秀的交易者。只要是对你有帮助的东西，你都要记下来。例如："由于感到恐慌，市场还没到止损点，我就出场了。"或"因为我的止损点太近了，我被止损出场了。"你要定期翻看这些记录，那么就能看到你的交易模式。

你为什么进行交易

你在检查仓位和交易时，如果必须问自己一个问题，那么我认为这个问题应该是"你为什么进行这笔交易？"在真正进行交易前，你应该先问自己这个问题。但是，在交易结束后，知道自己为什么进行交易同样很重要。你在交易时常常会冲动交易或感情用事；只有在收盘后，你才能冷静下来。如果你发现持仓是亏损的，就要出场，不能死守仓位并为自己辩护。本书的主要目的是让你知道进行每笔交易都需要理由。如果你从一开始就做记录，那么就能看到自己是否实现了这个目标。

我的交易计划起作用吗

我想重点谈谈复查的最后部分——操作计划和交易计划。如果两个计划都不起作用，那么你一分钱都赚不到。也许你会认为你有一个非常好的交易计划，并且你的操作计划也是完美的，但是它们确实如此吗？如果你按照你的交易计划做交易，但没有赚钱，那可能是你的计划本身出现了问题。也许你要花时间重新评估一下，并想想为什么计划不像预期的那样起作用。对你的行动计划也是如此。如果定期复查计划，你会发现其中的一些缺陷。然而，在复查交易时，你需要考虑的另一个问题是：你是否有自律性，从而制定计划并遵守计划。也许你制定了个很好的交易计划和操作计划，但是你没有自律性，无法遵守这些计划。你可能认为遵守了计划，但是在复查交易时你会发现并没有按计划行事，要么改动了止损点，要么仓位太重了。除非你一直在复查，否则决不会知道这件事情。

总结

要想成为成功的交易者，找到了好的建仓点还不够，你还需要知道如何精心照顾你的仓位并从中学到知识。一旦开始了交易，决不能忽视这点。市场的某些状况一定会让你出场，得到一个好的价格，甚至会改变你对市场的观点。如果遵照本书，你得开始每晚都做准备工作，即为第二天的交易做准备。在做准备工作时，确保花一定时间回顾你所有的交易、总结市场表现、反省自己、复查计划。不要认为没什么可学的，万事万物都能让你学到一些东西。记住：你学到的越多，你的交易就做得越好。

第十四章　怎样防止过度交易

　　如果你的收件箱中收到的交易确认单比你去年收到的所有垃圾邮件还要多，如果你几乎持有了所有的上市股票，如果你的经纪人发来他的孩子在大学校园里的照片来感谢你作为他的客户，这说明你交易得太频繁了。

　　交易者所犯的致命错误之一就是过度交易。这个大问题也一直困扰着我。过度交易可以有多种形式，但是最简单的一种形式就是不停地交易，即一笔接着一笔交易，没有停歇。对于有些高频交易者来说，不停的交易是他们的某种策略。但对于大多数人来说，这表明他们缺少纪律，同时也会贡献大量的佣金给经纪公司。过度交易的形式之一是同时持有太多品种。从某种程度上来说，品种太多会使你分心，而且难以管理。有些人可以同时持有4个品种，而有些人却可以同时持有20个品种。不管是哪种情况，一旦品种过多，超出了你的极限，你的交易就会出问题。另一种过度交易的形式是仓位太重，风险太大。如果你的仓位太重，你就无法做出理智的决策，我经常遇到这样的问题。重仓交易有时候确实会让你大赚的，但是长期做下来，你会被打回原形的。

我可以毫不避讳地说,以上所述的所有错误我都犯过,我曾经很懊悔。

为什么要制定计划

我认为制定计划的最重要原因之一是它能够防止你过度交易。实际上,我应该说它肯定可以防止你进行过度交易。过度交易者总会想方设法地使用以前用过的方法,我迟点再解释。如果事先制定好每天的计划,你就不会过度交易。如果每次进场和出场都必须有一个理由,那么与任意交易相比,你的交易次数就会减少。如果过度交易者想要减少交易,并想成为伟大的交易者,那么他们要比任何人都需要交易计划和行动计划。这一点太重要了,所以我再次强调:如果过度交易者想要减少交易,并想成为伟大的交易者,那么他们要比任何人都需要交易计划和操作计划。

不要自欺欺人

一些糟糕的交易者非常无知,他们认为只要遵守了交易计划,他们就不是过度交易。然而,如果规则和参数都是错的,他们就是在过度交易。这种情况比你想象的还要普遍。如果你的交易计划是同时持有5只股票,一共持有20000股,每只股票的风险是2000美元,但是如果你交易不利的话,麻烦就大了。你可能会根据同样的参数和计划把越来越多的股票作为自选股,你想交易所有的股票。你会认为这么做是对的,因为这在你的计划之列,可是不要自欺欺人了。你要确保你的计划是考虑周全的,如果计划导致你的风险过大,就会让自己遭受打击的。

不要总在市场内

我过去就像一部交易机器,一直在寻找交易机会。如果我没在市场中做多,就会做空,因为如果我不想做多,那么做空一定是个很好的选择。我不知道空仓观望并坐等好交易自动找上门。我的系统是连续在市系统,遇到信号时反转仓位就行了。只要是提供保证金交易的市场,我都会这么做。

对于这样的连续在市系统,如果模拟测试没问题,有些人能用这样的系统成功地赚钱。没有合适策略的交易者无法取得成功的原因在于他们总是追涨杀跌,但总是出错。他们不知道怎样处理亏损,所以在连续做了12笔失败的交易之后,最终还想试图使交易成功。在震荡的市场中,或当遭受亏损的交易者面对压力加倍持仓并试图弥补亏损时,这种情况会频繁发生。

下面举个例子,请看下页图14.1,这是标准普尔的图表,图表显示的是一个震荡的市场行情。假如说约翰在早晨市场开盘走势弱(S1)的情况下贸然做空了2份合约。他坚信自己是对的,他一直持有,最终亏损了10个点,于是他在B1处转而做多。现在他认为市场会上涨,为了快速挽回亏损,他购买了4份合约。这时市场又下跌了,约翰很恐慌,他认为自己第一次的选择才是正确的,所以他在S2处做空了6份合约。但是他又做了错误的选择,因为市场此时开始上涨,所以,他又在B2处购买了8份合约。他就这样反反复复地交易。在当日收盘时,他交易了4393份合约,他的行为属于过度交易,他犯了两种过度交易的错误。第一种错误是交易笔数太多了,第二种错误是交易的合约数量过多了。这两种错误的打击都是巨大的。

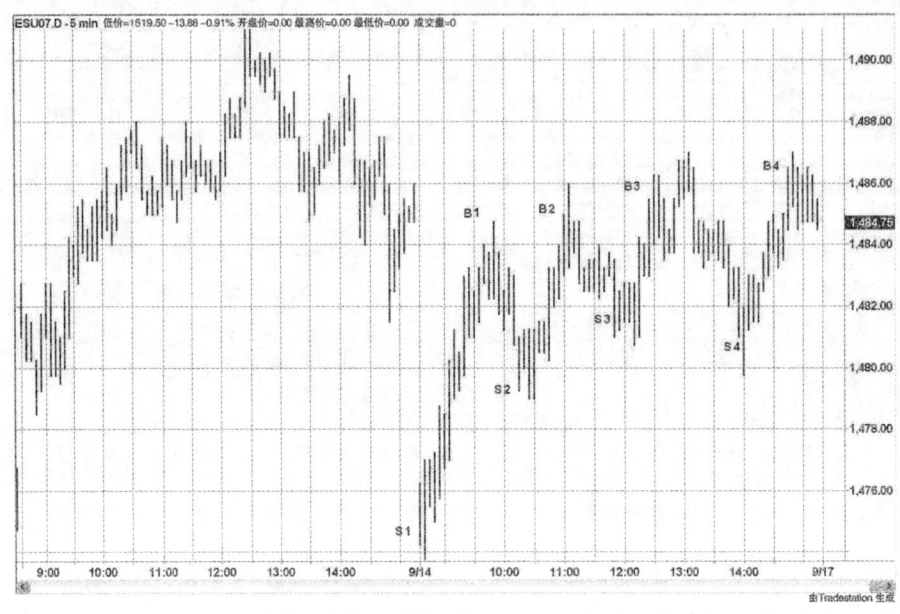

图 14.1　标准普尔股指期货 5 分钟图，震荡的市场

来源：© Tradestation 技术公司，1999 年，版权所有。

在震荡的市场中，最佳的交易方式就是与约翰的方法相反。你应该低买高卖。通过制定行动计划，可以防止出错。你可以按照纪律来实施计划，但是大部分过度交易者都缺少纪律。如果你一天内亏损了 X 美元或者连续 4 笔亏损，也许你的计划就应该叫你停止交易了。也可以说，任何时刻都不要持有 5 份以上的合约。对你来说，这是最有用也是最直接的方法。但是，如果你已经为当日的交易做了充分准备，那么，行动计划也会以其他方式帮助你。

接下来我会叙述一下在日内交易中如何将哈利的交易次数减半并且愉快地结束当日的交易。哈利观察了市场的全局图（下页图14.2）并制定了行动计划，知道长期趋势是上涨的。市场前不久是下跌的，但是现在看起来可能会上涨。他也知道这是个成交密集区，市场可能会震荡。他的行动计划就是当标准普尔回调时买入。因为他只做多，不做空，所以他是可以降低一半仓位的。因为他认为市场可能是震荡的,所以他想利用随机指标来确定底部并在底部买入,然后在可能的顶部出场,出场后再等待下一次买入机会。如果判断错误,他会设置一个初始止损单,这个止损单会在开盘30分钟后市价低于当天最低价的情况下止损(译者注:这里有点矛盾,按理说,不到临近收盘时,我们是不知道当天的最低点的)。

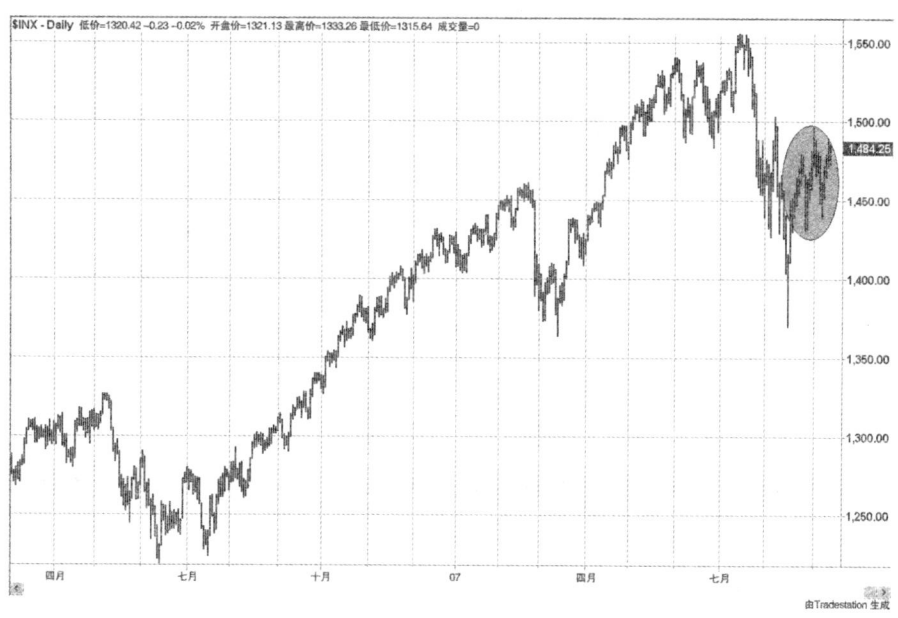

图 14.2　标准普尔日线图,了解全局情况

来源:© Tradestation 技术公司,1999 年,版权所有。

他在这一天的交易情况如下页图 14.3 所示,他会在跳空缺口处(B1)买入,当随机指标转头向下时(X1)就出场。这种方式可以反复使用,在 B2—B4 处买入,在 X2—X4 处平仓。在这样的市场中随机指标非常奏效。如果市场强势上涨,问题就会油然而生,随机指标不会下跌了——你会错过一半的行情。

如果你既做多又做空,思路与哈利一样,即使你的交易笔数与喜欢追涨杀跌的约翰的交易笔数相同,由于你有个对这类市场奏效的策略，且有自律性，并能控制好仓位大小，你的交易也是合理的，不是过度交易。

尽管在市场中连续地做多和做空可让你赚钱，但我觉得最好只选择一个方面，当你出场时，可以休息一下，不必反转仓位。但是，这都取决于市场的具体情况。无论你的交易计划如何，事先知道怎样做才会更容易地控制你自己。

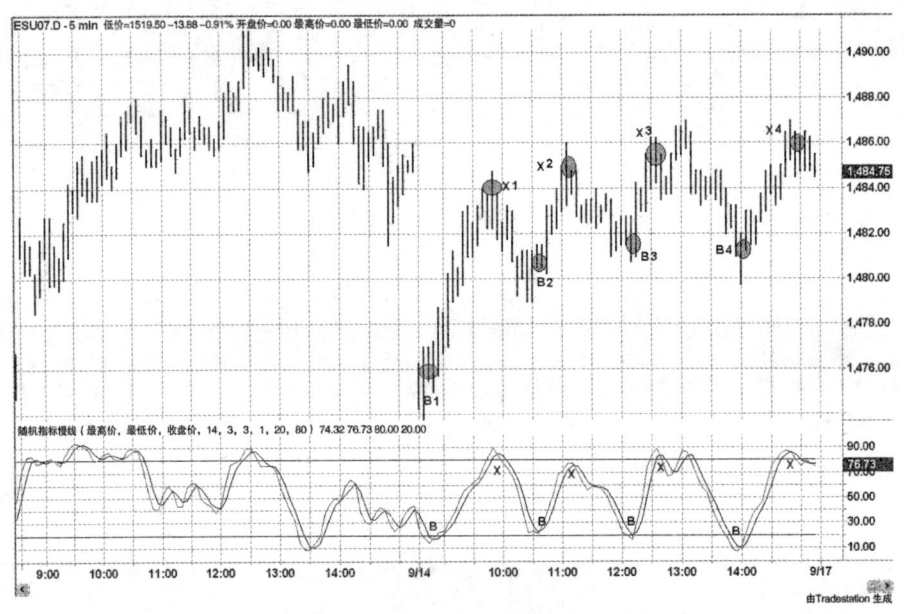

图 14.3　在震荡的市场中正确地交易

来源：© Tradestation 技术公司，1999 年，版权所有。

我用 5 分钟图举一个例子，但是你可以在 60 分钟图或日线图中看到相同的模式。使用长期图（下页图 14.4）的目的是确定震荡区间，就是我在图上画出支撑线和阻力线的区域。你可能不知道这个区域就是震荡区间，但是当市场走到 X 点附近时你可能会意识到这是震荡区间，因为市场没有向下突破前面的最低点。一旦你确定了这是震荡区间，想在底部附近买入，在顶部附近卖出，并且会在震荡区间的边缘外设定止损点,你就不会在震荡区间的中间交易。一旦市场突破了这个区间,你就必须改变策略。但是,如果你设置了止损点,那么就有了保障。

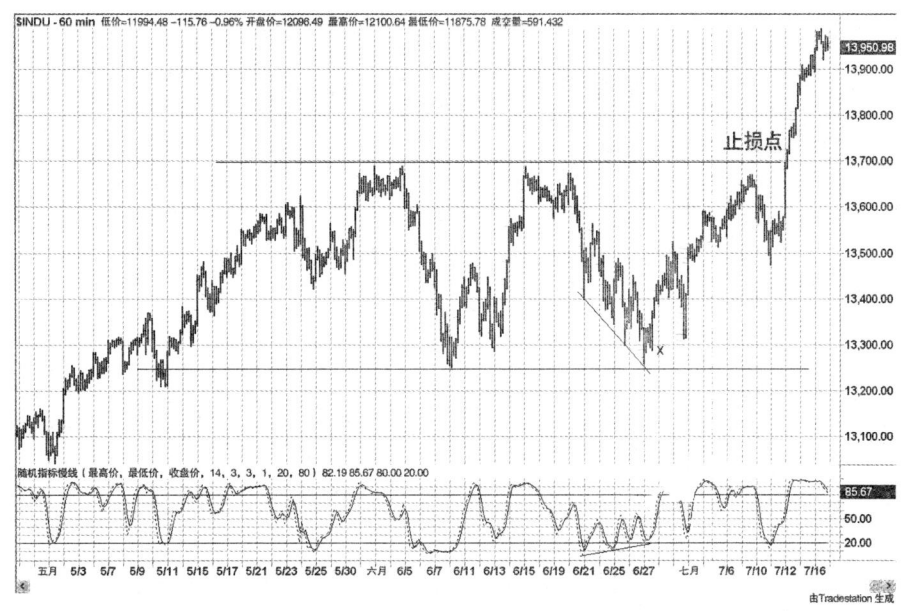

图 14.4　道琼斯 60 分钟图,长期的震荡市场

来源:© Tradestation 技术公司,1999 年,版权所有。

不要持有很多品种

一般来说,持有很多品种和同时观察很多市场会导致同样的后果。在这两种情况下,你都要做很多工作,所以无法集中精力做交易。

如果你一直在寻找交易品种或同时持有 15 个品种时,你的交易就会变糟,利润也会减少。唯一的例外情况就是你有一个电脑交易系统,它可以帮你监控不同的市场并给出买入和卖出信号,这样，你的工作就是按系统信号执行交易，因此，你能轻松地管理很多仓位。不过在这种情况下，你就算不上是交易者了，只是纯粹地执行交易信号。

即使你不必到处寻找交易机会，也并没有摆脱困境。你必须监控总风险和总仓位大小。但是，当你必须监控风险和仓位大小、寻找交易机会、跟踪很多品种的时候，最终你会发现这太忙了。因为你无法集中精力，所以就会错过一些本不该错过的东西。这就是为什么我建议你将某些参数放入交易计划当中，因为它们会告诉你应该关注哪些品种。如果没有这些参数，你就不知道自己能管理的品种数量。

如果你的操作计划在这点上帮到你，你可以说："我今天只交易我所关注的8个市场，如果市场满足我的条件，我就进场。"当然，可能会错过很多交易机会，但是只要你能管理好自己的交易，就能做得更好。如果你的操作计划中没有这方面的内容，就要花很多时间寻找交易品种和交易机会。如果你持有12个隔夜仓位，管理起来就比较困难，当这12个品种同时亏损，你要全部清仓的时候就更麻烦了。

有一点要注意的是，隔夜仓中有12只任意股票与12只半导体股票略有不同。12只半导体股票相当于仓位太重了，风险太大了。有些人喜欢用这种方式交易，而其他人则喜欢找到领头羊并建立一个很大的仓位。管理一个仓位比较容易，然而，当外界的风险影响到12只走势趋于一致的股票时，这个风险会扩散得更快。请记住，交易的品种越多，你支付的佣金也会越多。

交易计划和操作计划的作用是，当为交易做准备时，你要假设自己是空仓的，就会按照计划观察市场并挑选最好的机会。假如说，你看中了20个品种，但是你的交易计划要求你在任何时刻最多只能持有6个品种，所以，你必须将最好的品种找出来。在这20个品种中,哪些品种使你赚钱的概率更大。在交易很多品种的时候,我会给品种评级,从一星级到五星级,一星级最差,五星级最好,我一般会选择评级为四星级和五星级的品种,并放弃其他品种,这能使我避免一次持有太多的品种。因为我平时只交易1个品种,除非其他品种出现了极好的机会,我会跑过去操作几笔,所以说,我是不会同时持有太多品种的。大多时候,我只交易道琼斯股指期货和标准普尔股指期货,在我眼里,这两个市场几乎是一样的。

若持有太多品种,你更需要一个操作计划

从另一方面来说,如果你是一个过度交易者,持有很多品种过夜,当你回到家里时,还在寻找新的交易机会,这真的是自找麻烦。我不建议你这样做,如果你有一个很好的行动计划,至少你的生活也会轻松些。希望你能尽快明白,持有少量品种,保持简单才是最好的方法。假如说,目前你还是持有了很多品种。

首先,在计划中给自己制定一些限制条件,包括固定的资金额或交易量。我过去在一家日内交易公司从事日内股票交易工作,每个人都有一个由电脑控制的资金限额。无论什么类型的交易者,每个人都有一个限额。如果你达到了这个限额,就会被禁止做任何交易。新人一次的交易额可达到10万美元,但任何一只股票的仓位都不能超过200股;而对于高级交易者来说,这些限额可能会是1000万元和10万股。虽然这些限额没有明确地表示"不要同时交易10只以上的股票",但是它们能间接地限制你这样做。

我更喜欢把资金限额和总仓位限额结合起来。在我的交易计划中有这样一条原则:风险不能大于5万美元,不相关的品种不能多于3个。如果我交易标准普尔股指期货、纳斯达克股指期货

和道琼斯股指期货,我将它们看成是一个品种,因为它们在大部分时间几乎是一样的。但是,我通常只交易这3个品种中的一个。

我过去喜欢交易很多品种,当时我观察的品种有股票指数、债券、欧元、谷物、能源类期货、家畜、咖啡、白糖、可可和棉花。由于同时持有很多品种,我整天都忙得不可开交。所以,制定交易计划时,我只挑选最好的6—8个品种。然后,我在晚上和第二天早晨制定行动计划时,会仔细观察市场,找到最赚钱的品种。我并没有看当天的走势,而是在观察3—5天的波动情况,所以,不用花一整天的时间进行交易。但如果我持有很多品种,仍然无法控制好交易。由于我只将交易控制在少数品种中,因此做得很好。如果你制定了操作计划,就会提前知道要交易哪些市场,也会更加专注它们。

假如说按照你的交易计划,你能够同时持有20个品种。有些人确实可以同时交易20个品种且赚钱了,还有些人可以同时交易50只股票。一旦你设定了自己的限额,你的行动计划就要包括这方面的内容。因为你不仅要观察还要记录所有的品种和仓位,所以你的"家庭作业"不好写。你需要为你的仓位和想要进行的交易列出目标点和所有的应对计划。尽管你的准备工作占用了很多时间,但是这会让你在交易时节约时间,并防止你分心。

在一天内,你需要观察很多品种和交易情况,如果没有一个行动计划,你甚至会忘记眼前的机会。你在研究仓位、寻找出场点、为亏钱的交易而分心的时候,可能会错失良机。如果没有可靠的指引,要做的事太多了,会忙不过来的。当我过去想交易所有品种的时候,总是顾此失彼。比如说我做多了棉花和原油,但它们却有些和我格格不入。比如说我交易了生猪和玉米,但是只赚了一点点。比如说我做空了咖啡,但它却几乎置我于死地。我可能还持有另外8个品种,但是我的注意力却全部放在了上面这些品种上。现在我所有的精力都集中在咖啡期货上面,但是咖啡的表现却越来越糟糕。咖啡已经到了我的心理止损点,我很恐慌,正在想对策。然而,当我为咖啡分心的时候,我那些本来是小赚小亏的品种都开始亏损了。单个品种亏得并不多,所以我也没对它们上心。咖啡已经亏了2000美元了,所以我还在全神贯注地研究如何处理咖啡的仓位。我根本没想到其他品种的亏损加在一起也亏了很多了,等我意识到这点时,大吃一惊。为了锁定一点利润,并希望亏损的仓位会回本,我把最赚钱的品种清仓了。平掉最赚钱的品种是最糟糕的交易策略,你能明白就好。

然而,如果我交易方式有一点改变,并且还做这些交易,应该会做得更好。假设我仍进行相同的交易,但这次我为这些交易都做了计划。我花时间去研究它们,并为它们制定了恰当的应对计划。我设定了目标点和出场点,知道该如何行动,然后我下了真实的止损单和出场单。最后一句话太重要了,因为心理止损点很容易被遗忘或者遗漏。如果下了真实的止损单,你就能更专注、更成功,效率更高。如果我针对咖啡下了一个真实的止损单,而且也愿意承担1200美元的亏损,那么我是有心理优势的。一旦我下好了止损单,就可以把注意力放在其他品种上面了。我可能还有时间检查所有的品种,如果我对某些小亏的品种感到不满意,则可以把它们全部清仓。也许有些品种已经到达了目标点并且开始回调,这样我就有时间处理了。如果我太专注于咖啡,就很难意识到这些事情的发生。

如果你用某种方式交易了一天,结果大亏;相反,如果你有应对计划,可能只是小亏。我更愿意小亏。所以无论你决定交易多少资金,都要制定并遵守一个行动计划并按照事前规定好的限额进行交易。不管一天交易2个品种还是20个品种,你都要确保你的行动计划能照顾到这些品种。如果你确实喜欢交易很多品种,就要不断地问自己这笔交易是否在行动计划之内？如果答案是肯定的，你就去交易吧。如果答案是否定的，你就要问自己为什么没有把这个品种列入行动计划。理由要充分。行动计划可以让你避免冲动交易，消息或朋友的劝告都会让你进行冲动交易。

把风险控制在一定范围内

当你承担了自己无法承受的风险时，就会过度交易。有时，这是上文所讲的各种因素共同作用的结果。但是，可能有三个主要因素会使你陷入困境：价格太贵了，仓位太大了，没有制定计划或遵守风险参数。这三个因素都会深深地伤害你。我将在本书后面逐一介绍这些因素。

交易昂贵的品种

交易快速波动的昂贵品种能让你快速爆仓。这些市场包括咖啡、原油、谷歌公司或任何疯狂波动的互联网股票。资金少的散户爆仓速度更快。如果你账户资金很多，对于波动性大的品种，你可以减少交易的合约数量。但是如果你的账户资金有限，只能交易100股或1份合约，你无法减仓（怎么办呢？能买10股吗）。在这种情况下，你的风险比较大。一只股票能赚12美元当然是好事，但不要搞错了方向。即使交易量很少，一只活跃的股票的波动也会非常快速和剧烈，它会很快冲破你的止损点，而你只能愣愣地站在那里，看它变得越来越糟。波动性大的品种非常危险，在交易它们时一定要小心，仓位要小。

去年，在我儿子一岁半的时候，我给了他4000美元让他去投资他喜欢的股票。我觉得他说喜欢谷歌，所以我们就买了10股，4000美元只能买10股。现在这些钱已经翻倍了。但是，如果你的本金很少，而且胆子小，我建议你还是尽量回避这样的高价股；除非你把股票放在枕头里面，然后把这事给忘了。

顺便说一句，我儿子的8000美元只能供他在纽约上1个月的幼儿园，这个费用太昂贵了。我估计上大学的费用更贵。

赌牌的寓意

这又是一个关于扑克牌的例子。你带着300美元到赌场去赌牌。不管你的牌技多么好，你都要清楚自己适合玩哪种牌。如果你在赌注为1—2美元的桌边坐下，那么你玩扑克牌的资金就很充足。你可以和赌桌上的老年妇女们连赌2天，估计输赢都不会太大。然而，如果你在赌注为20—40美元的桌边坐下了，那么赌完第一局，你可能就要去自动取款机取钱了。当然，如果有人愿意陪你赌的话，你们可以把赌注提高到600美元，但是你的本金太少了，你赢钱的概率很小。相反，你应该选择那些赌注不大的赌局，例如赌注限制在1—2美元或3—4美元的赌局。即使你参与3—6美元的赌局，你也应该保守点，如果运气不好，连输三四局就把钱亏光了。赌牌的寓意同样适用于我在后面要谈论的两个观点。虽然赌牌和交易看起来不同，但本质上都是一样的，都涉及风险管理。交易和赌博时都要做好风险管理。

持有过大仓位

我所说的过大仓位指的是当你应该交易一只股票的100股时，你却交易了500股。如今，你该知道为什么不应该这么做了，想必你也知道这么做会带来什么样的伤害。但是有时候你还会无意识地这么做，结果还是亏损。我记得我的一个朋友在1992年交易小麦期货（下页图14.5），他是做多的，市场一直在上涨。他的起步资金是 2000 美元，一开始他买入了两份合约。随着利润的增加，他在不停地加仓。由于时间已经过去了很久，我记不得确切的数字，大概是赚了 1000 美元时，他加仓了 2 份合约，又赚了 2000 美元时，他加仓了 3 份合约。很快，他又赚了 5000 美元，他加仓了 5 份合约。这种情况持续了 2 个月，最后当他持有 30 份合约的时候已经赚了 5 万多美元。他持有的合约越多，赚钱的速度就越快，到了后来，他一天就可以赚 5000—8000 美元。为了说明他的仓位大小，我在图中加入了数字。然而，不可避免的事终于发生了，在毫无征兆的情况下，上涨行情结束了。第一天他亏损了大约 3 万美元，被迫平掉了大部分仓位，第二天他亏损了 1.2 万美元，第三天亏损了 6000 美元。他在第一天亏损了一半以上的利润，一周之内就把全部利润亏光了。

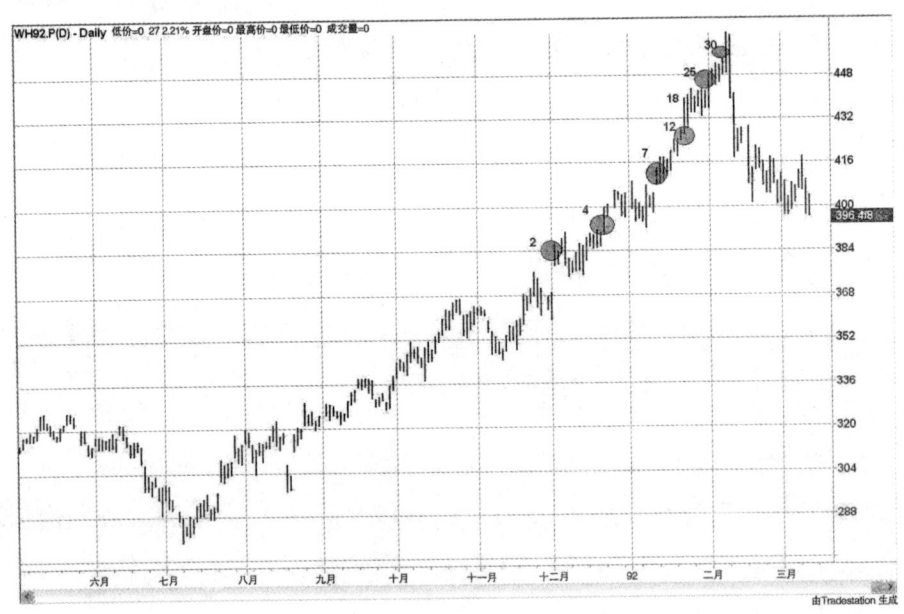

图 14.5　1992 年小麦期货

来源：© Tradestation 技术公司，1999 年，版权所有。

2个多月的市场走势完全在他的预料之中，而且他的出场点比他的进场点高，但是到了最后他还是亏损的。他的优点是他制定了一个交易计划，然而，这是一个糟糕的计划，而且他有些背离了这个计划。他沉溺于交易带来的兴奋中，虽然资金的增长是计划之内的事，但这个计划不是好计划，而且他的仓位太重了，风险也太大了。

他犯的第一个错误就是他认为在账户只有2000美元的前提下买入2份合约。依我看来，风险还是太大了，2份合约至少需要5000元的本金。他犯的第二个错误就是加仓速度太快，仓位太重。一旦有了利润，他就被胜利冲昏了头脑，结果忘记了风险。他的仓位太重了，超过了正常的风险比率。在进行交易前，我知道他确实分析了风险，他觉得1000美元对应1份合约风险不大。但是，一旦他建仓之后，就改变了计划，保证金能买多少份合约，他就买入多少份合约。一旦开始遭受亏损，由于仓位太重了，所以他的亏损是巨大的。这次交易过程简直就是南柯一梦，为他敲响了警钟。但至少我从中学到了很多东西。

这个例子说明了不能倒金字塔加仓，不能持有过大的仓位。没有交易计划是这个问题的主要原因，在下面我将深入讲解，但是每天没有合适的行动计划却是天天都在犯的错误。如果你没有花费时间去准备交易，如果你不去了解股票的平均振幅，如果你不考虑可能的亏损，你就没法将它同其他交易做对比。对于有些股票，持有1000股没问题；但对于有些股票，持有100股都是危险的。品种不同，风险不同；交易不同，风险不同。有时候止损点要远点才安全，有时候止损点很近也是合理的。有时候交易1000股是安全的，有时候交易200股都会大亏。

糟糕的风险参数

产生糟糕的风险参数的原因是缺少一个交易计划或者缺少一

个适当的交易计划。如果你有一个很好的交易计划，产生糟糕的风险参数的原因可能是没有行动计划来执行交易计划。我不会花时间去讨论缺少交易计划的后果，因为现在你该更清楚制定交易计划的重要性，而且我也已经讨论过交易计划中没有正确的风险参数是自欺欺人的。我在此想讨论的是你没有应用行动计划的情况。假设你确实有一个恰当的交易计划，不管你的感受如何，你必须遵守交易计划的风险参数。有两种情绪可以让你忘记规则而莽撞交易，它们就是恐惧和贪婪。

当你遭受亏损或即将遭受亏损时，恐惧感会油然而生。很多时候，一个人持有亏损的仓位且市场接近止损点时，就会恐惧。此时正确的做法是止损，但是一个糟糕的交易者会忽略这个止损点并期待回本，更糟的是还向下摊平成本并期望会回本。当然，这种方法有时候是奏效的，但并不是一个长期的交易策略，最终结果是痛苦的。我知道自己有时候也会失算，让交易由糟糕变得荒谬，这是由于一开始我忽略了风险参数，而通过增大仓位来过度交易补偿亏损——全都是因为恐惧心理，本来是可以接受的亏损，心理却不愿意接受这个亏损（除非你接受亏损，否则你就不要做交易了）。

贪婪是危险的。这发生在我一个做小麦期货的朋友身上（过度自信而满眼都是钱），也发生在刚从事交易的自己身上——我发现了一笔很好的交易，将所有的资金都投入到这笔交易上。虽然就长远来说，我做的是对的，但不正常的波动使我完全失去了控制。当我不能承受亏损时，情绪由贪婪变成了恐惧，从而使我交易了更多的合约，冒了更大的风险，最后导致了更大的亏损。贪婪和过度自信会同时出现。赚了一点钱以后，交易者就会认为自己优于市场和他制定的规则，于是决定忽略市场和规则，加大仓位，疯狂交易，认为自己所向披靡。没人知道亏损会持续多长时间，到了最后，亏损简直就是天文数字。

避免魔鬼情绪的一个好方法就是在进行交易时，每隔几个小时就要停下来理性地思考一下，问问自己："我遵守计划了吗？"如果你没有这样做，就在自欺欺人，因此，要尽量反复问自己。

总结

我最后想说的是，制定交易计划和操作计划可以控制过度交易，因为这样会使你有可以遵守的规则和准则。下面我会在书中讨论有关制定和使用规则方面的问题。但是，从根本上来说，你的交易计划和行动计划就是规则的综合。多数优秀的交易者都有自己的规则，也正是因为这些规则才使他们成为优秀的交易者。我把自己喜欢的规则打印出来并粘到了电脑的侧面，而且我会严格地遵守规则。在过度交易时，不仅资金管理规则对你有帮助，其他所有的规则都能对你有帮助。例如："只能同时交易6个品种"是很明显的规则，在市场回调20%时再去追随市场这个原则能帮助你减少交易笔数。通过制定规则，你可以进行高胜算操盘，这样就能自动地减少亏损的交易，因而，你的交易量就少了。

如果你能恰当地运用操作计划，它能解决所有过度交易问题，所以，行动计划很重要。它不会帮你找到盈利的交易，但是却能让你聚精会神并减少交易数量和风险。

第十五章 资金管理

新婚之夜,新娘凑近她的丈夫要求付给她10美元作为他们第一次做爱的费用。丈夫很急切,毫不犹豫地就答应了。之后的30年里,妻子在他们每次做爱后都会索取10美元。丈夫把钱给了妻子,觉得这个办法很有趣,可以给她钱,让她去买新衣服、修指甲等。

一天,妻子回到家后,发现丈夫的情绪很低落。丈夫告诉妻子说他在金融市场中亏掉了所有东西,不知道怎么办才好,他们破产了。但令人高兴的是,妻子拿出了一个存折,存折里30年来的存款和利息接近100万美元。然后她打开了她的股票账户,价值超过了100万美元,妻子告诉丈夫不要担心,他们会过得很好。妻子告诉丈夫,她把30年来做爱所得的所有钱都存了起来,进行投资,这些就是她投资的结果。

结局1

丈夫非但没有高兴,反而非常失落。妻子问他:"听到这么好的消息,你怎么还伤心呢?"丈夫回答说:"如果早知道你这样做,我就把我所有的生意都交给你了!"

结局 2

但是,丈夫说:"我每次只给你 10 美元,即使过去了 30 多年,所有的钱加在一起也不会超过 5 万美元。你是怎样做得这么好的?"妻子回答说:"你认为每个人都像你一样便宜吗?"

一个恰当的交易计划由两个主要部分组成:一个是交易策略,能给出买入和卖出信号;另一个是资金管理。虽然开发系统会更有趣,但请不要忘记资金管理的重要性。如果没有可靠的资金管理计划,世界上最好的系统对你来说也没有用。另一方面,普通的系统加上可靠的资金管理计划能帮你赚到钱——至少能让你坚持的时间久一点。

由于人们具有不同的风险忍受度,资金管理计划和系统一样,应根据实际情况进行开发。系统可能会让一个人满意,但却让另外一个人痛苦不堪。当你制定资金管理计划时,确保它既能让你满意,又能保护你的资金。因你害怕承担风险,而忽略了上述因素可能会导致巨大亏损或错过交易机会。你想保护自己的资金,但是如果想赚钱,就必须承担一些风险。

不要轻视风险

大部分交易书籍不会过多地叙述资金管理和风险。有些书会使用非常高级的数学理论和公式,恐怕统计学教授都看不懂。但总体来说,你并没有看过很多关于这个话题的书籍,而且在大部分书中,只有一两章涉及这方面的内容。所以,不要期望这本书有任何的不同,然而,我会尽力给出需要构建风险计划的素材,并会告诉你怎样将其运用到你的交易计划中。即使你发现我写的内容还不够多,也不要轻视它,因为它确实是成功和失败的差别所在。

我认为资金管理比交易决策更重要,这也是制定计划时首先应该考虑的。根据资金管理,你要知道你能交易什么样的市场,你能交易的金额,你能交易的频率,以及你能承担多少金额的风险。它是设置止损点的基础,并且能告诉你是否能够进行交易。它能帮助你进行可以承担的交易,并保证你的仓位是合理的。虽然止损点的设置是基于技术分析以及市场的恰当位置,然而却是你的资金管理告诉你能承担多少亏损,以及是否有足够的资金承担市场风险。不管这笔交易看起来有多好,如果风险太大,从某种程度上说你可能会爆仓。要记住,保管好你的资金事实上比赚钱更重要。

不要轻视风险。大部分优秀的交易者认为即使他们的交易策略不同,但是使他们成为优秀交易者的都是依靠资金管理技术。超过一半的交易亏钱是正常的。只要有可靠的资金管理计划,胜率为50%或30%的交易系统都能帮你赚钱,后者是个更典型的比率。如果一个交易者用足够的时间来制定一个很好的资金管理系统并开始交易,我认为他会比一个有好的交易系统但没有资金管理计划的交易者做得更好。

另一个赌博的寓意

我发现有意思的是说到赌博时,关于资金管理方面的话题要比实际赌博技术方面要多。例如,关于骰宝或21点或轮盘赌的规则可以写在信封背面。如果你愿意也可以写到前面,但由于某些原因,所有人都喜欢写到背面。在我读过的关于赌博的书中,资金管理和风险策略占了大部分内容。如玩 21 点时，知道什么时候该加倍下注或分牌，或在玩骰宝时知道怎样利用概率。有些书中的废话也很多。有些书会教你在输钱的时候增加赌注或者在连续 4 次没有出现红色的时候让你赌红色，并说这是赚钱的赌博系统，其实这些方法都是错的。当你运气好时，似乎这些策略确实能让你赚钱。但是，从长远来讲，因为每一轮赌局的结果都与上一轮的结果无关，所以这些策略是没用的。我看过有关这些策略的书籍，知道这些策略没用。然而，我发现很多赌博书中都讲到了一个基本内容，那就是要知道自己上赌场前只能带多少赌本，赢也好，输也好，知道何时离开赌场。

即使扑克牌，在某种程度上是一种游戏技能，与风险分析有很大关系。我不是指如何管理资金，而是指什么时候应该根据概率下赌注。如果你拥有很大的概率，可以下赌注，但是如果没有大概率，你就不要下赌注。

加倍下注系统

我认为最著名的赌博系统是加倍下注系统，它让你在赌输后加倍下注，因为你总有一次会赌对的，这样你就把所有钱赢回来了。但是赌场限制赌客连续加倍下注，最多只可以连续八次加倍下注。例如，5 美元的赌金翻 8 倍为 640 美元，但是 5 美元最大的赌额为 500 美元。如果用加倍下注系统（每次输掉之后加倍）进行赌博，其实际情况为：

第一次下注，亏损了 5 美元。

第二次下注，以 10 美元做赌注，亏损了 15 美元。

第三次下注，以 20 美元做赌注，亏损了 35 美元。

第四次下注，以 40 美元做赌注，亏损了 75 美元。

第五次下注，以 80 美元做赌注，亏损了 155 美元。

第六次下注，以 160 美元做赌注，亏损了 315 美元。

第七次下注，以 320 美元做赌注，亏损了 635 美元。

第八次下注，应以 640 美元做赌注，但赌场规定最高赌额只能为 500 美元。

就像你所看到的，只输了八次就超过了赌桌上规定的最大赌额。你还没有注意到，无论加倍了多少次，假如你最后赌对了，只会赢 5 美元。如果你在第四次下注中命中的话，赌注是 40 美元，你会赢回你输的 35 美元加上 5 美元。然而，你要承担 75 美元的风险去赢 5 美元，没有概率优势。

假设你的赌注能超过最高金额 500 美元。在第八次下注时，你承担 640 美元的风险去赢得 5 美元。你已经在前七次的下注中投入了 635 美元。如果第八次下注输了，你会输掉 1275 美元，但是在赌场再也不会给你机会了。他们将赌金限制在了 500 美元，所以即使你赢了，也亏损了 135 美元。你能想象承担 1000 美元以上的风险去赢 5 美元的机会吗？赌场知道如果某人很有钱，那他最后会赢的。这就是他们设置最大赌注金额的理由。

这个系统的另一个缺陷是，你输钱的速度总是比你想象得快。如果你只带着 500 美元走进赌场，你无法做到第七次下注，因为在前六次下注输了之后，你只有 185 美元了，即使你把所有的钱压上并且赢了，你要照样输了 130 美元。

这个系统还有一个缺点，就是你会连续输 12—15 次。虽然这种反常的情况不会经常出现，但赌场非常喜欢这种反常的情况。大部分人连续 12—15 次输钱后肯定没钱了。人的本性就是越输越想赌，结果被这个系统害惨了。赌场非常细化这个系统，当你赢钱的时候，只会赢 5 美元，而当你输钱的时候，你会输 1000 多美元。

有些人使用这个加倍下注系统确实赚钱了，他们认为这个系统太好了。但是概率迟早会发生作用的，惨痛的现实会让他们明白这个系统的缺陷在哪里。很多年前我也认为这个系统是世界上最好的赌博系统，后来我连输了 11 次，输了很多钱，才明白这个系统是有缺陷的。

资金管理的基础

虽然资金管理可以涉及几个方面，在后面我会简要叙述，但请记住总目标是尽可能地守住你的资金。将风险和亏损控制在最小的范围内就可以达到这个目标，这样，你才能一直交易下去。如果你玩扑克牌，你就知道"哪怕只有一个筹码了，我还可以上赌桌"这样的说法。它告诉你只要还有一点钱，就有机会赢钱；然而，如果你身无分文，就没机会上赌桌了。亏光出局可不是好事，如果你总是大手笔赌博，迟早会亏光的。

在谈论资金管理计划之前，我要强调的是，如果你的系统没有正期望值，再好的风险管理也不会有作用。正期望值的系统就是指被证明能赚钱的系统。如果你的系统长期下来不能赚钱，资金管理只会让你支撑的时间久一点，但你几乎没机会赚钱。

承担多少风险

总体而言　首先，你要确定大概能承担多少风险。这笔资金仅可以用于交易，并且是你的全部风险资金。卖了房子后，你可能有 40 万美元的可用资金。你需要问自己拿多少钱用作风险资金：1 万美元、5 万美元、10 万美元，还是全部的 40 万美元？不管你选择哪个，必须知道这笔钱有可能会亏掉。如果你投资股票，全部资金亏光的可能性比期货小，但仍有可能亏光。如果你不能承担 X 美元的亏损,那就减少你的总风险资金。有些人喜欢将所有的钱用来买一只股票,并持有一段时间。然而,其他人可能只想用10万美元进行交易来寻求刺激。

在任意时刻 一旦你设定了总风险资金,接下来你必须找出在任意时刻你所愿意承担的风险比例,也就是这个比例的资金随时会亏掉。如果你用10万美元做交易,不应该将所有钱马上投到风险中,无论是投资一个品种,还是投资多个品种,都不能投入所有的资金。你最好用少量的资金去交易,以便总能留有后路。我认为投入总风险资金的50%是合适的,你可以根据不同品种和自己的思路做适当的调整。由于一半的资金是安全的,你就会交易了一笔又一笔,不怕亏光了。当出现亏损时,正确的做法是减仓或平仓,但一般人做不到这点。相反,他们甚至会加仓,期望回本。如果他们亏损了总资金的50%,为了弥补亏损,他们可能会将剩下来的50%的资金全部押上。这个策略不好,你要在交易计划中把这个策略改掉。这个策略不好的理由如下:如果你用10万美元开始交易,亏损了50%,那么已经亏损了总资本的50%,但是如果你拿着剩下的50%想在一笔交易中赚回5万美元,你必须赚1倍才能让总资金回到10万美元。单笔交易赚1倍是很难的。在任何时刻你都不能投入所有的资金,要留下一些备用资金。不要一开始就亏了50%,如果已经亏了,恰当的做法是:忘记你所亏损的金额,用剩下来一半的资金的50%去交易。

如果你用总风险资金的50%做交易,则可以让剩下的50%赚取一些利息。50%的交易资金还可以细分。如果你将这50%的资金一次性投入,可能会亏掉,所以,你并不想那样做。你应该将它分成几份,3份也行,5份也行,随你分,我称它为一次性风险资金。如果你是个不知怎样做的交易新手,则应该每次用总风险资金的10%去交易。反正你迟早要亏的,这么做会迫使你少量交易。当你亏损了10%，再用10%的资金去交易，以此类推。希望你每次亏损的时间可以延长一些。等你的水平提高了，就可以加大一次性风险资金。这叫循序渐进。

对于任意一笔交易　一旦确定了一次性风险资金，接下来你需要想出每笔交易所愿意承担的风险金额。假设说，你每次可以交易2万美元（总风险资金是10万美元）。在每笔交易中，你愿意承担的风险金额是2%—10%，其中最佳比例为2%—5%。你的交易账户本金越小，这个比例就越大，但是最好采用比较小的比例。针对本案例，我们假设对于任意一笔交易，你愿意承担的风险是风险资金的5%，也就是1000美元。你可能认为这个金额并不大，确实不算大，但这是按你账户本金大小进行风险投资的最合适金额。大多数人因为他们承担的风险超出了正常范围，所以他们亏了很多。

在每笔交易中承担1000美元的风险也意味着如果你真的愿意，你可以同时持有20个品种，但是在上一章，我们已经说明了这并不是个好主意。这1000美元并不表示你只能一次交易一只价值1000美元的股票。它意味着你正承担这个金额的风险，这时你所做的准备工作和技术分析会起到作用。所以，如果你想交易股价为50美元的股票，必须首先确定这笔交易的风险和每股你可能亏损的金额。如果你很有自信，每股你的亏损就不会超过3美元，然后，你可以交易300股。如此一来，股票的总价值是1.5万美元，有些人可能感到很困惑，1.5万美元是2万美元的75%，但是根据美国的保证金条款，2万美元在白天可以交易8万美元的股票，在晚上可以交易4万美元的股票，投资1.5万美元不是太保守了吗？但是2万美元只表示在任意时刻你所承担的风险金额，如果你采用了杠杆，你的风险已经是5万美元了。也就是说，如果你采用杠杆，你可以交易更多数量的股票。只要你能把亏损控制在1000美元以内，用总风险资金进行一笔交易是可以的。举例说明，假设你根本没有保证金，你发现某只股价为50美元的股票有好机会，风险是每股80美分，如果你有5万美元，则可以买1000股。然而，你必须设置止损点，而且必须记住有些戏剧性的事情会发生，从而使你亏损很多钱，如医药公司召回药品。

如果你进行商品交易，因为保证金制度能让你采用很大的杠杆，但杠杆有可能会毁了你的计划。保证金能够使你用很少的资金去控制一个很大的仓位。例如，电子迷你期货合约的保证金为4000美元，日内交易只要2000美元。如果标准普尔迷你期货在一天内波动了10个点，这相当于1份迷你合约会有500美元的波动，对于4000美元来说，500美元是它的12.5%。相对而言，股价为50美元的美林公司股票在一天之内只会波动2个点。假如你能使用2倍的杠杆，那么，4000美元可以控制价值8000美元的股票，这表示你能交易160股。如果股票有2美元的波动，在账户波动了320美元，320美元是4000美元的8%。综合以上，我们可以看出，如果你用同样的资金和同样的思路去交易，期货的风险比股票大50%左右（8%+8%×50%=12%）。因为杠杆带来了风险，所以，你一定要小心。不要认为你可以使用杠杆，就去实战使用杠杆。如果杠杆过大，运气不好时你就爆仓了。永远要为最坏的情况做好准备。

在最后的几页有很多问题值得你深思，你可能要重新阅读。如果没有完全理解，本节的主要内容是确定每笔交易中承担多少金额的风险。这是非常重要的，而且它是构成一个可靠风险计划的基础，所以，要把它弄清楚。

可以同时持有多少仓位

资金管理计划的另一个方面是要决定你可以同时交易多少仓

位。这不像最多交易5个仓位那样简单。你需要考虑很多种不同的情况，这些情况会决定你一次持有多少仓位。例如，你可以根据手中持有的资金数额与风险之间的比值来确定仓位。例如，你已经持有4个仓位，但只承担一次性风险资金25%的风险，你可能会告诉自己只要少于一次性风险资金的40%，就可以交易7个仓位。但是如果你已经用了资金的40%，就只能交易5个仓位。这样做有一些复杂，而且你也找不到明确的规则。但是如果你所承担的风险金额比正常风险金额少时，这能让你多持有一点仓位。

根据你进行的是日内交易还是隔夜交易，可以有不同的限制条件。例如，你可以限制在日内交易时持有4个仓位，但是不能持有10个仓位过夜。一旦市场收盘或平仓后，由于你做了所有的准备工作，并且制定好第二天所有的计划、止损点和目标点或出场点，就很容易监控隔夜仓位。如果你持仓过夜，就要搞清楚日内交易时需要多大的仓位。如果隔夜仓位是做长线的，那你白天的自由时间就很多。然而，如果所有的仓位都不是做长线的，那么，你要尽量回避进行更多的交易；除非你平掉了一些仓位，否则不能再建立新的仓位。

最后，我认为你要考虑在相似的市场中怎样进行交易。假如你可以同时交易20种不同的股票。如果你交易20种半导体股票，与交易4种半导体股票、3种石油股、2种银行股、1种零售商股、2种医药公司股票，等等相比，风险是完全不同的。在第一种情况下，你过多投入一个板块，这就像你把所有的钱都投到了一只股票上。在第二种情况下，把风险都分散了，特殊事件伤害你的可能性不大。所以，你应该设定限额，在同一个板块中的仓位和资金要固定下来。

止损

有个简单方法能让你节省很多钱。当你感觉不顺的时候就止损，停止交易，认输，承认自己被洗盘了，重要的是控制住潜在的灾难，给自己时间重整旗鼓。如果你止损了，就不会亏损掉所有的钱；你的资金管理计划和交易计划能够让你及时止损。即使止损不太合理，但你避免了爆仓。当我第一次进行交易时，账户里的金额是2.5万美元，但我在一天内就亏损了1.2万美元，这是不明智的。还有一次，我账户里面的起步资金是5万美元，我使用了杠杆，结果一周之内亏损了7万美元，这也是不明智的交易。如果我设置了合理止损限额，如一天最多只能亏2000美元或者一周最多只能亏1万美元，并根据这个制定行动计划，那么，我的结果会好很多，只是我这么做的时候恐怕就没有什么亏损的经历作为写书的素材了。

我知道当亏损时，很难去止损，首先是由于你的自负心理使你不想承认自己错了。其次，你总是认为在下一笔交易中会有所好转。有的时候这种事情会发生，市场出现好转，向你的持仓方向波动，能将巨亏变成大赚，但是这种情况发生的可能性比较小，大部分情况下，你还是越亏越多。长久看来，你最好学会出场，然后再理清头绪。

最直接的止损办法就是采用固定金额。一旦亏损到了这个金额，你就止损。这个金额可以是一天2000美元，或者一周1万美元，具体金额你自己定。下面是一些止损方法。

资金百分比 第一个方法是资金百分比。你拥有的资金越多，这个百分比可能就越低，但是，要记住你的资金越少，你所冒的风险就越大。对于职业交易者来说，2%的止损可能相当于200万美元。对于你来说，也许2%的止损相当于200美元。这意味着你不可能随心所欲地交易所有的品种，人们很难做到每笔交易只亏这么一点点。所以小散户最终还是把他们的止损金额提高到了10%—20%，跟资金雄厚的交易者相比，小散户的风险就太大了。

这个方法有一点麻烦，就是你的总资金每天都在变，所以，你要每天计算出合理的数字。

根据本金规模设定百分比　你可以根据你的本金规模的大小来决定具体的止损百分比。再具体点，你可以说："我将把我的止损设为5%，并把它作为每5000美元本金的固定比例。"更明确地说，如果你的本金是2.5万—3万美元，你每天承担的风险就是600美元。我取最大的数字，这是因为我假设自己用3万美元开始进行交易，并把其中的5%（600美元）作为止损，直到本金降到了2.5万美元。一旦本金降到了2.5万美元，我就会将自己的最大亏损额降到500美元。这要比每天计算止损金额更容易些，而且它们具有基本相同的效果。

根据最赚钱的交易日计算一个比例　你可以根据单日最高利润平均值设定一个比例，作为止损金额。要把比较异常的交易日剔除出去，异常交易日的数据会影响正常的结果。只算出比平常赚钱多的交易日的利润平均值就可以了——比如10%的交易日很赚钱，就计算这些天的利润平均值。然后，再算出一个比例作为可以接受的亏损金额。我认为盈利和亏损比率为3∶1时是可以接受的。因此，如果在实际测试后或者使用一年内有价值的数据后，你认为涨幅最大的几日的平均值为6000美元，那么设定你的最大亏损金额为2000美元。因为本金在变，要确保自己重新计算这个数值。

不要放弃你的利润

另外一种止损不是避免亏损，而是保护你的利润。如果你一开始进行了几笔盈利交易或者亏损交易，第二天开盘时市场对你很有利，让你赚了一笔，你不能失去这些钱。账面利润也好，你没有想到的利润也好，这都是钱。你要抓紧它，并守住珍贵的本金（在《高胜算操盘》中我经常使用这个术语）。从长远看来，当你在年末清算自己赢了或是亏损了多少钱时，每1美元对你都很重要。不要自以为是，觉得亏点小钱没有关系，也不要因为你现在做得很好了，就心存侥幸地去进行保证金交易。不管你以前是赚是亏，不能让以前的交易结果影响你的交易决定。

回到主题上来，如果你一天最多只想亏2000美元，那么在最赚钱的交易日也要采用同样的止损方法。你可以按照你的方法任意设定止损点，但是你的资金管理计划要包括这个止损方法，因为在交易中最糟糕的事就是在中午赚了4000美元，但在收盘时却只赚了34美元。相比之下，先赚到利润，然后把利润回吐出去比直接亏损了5000美元还更令人郁闷。情绪上的高低波动也会对你产生不利的影响。

长时间的休息

到现在为止，我只提到了设定日内止损点，但是你还应该知道交易没有赚钱时，则需要花费时间再次评估。假如说，你的账户亏损了20%以上，你就要全部清仓，停止交易一段时间，直到找到了错误为止。如果你连续7天都亏损或者连续10笔交易都失败了，也可以停下来休息一下。这样做的目的是：在你遭受更严重亏损之前，评估你的交易计划是否有需要修改的重大缺陷。

休息的另外一个目的就是给你重整旗鼓的机会。人们在连续亏损后，因为他们的脑袋被一些消极的想法充斥着，他们就会做出些愚蠢的事情。通过休息，你就会重新开始，并能避免想回本时所犯的一些错误。

仓位大小

仓位大小是资金管理计划的另一个因素，它能让你知道在给定市场中你所能同时交易的合约或股票数量。

确定仓位大小的方法有多种。比较简单的方法是在开始时一直交易100股股票和一份合约。这是一个开始交易的好方法，但是最后仓位规模应基于交易风险，而不是固定的数量。较好的方法是计算出每笔交易中你愿意亏损的最大金额。如果你愿意接受2000美元的亏损，每份合约的风险是400美元，那么可以交易5份合约。这个方法非常简单，但不是最先进的确定仓位大小方法。

在你的交易计划中做一个针对每个品种你所愿意的仓位大小范围的列表，如表15.1所示。你可以通过保证金要求或者通过品种的平均真实振幅规定这些范围。

表15.1 仓位大小范围图例

品种	数量
原油	2—5份
电子迷你期货	3—10份
道琼斯迷你期货	4—10份
玉米	5—20份
斯伦贝谢	300—2000股
美林公司	200—500股
谷歌	10—20股
雅虎	400—1000股

在设定仓位大小范围后，因为你每天都在为交易做准备并确定交易中的风险，所以就能决定在这个范围内你所能交易的合约数量。如果判断错误，你就会亏损，因此我不建议采用最大的仓位，要给自己一个缓冲空间。如果你认为形势不错，可以迟点加仓。

止损单

止损单是成功交易的重要部分，因为它是让你避免爆仓的最好方法。问题是很多人没有正确使用止损单。止损单错误的使用方法是："在这两份合约中，我只愿意接受1000美元的亏损，所以将止损单下在亏损500美元的位置，这样在亏损1000美元的时候我就止损了。"这种方式属于随意下止损单，这么做的时候，止损单可能被下在了正常的波动区间内，一个正常的波动就让你止损出场了。你本来是正常盈利的，结果被止损出场了，这不是好事。

人们之所以犯这样的错误是因为他们不关心市场情况，他们先设定仓位大小，然后根据自己愿意亏损的金额来设置止损单。正确的做法正好相反，你应该根据市场来确定止损点的位置，弄清楚如果止损离场，你的亏损是多少，然后再算出你要交易多少股。

在你制定并调整每日行动计划时，止损单会成为交易决策中一个重要的部分。止损单会让你事先知道可能亏多少。如果你提前知道了最糟糕的情况，内心就能将它处理得很好；当亏损时，你不会感到很吃惊。由于已对亏损做好了准备，你就不会死守亏损的仓位。你要留意查看设置止损单的恰当位置，就能知道是否该进场，交易多少份合约，以及在何处出场。止损单会控制你的亏损，同时保护你的利润。

风险回报率

你应该设定一个风险回报率，低于这个比率就不要进场。我已经在第十章详细地讨论了这个问题，所以我只是想提醒一下，因为这是设定风险参数的关键步骤。如果你正在制定资金管理计划，就需要设定一个合理的风险回报率。至少你应该知道风险是多少，潜在的回报是多少，并确定回报大于风险，这样才有可能赚钱。虽然我希望3∶1是最小的比率，但是如果我发现了特别有把握能赚钱的模式,即使风险回报率是 2∶1,我也会去交易。

改变交易量

知道何时增加和减小交易量,是在资金管理计划中应该考虑的另一个因素。你应该有事先制定好的规则,这样基于你的账户大小或业绩,就能知道何时加仓或减仓。有了提前制定好的规则,你就不会像我那做小麦期货的朋友一样盲目加仓导致大亏,也不会在连续亏损的情况下过度交易。

基于账户大小,你要知道加仓量或减仓量。我比较喜欢采用上一章所说的根据账户本金大小决定百分比的方法。一旦你确定了本金范围,无论盈亏都要采用这个方法。不要因为盈利、连续亏损、自负、恐惧或者愚昧而改变它。

有些人在赚钱时加仓,有些人则为了挽回亏损而加仓。减仓也是同理,有些人在赚钱时减仓,而其他人却正好相反。最恰当的做法是赚钱时加仓,亏损时减仓。如果受情绪控制,你就会很容易走错路,所以最好在你的交易计划中制定关于这方面的规则。

市场的波动性改变时,你也要改变仓位大小。如果在小幅波动的市场中 10 份合约是合适的,当市场爆发时,那么也许只能交易两三份合约。这涉及风险的变化,应当纳入资金管理计划之中。

将你的资金管理计划与交易计划结合

既然你有了一个关于如何为自己制定一个资金管理计划的好想法,下一步就是要制定这个计划,接下来的工作更难——就是要确保你能遵守它。实现它的唯一方法是把你的风险策略融进你的交易计划和操作计划。在下面,我将通过一个假想的例子来说明如何把交易策略融进交易计划和行动计划中。

当你在制定计划时，它可能是这样的（记住你要定期调整数字）：

◇ 我将承担多少金额的风险？

我能承担的亏损为20万美元（我并不是真的想亏掉这笔钱），但确实会用20万美元来进行交易。

◇ 我在任意时刻将承担多少风险？

我在任意时刻的持仓不会超过10万美元。我在任意时刻的风险不会超过2万美元，尽管我能用剩下来的资金弥补持仓的亏损。

◇ 对于任意一笔交易，我愿意承担多少亏损？

对于电子迷你合约或道琼斯迷你合约，一笔交易我最多承担5000美元的风险；对于其他品种，我最多承担2000美元的风险；对于相关市场，我最多承担7500美元的风险。

◇ 对于每个品种，我要交易多少份/股？

对于每个品种，我用下表说明持仓数量。

品种	数量
原油	2—5份合约
电子迷你合约	3—10份合约
道琼斯迷你合约	4—10份合约
玉米	5—20份合约
斯伦贝谢	300—2000股
美林公司	200—500股
谷歌	10—20股
雅虎	400—1000股

对于每个品种的每笔交易，我最多只持有上表中的合约数或股数。我会用成功的概率和风险回报率来衡量我的持仓量上限。

◇ 我应该同时持有多少个品种？

我最多同时持有3种商品和5种股票。隔夜持有这些期货和股票是可以的。

◇ 我最小的风险回报率是多少？

一般来说，在风险回报率小于3∶1时，我不会进行交易。然而，在特殊情况下，我会接受2∶1的比率。

◇ 我每日的止损点是多少？

对于任意品种，如果我亏损了6000美元，就会毫不犹豫地出场。如果我累计亏损了9000美元，就会平掉所有亏损的品种，并且不会再建仓；直到我的亏损减少到5000美元以下，我再考虑建仓。如果我累计亏损了1.2万美元，我会全部清仓，今天到此为止。

◇ 我的目标价位是多少？

只要市场达到了目标位的50%，我就会重新设置止损点，如此一来，即使情况变糟了，也可以保证不亏。一旦一笔交易达到了目标位，我就会设置出场单，以避免回吐1/3以上的利润。

这不是一成不变的。总体而言，我不想在市场到达目标后还要回吐1/3的利润，所以，我会根据具体情况选择合适的出场点。

◇ 我如何加仓？

如果我能赚到钱，我只会增加初始仓位的1/3或1/2，并会将加仓部分当作全新的仓位来处理。由于我会移动出场点，所以仓位的总风险并没有改变。

◇ 我该何时调整风险参数？

如果我的账户资金变化了25%，那么我会再次评估我的风险参数。

将你的资金管理计划融入操作计划

现在你已经将你的资金管理计划运用到交易计划的制定中，那么，最重要的部分是在每日操作计划中运用它。假如说你从零开始，没有持有仓位。当你在开盘前寻找机会，寻找你想交易的品种时，还要考虑风险。在你的操作计划中，你应该提出并回答下列问题：

◇ 我想要交易几个品种？

我可以通过观察图表知道自己想交易的品种。如果我看中了8个品种，但是最多只能交易5个品种，那么，我就挑选出最中意的5个品种，其他品种可以作为备选品种。

◇ 每笔交易的每份合约，我愿承担的最大亏损是多少？

我可以通过观察图表来决定止损点的最佳位置，然后计算每份合约的亏损数字。股票的计算是一样的。

交易方案1会有400美元的风险，交易方案2会有250美元的风险，交易方案3会有1200美元的风险，等等。

◇ 每笔交易的风险回报率是多少？

我可以分析所有可能的交易，并确定能从中赚取多少钱，然后确定每笔交易的风险回报率，并确保这个比率比我在交易计划中设定的风险回报率还要大。如果不是，放弃这笔交易。当确定将要进行哪个交易时，还要考虑交易赚钱的概率，也就是胜率。

交易方案1的胜率为80%，交易方案2的胜率为60%，等等。

◇ 每笔交易中，我该持有多少份合约？

既然我知道了每笔交易的风险，就必须确定每笔交易中要交易的合约数量。也许我还要考虑如何加仓或减仓。对于交易方案1，最多交易10份合约，我会建仓7份合约，如果达到了后续标准，我会再加3份合约。

◇ 我每天在什么情况下止损？

我要根据我的交易计划标准来确定我一天愿意亏损的金额。提前确定这些数字是比较好的，这样方便我在实战中遵守它们。

对于任意仓位，我的最大亏损为6000美元。

对于所有仓位，我的最大日亏损为1.2万美元。

◇ 何时改变仓位大小？

我可以制定一个加仓的规则，在赚钱的时候加仓。如果我想锁定利润，则可以减仓。

如果我在这笔交易中赚了1000美元，当市场高于20天均线时，我会加仓20%，同时相应调整我的止损点。

如果在交易方案2中我赚到了1000美元，就会平掉50%的仓位，以锁定一些利润。

◇ 我该在何时调整风险？

如果我亏损了1000美元，仓位似乎没希望赚钱时，我将平掉一半的仓位。如果市场波动性提高到了某个水平，我会平掉部分仓位，以保持和以前一致的风险。

以上是所有能帮助你管理风险的建议。在每笔交易前你要认真分析，并确保在你的风险参数之内交易，这么做是有好处的。

为持有的仓位设定资金管理规则

如果你进行隔夜交易，接下来要对隔夜仓位制定规则。你需要制定一个问题清单，它可以帮助决定是否该进行交易。如果你在早盘进场并持有仓位，需要制定一个关于清仓和买入新品种的行动计划。

下一步要进行的就是该如何复查你的持仓。你应该定期检查你的仓位，重新计算所有相关的数据。市场行情整天都在变化，所以风险也是如此。由于风险变化，如果你计划保持在风险参数之内，可能需要减少一些仓位。我每天至少 5 次观察我的风险和止损点，以确定我的风险。

◇ 在开盘前。
◇ 在建仓后。
◇ 大约中午。
◇ 当日即将收盘时。
◇ 收盘后。

另外，如果我感觉市场有变化，也会研究是什么变化。

总结

资金管理能让你的交易生涯更长久，生活也是如此。无论是短期计划，还是长期计划，除非你有一个可靠的资金管理计划，否则就不要试着去交易。花时间让每笔交易都在资金管理和风险参数的控制下进行的好处是它能够让你在更高的胜算下进行交易。如果有些交易不符合你的标准，你就要学会放弃它们。只要掌握了资金管理，你就有能力回避过度交易，避免爆仓。

老实说，资金管理确实很复杂，有些资金管理公式只有数学家才明白，不过这超出了本书的范畴。如果你能看懂资金管理公式，那说明你比一般人强。仓位大小、适当的风险和本金无法构成简单的公式。即使你不能与受雇于顶级交易公司了解风险公式的博士相比，但是在交易时也要确保有自己的优势。

第十六章　交易规则

阿尔伯特·爱因斯坦（Albert Einstein）死后，在天堂门口遇见了三个人。为了消磨时间，他询问他们的智商是多少。第一个人回答说是190。"太棒了！"爱因斯坦惊叫道，"我们可以讨论欧内斯特·卢瑟福（Ernest Rutherford）对原子物理学所做的贡献和我的广义相对论。"第二个人回答说是150。"好，"他说，"我们可以讨论新西兰的无核法案在寻求世界和平过程中所起的作用。"第三个人含糊地说是50。爱因斯坦停顿了一下，问道："你认为道琼斯指数是涨还是跌？"

每个人都有自己的交易规则，形式不一。简单的交易规则可以是每笔交易的亏损不能超过1000美元；复杂的交易规则可以是：上午10:30点以后，如果市场比前一天的最高点还要高，成交量大于50万股，3日均线和14日均线金叉，且不是周一，那么就买入。

不管你的规则如何，它们都是交易策略和交易计划的基础。交易规则能帮你保持自律，交易规则是行动计划的关键所在。

交 易 规 则

交易系统是由一些规则组成的。为了形成一个有效的系统，它至少包括三项规则，其实是四项规则，前三项为：

◇ 进场的规则。
◇ 亏损后出场的规则。
◇ 盈利后出场的规则。

一旦适当地制定了这三项规则，就基本形成了一个系统，就是这么简单。第四项规则是资金管理规则，它决定你的交易量，你可以将资金管理规则从你的基本系统中分离出来。制定了这些规则以后，你要确保它们是可以赚钱的，这个目标不容易实现。

制定一套交易规则需要很多时间。当你学到的交易知识越多，并且知道自己是什么类型的交易者，就会不假思索地制定出规则。只要看过这方面的书，你就能制定规则，以形成交易决策的核心。关键是要有这些规则，确保它们是有效的，并确保你会遵守它们。我喜欢把规则写了出来，放在我的面前，它们可以让我更有纪律性。尽管我有一些特定的进场和出场规则，但我面前的这些规则是通用规则，这些规则能使我在大方向上不会出错。

交易计划和交易系统只是一套让你进场和出场的基本规则，同时也会考虑到风险，所以说，交易规则是交易计划的核心。遵守这些规则可让行动计划有效。如果你不能遵守它，制定交易计划是没有意义的，因此你需要操作计划来强化规则。

虽然本章在全书的后面，但是它能帮助你制定交易计划和操作计划，这是很重要的。没有交易规则，你就无法形成自己的策略。当然，你也可以使用一个黑盒子系统，让系统自行交易，你自己就可以解脱出来。因为目前的软件会为你生成订单并下订单，你甚至不需要自己动手下订单；但此时的你就不是一个真正的交易者了，也不会阅读这本书的。

我无法讲解别人的交易规则，你要自己制定规则。你可以通过试错、阅读书籍和报刊、倾听有经验的交易者的指导，或者剖析其他系统来制定规则。交易量、买点、卖点、止损点、限额、金字塔加仓、逐级加仓、减仓、减少过度交易、选择时机、使用指标、根据消息交易，以及所有你能想到的方法都是有规则的。最流行的规则是"低买高卖"和"截断亏损，让利润奔跑"。

利用你的规则制定一个交易计划

在《高胜算操盘》中，我将交易规则和资金管理规则列在清单上，并一直放在我面前。目前大部分内容没变，只有少量改动。下面是我现在的规则和其他事项的清单，我将说明如何将它们应用到我的日常交易中，如何与我的交易计划和行动计划联系，以及通过遵守纪律如何帮助我成为一个优秀交易者。我不会公布我的交易策略和资金管理策略。如果你没有可靠的交易规则，就不可能制定这些策略。

在拥有正式的交易计划之前，我根据交易规则开发了策略，我觉得这些策略能使我成为优秀的交易者。然后，我将这些策略形成交易计划，并且将这些规则应用到了我的行动计划中，以便进场并监视我的交易。为了便于理解，我将它们分类列出。但是在我的电脑旁边我并没有按照严格的顺序把它们列出来。当你阅读它们的时候，你会明白为何它们是本书的基础。我将告诉你在制定交易计划和行动计划时将如何应用这些规则。这不是一个包括交易信号的全面的正式交易计划,这只是制定计划的起步工作。我个人交易计划和行动计划中有很多规则,这里并没有具体列出。它们能让我保持警觉,总而言之,你会形成自己的思路。在深思熟虑之后,我没用正常的方式,而用一种额外标注的方式将自己使用的规则写下来,目的是为了更好地解释这些规则。

我的交易规则

资金管理

◇ 守住宝贵的本金。
◇ 仓位不能太大。
◇ 不能同时持有6个以上的品种。
◇ 任意一笔交易的风险不能大于5%。
◇ 不要向下摊平成本。

进场

◇ 每笔交易都要有个理由。
◇ 沿着主趋势的方向交易。
◇ 想要寻找更好的进场点,首先要观察图表。
◇ 如果随机指标接近极限值,避免匆忙进场。
◇ 等待回调。
◇ 回调时买入,反弹时卖出。
◇ 要观察更高级别的时间框架。
◇ 逐级加仓或逐级减仓。
◇ 首先要考虑到如何出场。
◇ 不要根据消息进行交易。
◇ 不要耍小聪明。

出场

◇ 开盘30分钟后平掉亏损的仓位。

◇ 首先平掉亏损的仓位。

◇ 当亏损很小时,快速出场。

◇ 遭受亏损没有关系。

◇ 在45分钟之内从糟糕交易中出场。

◇ 避免大亏。

◇ 要有预先设定的止损点。

◇ 知道止损点的位置。

◇ 不要持仓过久。

◇ 如果不赚钱就出场。

◇ 如果交易结束了,立即出场。

◇ 不要指望能吃完整条鱼。

纪律

◇ 像职业交易者那样思考。

◇ 当遭受巨大亏损时,休息一下。

◇ 尽量少交易,认真选择交易机会。

◇ 远离容易伤害我的品种——比如黄金。

◇ 不要做赌徒。

◇ 遵守我的计划。

◇ 不要进行愚蠢交易。

◇ 不要追逐市场。

◇ 检查我的交易。

◇ 不做糟糕的交易。

◇ 开盘时就不要上网了。

◇ 跳出自己的思维进行思考。

应用资金管理规则

我的交易计划和操作计划的总目标就是守住宝贵的本金,我所做的每件事是都是围绕这个目标进行的。首先,我会制定规则,规定每笔交易只能亏多少。对于任意一笔交易,风险不能超过本金的5%,但是我更愿意将它控制在2%。我的仓位永远不会超过本金的50%。即使没有达到我的风险限制值,我也不会使用杠杆过度交易。为了做到这一点,我的仓位比总保证金要求的仓位低20%。

在任意时刻,我不会同时持有6个以上的品种。这会让我认真选择交易机会以减少交易的笔数,还能让我保持聚焦状态并防止过量交易。这个规则有一个例外:我会把3个相关的品种看作是1个品种,同时减小交易量。

有一条严格的规则就是我不会在亏损的仓位上加仓,除非在我的行动计划中预先设定了在下跌时买进建仓。如果交易没赚钱,我不会为了降低成本而加仓。除非我经过分析研究发现了一个新的进场信号,此时我会在亏损的仓位上加仓。当你使用多个交易系统或观察不同级别的时间框架时,你会得到多个信号,此时可以考虑在亏损的仓位上加仓。

当写这最后一部分时,我意识到很难把交易计划和操作计划中的规则分开,因为它们包含在交易计划和操作计划中。我认为我的规则清单是制定一个交易计划的必要基础,然而,如果我在操作计划中没有再次运用所有的规则,将无法制定行动计划或者遵守交易计划,我不想修改这些规则了,因为现在已经是早晨4:30,我很累了。但是每天制定行动计划时,你会将所有的规则应用到你的交易中。例如，你要确保自己承担的风险不超过资金的20%或者不同时持有6个及以上品种。你交易的时间越长，所写的这些规则就越少，因为随着时间的推移，这些规则已刻印在了你的脑海中，但是这些规则将是你监控交易系统的核心，如果你不能时刻遵守它们，就必须将它们写下来。

应用进场规则

在我的交易规则清单中，没有列出真实的交易信号规则。但是，我确实根据特定的信号和模式来做交易决策。我不想透露我使用的具体信号，这些信号是我交易计划中的一部分。

我想要说明我是如何运用我的交易规则，然后想出一个策略，作为交易计划的一部分，这也是我控制计划的一种方法。我不想把这些内容都写出来。这是一个需要仔细思考并制定计划的过程。这些思路会影响我的行动的。

当准备进行交易时，我要确保有做交易的理由。它就是这笔交易符合我的交易标准，而且我已经仔细检查了这笔交易。不管是盈利还是亏损，我也知道在哪里出场。我会观察图表，并观察多个时间框架：5分钟图、30分钟图、60分钟图、日线图和周线图，以确保这是一笔切实可行的交易。另外，我将利用不同的时间框架来确定止损点和目标点，这帮助我确定了风险回报率。如果这笔交易没有一个合理的风险回报率，我就不会进行这笔交易。如果我发现了自己喜欢的模式，就会利用多种时间框架以确定比较好的进场点。如果我的指标让我等待更好的价格，我就会等待。如果市场突破了某个价位，我会控制自己不要急于在突破时进场。我会在更小级别的时间框架内观察它，从而能够通过回调买入或反弹卖出来获得好价位。这个策略同样适用于根据新闻进行的交易。我会用这些新闻在某些方面来提醒自己，但是仍要观察我的图表来切实地进行交易。

我利用指标和模式来评估交易机会，则会用到以下指标：随机指标、相对强弱指标、成交量、MACD和斐波那契回调等。大部分情况下我的做法是：顺着主趋势交易，利用回调和反弹获利。然而，我也关注反转模式，如果在支撑线或阻力线附近得到了明确的信号，我会进行交易，并期望抓住市场的反转。

另外一次随笔

有人批评了我的第一本书，他写了一条评论说，我一开始说要顺势交易，然而到了下一章中又在谈论反转策略。然而，事实会告诉我们答案，用任意一种方法都能赚到钱，我也是这样做的。我通过捕捉市场的反转时机赚了一些钱。是的，顺势交易永远是最好的办法。如果你在没有充分理由的情况下逆势交易，也许会爆仓。但是有时当趋势结束时，市场会有一些转势的清晰信号。如果你是一个自律的交易者，知道在亏损时及时止损，那么反转交易可以给你带来很好的收益。不管这个人会不会阅读本书，不管他的评论是什么，我该怎么写就怎么写，因为你有充足的理由从不同的角度看待事物，这是很正常的。

读者的评论很有意思，亚马逊网站和其他网站的读者评论有几百条，95%的读者认为我的第一本书是本优秀的、有深刻见解的交易书籍。很多人说在他们所看过的50本同类书中，我的书是最好的，他们认为我的书对他们有很大的帮助，等等。但是也有人说："别浪费钱了，这本书是垃圾，也没什么新颖的东西。"还有人说："这本书简直就是狗屎，我读了前几章，发现内容空洞。"

所以，我认为不可能取悦所有人。我的朋友甚至说甲壳虫乐队（Beatles）和莫扎特（Mozart）也是名不副实的。

应用出场规则

现在讨论出场思路。当检查我的规则时，我意识到我最关注的是止损。大多数的规则都在谈论止损，只有几个规则谈到了止盈。可能是因为当我制定那些规则的时候，我大部分的交易都是亏损的。关于我的进场规则，我要重申一点，那就是在进场前就要确定出场点。如果你没有发现好的交易或者因为一笔亏损交易而恐惧，那么就很难在事实发生之后试图找到好的出场点。所以，你要在进场前确定好出场点并把它写下来，这样你就会一清二楚了。另外，如果你没有一个预先设定好的止损点，将如何估算一笔交易的风险回报率呢？

拥有一个预先设定的能起到保护作用的止损点后，且知道这个止损点的位置，下一步我要关心的就是在市场到达止损点之前就出场。我要做的第一件事情就是不要在亏钱的仓位上浪费时间。如果交易不像预期那样进行，如果我做日内交易，进场45分钟后还是亏损的，我认为在这两种情况下没有必要死等市场到达止损点才出场。如果由于追加保证金的通知或判断错误使我必须出场时，我总会先平掉亏损的品种。人的本性总是先平掉赚钱的仓位以锁定利润，并希望亏损的仓位会回本，其实这个方法是错的。

请记住，止损点只是在最糟糕的情况发生时的一个出场点，如果交易已经亏钱了，我们可以提前止损，在任何时候，小的亏损都要比大的亏损好。亏损是交易的一部分，所以要适应它，如果你做错了也不要犹豫，也不要担心支付了佣金，从长远看来，无论是做多还是做空，支付11美元的佣金并不重要。重要的是不要为了把佣金赚回来而将120美元的亏损变成了3400美元的亏损。

如果某笔交易是赚钱的，我还需要专注一些事情。第一，如果已经到了目标点，那么就出场。不要贪婪，不要想多赚一点。除非《花花公子》总部通知我，如果我能多赚一点就能去他们那里玩，否则市场到了目标点我就会出场，没有必要死守已经到了目标点的仓位。如果市场已经到了目标点，你还在死守仓位，就会很容易回吐部分或全部利润，甚至会把这笔交易变成亏损的交易。不要指望在顶点出场，这点也很重要。只有在市场下跌了以后，我才能知道顶点在哪里。如果市场碰到了我的目标点，然后就退却了，此时我没有必要等市场一定要走到我的目标点再出场。也许市场会再次走到我的目标点，也许再也不会走到我的目标点了。所以，我再次重申，如果市场到了目标点，那么就出场。

和进场一样，我应该尽力选择最佳的出场时机。但是如果我为此错过了出场时机，就需要重新评估并且制定一个尽快出场的新计划。

应用纪律规则

我的规则里最重要的部分，是关于纪律的问题。纪律可分为两个部分：一部分是交易者需要拥有纪律以做出正确决策，另一部分是遵守你所制定的规则、系统和计划的纪律。

首先，我想一直像职业交易者那样思考，会不断问自己是做了正确的决策还是做了愚蠢的决策。正如我以前所提到的，每笔交易都要有一个很好的理由，这就是职业交易者开始交易的方式。如果某笔交易或决策不是按照计划做的，那么，我就是业余选手，是没有希望赚钱的。愚蠢的、低胜算的交易相当于赌博，你要尽量避免犯这样的错误。最好方法就是像职业交易者那样思考。比如，新手喜欢在市场向上突破趋势线时追高买入，但是他们买入后市场又下跌了，回头一看，正好买在了最高点。职业交易者就不会犯这样的错误。就像职业交易者那样，我会尽量选择交易机会，尽量减少交易笔数。

当接受亏损时，纪律是非常关键的。在失控之前，亏损应该很小，一旦接受了亏损，这笔交易就算结束了。我不应该死守亏损的仓位以期待回本。一旦交易亏损了，我需要坚持出场的纪律。同样，万事不利时，我就要出场。可以出现一点亏损，但是有时亏损会让你很紧张，这时就需要暂时休兵以重整旗鼓。

我有一条规则，那就是不交易常常伤害我的品种。我从来没有在黄金和白银市场中赚过钱，而且还有几只股票看起来总是能打败我。所以，我永远不会交易它们，不管它们看起来多么吸引人，我需要纪律来回避它们。我的交易计划中没有这一条，但是当制定行动计划时，我确实限定了一些品种，除了这些品种，我几乎不交易其他任何东西。

对于每笔交易，对于每天的交易，我用自律性来遵守我的行动计划和规则。如果我没有遵守它们，那么它们就没价值了。

25条重要规则

除了前面提到的规则，我决定讨论一下我在过去21年里收集的交易规则，这些规则大多来自杂志和互联网。就大部分规则来说，不管我在何处（我查找了很多网站）看到的，这些规则都差不多。有些网站只有6条最重要的规则，有些网站有50条规则，其他网站则介于6条和50条之间，但是我发现大部分规则都和我的规则相同。我把我认为最重要的规则浓缩了一下，形成了25条规则（我添加了评论），希望你能利用其中一些作为你的优势。

这25条规则虽然简单，但是毫不夸张地说，如果你遵守了它们，它们就能让你轻松赚钱。我发现有趣的是很多规则都已经出现在本书中了。所以，我希望没有太啰唆。顺便说一下，这些不全是我的规则，而是我将所看到的规则编辑了一下。我并不赞同下面所有的规则，有些规则和我的有所不同，但是我思想开放，愿意接受别人的观点。

规则1：顺势交易

在我看到的所有规则中，最流行最重要的赚钱规则就是顺势交易。虽然这是最明显的规则，但是人们在牛市中总是认为市场上涨得太快了，太多了，于是卖出，结果市场还在上涨。我曾经因为这个错误少赚了很多钱。最让我难过的是几年前我以为原油每桶40美元的价格过高了，就开始做空原油，然而现在原油的价格接近每桶100美元。谷歌的股票也是这样，当时很多人以为400美元的价格确实是高估了（现在是702美元）。把主趋势的方向搞错了不会让你亏钱，但是你会错失良机。在牛市中，你要尽量做多或者旁观。记住，空仓也是一种持仓。

规则2：买强卖弱

和顺势交易相似，你需要跟着资金走。很多人喜欢在价格下跌时买入，希望会反弹。但是职业交易者在价格上涨时买入，他们不遵守"低买高卖"这条格言，而是更喜欢"在高点买入，然后在更高点卖出"。不要尝试改变趋势，你应该跟随强势的品种，强势是有原因的。不要因为股价低就买入，也不要因为股价高就卖出。

你可以这样想。如果你是一个职业棒球手，你要跟着强队玩，不要加入弱队，更不要指望弱队会突然变强。同理，当选股时，你应该买入最强的股票或者卖出最弱的股票。

第十六章 交易规则

规则3：为你的交易制定一个计划

很明显，这是我喜欢的一条规则。当进行交易时，想象它有潜力成为今年最赚钱的一笔交易。如果没有进场计划、加仓计划和出场计划，那就不准进场。在进场前，你要做好准备工作，并决定在何处进场和出场，否则不要建仓。在开市期间不要想新花样。一旦你确定了策略，就要坚守它。只要策略是正确的，随着时间的推移，你就会赚到钱。

规则4：提前确定交易的最大亏损

制定交易计划时，你要提前想到最坏的结果。当最坏的情况发生时，你就不会感到吃惊了，这样你才能正常地专注交易，否则就会恐慌的。如果你恐慌了，那说明你的最大亏损额太大了，你要适当缩小一点。知道自己可能的最大亏损会帮助你确定可以交易多少份合约，同时让你能确定是否值得承担风险来进行交易。

规则5：不要追逐市场

耐心是交易者必须拥有的美德。如果你想冲动地去追一波行情，在匆忙进场前要好好地想一想。你应该耐心等待回调（反弹）或可靠的进场点，然后再进场。市场一般不会单边上涨或下跌，市场会休息一下并测试一些点位。我经常遇到这样的事，当我匆忙进场15分钟后市场就开始向对我不利的方向走去，我要等很久，市场才能回到我的进场点。如果你错过了一笔交易，要有耐心，不要担心，机会是很多的。

规则6：给交易一个期限

一旦进行了交易，你要有耐心。进场后，给交易一个期限，看看在这个期限内会不会赚钱。从长远上看，过快兑现利润会付出超级大的代价。真正的利润并非来自平时的小赚小亏，而是来自为数不多的大行情。我确信你听说过"让利润奔跑",这才是关键。如果你过于焦躁而过早出场,就错过了本可以赚到的利润。

规则7:截断亏损

"让利润奔跑"的另一面就是截断亏损,当你将它们合在一起时,就得到了最古老的交易格言。你要有能力接受小亏损,当知道自己受到打击时,小的亏损比大的亏损对你的打击要小。金钱上的小亏与死守亏损仓位时精神资本的耗损相比就不重要了。亏损是做生意的成本,你应该轻松地接受它们,否则就无法成为成功的交易者。不要自欺欺人地认为亏损的仓位会回本,不要为此找借口。成功的交易者知道自己会遇到连续多笔亏损,他们会熬过这段不利的时期。然而,交易的目的是很多笔的交易总和是赚钱的,所以不要担心单笔交易的亏损,你要尽量把事情做对。

规则8:不要向下摊平成本

大多数顶尖交易者都不会向下摊平成本。在任何情况下,都不要向下摊平成本。如果你买入,每一个新的买入价格都必须高于先前的买入价格;如果你卖出,每一个新的卖出价格必须更低。(我在前面提到了例外情况。对于大户而言,他们需要一点一点地买入,需要在价格下跌时买入,这样才能在别人不注意的情况下慢慢建仓。对于他们来说这是建立庞大仓位的方法,他们不是在向下摊平成本。)

当你在盈利的仓位基础上加仓时,你要逐级少量加仓,这样可以防止市场突然反转时出现大亏。合理的加仓量是初始仓位的25%—50%。

规则9:当交易的理由不再存在时就出场

当你计划交易时,应该有一个进场的理由。如果这个理由改变了,你的交易就无效了,所以你应该出场。如果你又有了一个新的交易理由,可以再进场。如果没有,不管盈利还是亏损,你现在都应该出场,或至少要重新评估这笔交易。

规则10:利用成交量帮助你交易

成交量通常是一个被人忽略的指标,但是它能让你知道有关价格波动的情况。大成交量能够确认价格的持续或确认趋势的反转,而小成交量能够让你知道行情可能结束了或告诉你反转信号不够明确。你应该花时间学习怎样读懂并运用成交量,因为它对你的交易有很大的帮助。

规则11:确保技术面确认了基础面

有人说你不必等到技术面和基本面一致了才进行交易。他们这么说是有一定道理的,但我不太同意这一点。我喜欢用技术面来确认新闻对市场是否产生了影响。记住:不受消息影响的市场才是最赚钱的市场。这跟另一个古老的谚语"在谣言传出时买入,在公布新闻时卖出"一致。图表才是真实的,图表消化吸收了所有的消息,图表能告诉你真实的市场,所以要相信图表。

规则12:不要交易流动性差的品种

有些股票和品种的交易不活跃是有原因的(因为没人愿意交易它们)。你不必去寻找具体的原因,回避这样的品种就对了。流动性差的品种经常会出现异常波动,所以要远离它们,你应该交易流动性好的品种。你也不必去寻找最活跃的品种,只要这个品种能吸收比较大的订单,个人无法操控就行了。

规则13:当亏损严重时,休息一下

当资金出现重大亏损时,你应该考虑休息一下。你可以全部清仓,当天不再交易了,也可以多休息几天。在急剧的快速亏损之后,你的思维会变得混乱。挽回亏损的想法很强烈,但此时你

不能盲目交易，否则容易爆仓。

规则14：赚钱时可以再激进一点点

当你赚钱时，可以再激进一点点。很多事情倾向于连续发生，比如连续多笔赚钱或连续多笔亏钱，每个人都曾经遇到过这样的情况。你要尝试在赚钱时实现连续多笔赚钱，但是要知道连续多笔赚钱的事情迟早会结束，所以不要太自负，不要太激进，否则就会在一笔交易中亏掉所有利润。这里的关键词是"一点点"，是的，激进一点点是可以的，但要有所节制，不要过于贪婪。

规则15：每笔交易的风险不能超过账户资金的5%

我发现大部分人都建议风险不能超过账户资金的5%，还有人建议不能超过账户资金的1%或2%，但对于普通交易者来说，5%是可接受的。只要遵守了这条规则，你在任意时刻都不会爆仓。你也能知道该交易多少份合约和某笔交易是否过于危险。

规则16：根据你的个性进行交易

一般来说，你的交易风格要与你的个性相匹配。如果其他人的风格与你的思想不同，你很难根据别人的风格进行交易。我用了一章的内容谈论这个问题，所以你应该知道我的感受。

规则17：价格有记忆

这是我喜欢的一条规则，以前我没有谈论过这条规则。价格的确倾向于记住以前的价位，它会走到图表中明显的支撑位或阻力位。事实上，不是价格有记忆，而是交易者有记忆，他们推动市场向那个价位移动，因为他们一直在那个方向上交易直到价格到达目标点，然后出场。

规则18：进行你最擅长的交易

多交易对你有利的股票或市场，少交易对你不利的股票或市场。如果你是一位优秀的原油交易者，交易原油就行了，你没有必要交易所有的品种。如果你交易多个品种，对于赚钱的品种，可以加仓；对于亏钱或利润不多的品种，可以考虑清仓。这条规则能帮助你实现"让利润奔跑"。

规则19：监控自己

学习怎样成为一名交易者的最好的方法是知道你所做的事情。用笔记本记录所有的交易、交易理由和你的行动，这对你的交易有很多帮助。如果做得正确，你就能看出自己的交易模式，这样就可以平掉亏损的仓位，聚焦于赚钱的仓位。你也会了解自己的优势和劣势。

规则20：了解你的市场

最优秀的交易者只专门进行少量的指数、期货或证券交易，并深入了解这些品种。如果你的涉猎面太广，就无法深入了解具体的品种。正如我在本书前面讲过的，你可以通过每天交易和研究一个品种来了解这个品种的个性，这样你就有了优势。孤陋寡闻会让你失去这个优势。如果职业交易者只交易一两个品种，你为什么会觉得自己比他们优秀呢？

规则21：不要贪婪

贪婪是让你在交易中遭受亏损的情绪之一。一旦到了目标点，你就出场。你没有必要拼命去赚取最后一分钱，搞不好还会回吐利润。如果你交易你所不能承担的大的仓位，以试图赚取更多的钱，贪婪同样能让你爆仓。相反，你要保持稳定，获得持续一致的收益。

规则22：不要带着恐惧感去交易

像贪婪一样，恐惧是交易者另一个致命特征。带着恐惧感去进行交易的人会做出糟糕的交易决策。如果抱着锁定一些利润的想法，他们就会在错误的时间出场。有些人在该行动的时候不敢出手。他们看中一笔交易，然后只是观望；更糟的是他们进场了，但没有及时出场，他们可能会把小亏变成了大亏；或者他们在大亏之后又想回本。如果你感到恐惧，不要交易了，休息一下，直到自己知道该如何平静下来。如果你不这样做的话，就很有可能亏损更多的钱。

规则23：期望不是交易策略

我很喜欢这条规则。在任何一个正确的交易计划中都没有期望这个单词。一旦这个词在你的交易决策和思想中出现，很可能你已经亏损了，你正在逆境中等机会出场。一旦你开始期望某件事了，赶快出场，寻找下一个机会吧。

规则24：保持简单

我发现最简单的方法才是最有效的方法。当你依赖于很多复杂的指标时，信号太多了，就无法做出理性的决策；或者是指标信号互相矛盾，让你找不到方向。这就像很多厨师挤在厨房里做一份汤，搞得大家都手忙脚乱。有些优秀的交易者只使用一个图表和一条趋势线，他们不需要花里胡哨的东西干扰他们的思维。

规则25：拿出部分利润来犒劳自己

当你赚钱后，拿出一部分利润来奖赏自己，这会让你对自己和交易更有信心。没有比奖励自己更好的事情了，比如用利润买一把4000美元的马丁木吉他。

总结

交易规则构成了交易基本方法的基础。所有买入、卖出和风险情况都由这些规则决定。而且，如果你想在交易中赚钱，则需要制定并实施这样的一套规则。如果你使用并遵守这些规则，它们不仅可以指导你的交易，也能作为监控你交易的一种方法。它们能够让你分辨出正确决策与错误决策之间的差别。一旦有了可靠的交易规则，你要做的就是检查你的交易，并关注当你遵守或没有遵守它们时，你的表现如何。没有这些基本的规则，你就无法衡量自己的标准，就会在成为优秀交易者的路上多了一个阻碍。

第十七章 聚焦和纪律

一位教师的背部受伤了，他不得不在上半身缠一圈石膏绷带。绷带正好藏在衬衫里面，一点也不明显。在本学期的第一天，绷带仍然藏在衬衫里面，他发现学校让他教最难管的学生。

他非常自信地走进这个喧闹的教室，尽可能地将窗户打开，然后开始在讲桌前面忙起工作来。教室里面有一点乱，他几次试图让孩子们安静下来，但是没有用。

当他开始讲课时，吹来了一股强风，使他的领带烦人地飘动起来，他就一遍又一遍地整理领带，但是无济于事。在他再次要求孩子们安静下来时，他也开始讨厌那条任性的领带，于是他站了起来，从他的办公桌里面拿出一个订书机，然后把领带钉在了胸前的几个位置上。从那一刻起，纪律就不再是一个问题了。

拥有好的交易计划和行动计划、掌握这个世界上最好的交易法则是好事，但是如果你不能专注它们及按纪律来遵守它们，对于你来说拥有它们不会有太大的帮助。假如你是一个非常容易分心的人，无论你的交易计划和行动计划有多么的好，你也做不好交易。正如你所知道的，行动计划会帮助你专注交易计划，但是如果它发挥作用了，你就必须持续专注于它。

保持聚焦状态

保持聚焦状态包括很多方面：制定计划、遵守计划、复查计划、避免过度交易，以及坚持你的资金管理规则。当你在交易的任一方面开始出现失误，你的资金曲线就会往下走了。

职业交易者做得好的原因之一是，交易是他们唯一要做的事。他们很少考虑其他事情，我指的是为公司打工的交易者，他们的薪水优厚，不必担心交易资金来源的问题。没错，他们也想拿到巨额奖金，不过那些奖金更像是画在墙上的大饼。交易的人每天需要担心的事情太多了，所以他们很难专注交易。有些新人在有全职工作的前提下还想做日内交易。我知道很多律师、医生、会计、接待员、鼓手和消防员等都在一边上班，一边尝试去做日内交易。这样，当不能将所有的注意力都投入到交易中时，你就不可能发挥最大潜能的。有成千上万个家庭主妇试图在送孩子上学和从事正常工作之间抽时间进行交易。因为她们不能专注交易，所以成功的概率不大。如果你正在进行交易，孩子哭了，或者是客户的电话来了，或者你正在给病人看病，那么，就不能专注你的交易。当然，在20世纪90年代末市场直线上涨时，大家要做的事就是买入，在高价卖出；然后在更高的价格买入，上涨后再卖出，如此一来，他们都成了优秀的交易者。但是如果将他们放在一个正常的交易环境中，他们将会因为无法聚焦于交易而不能赚钱。

职业交易者做得好的另一个原因是，他们不像有些新交易者那样需要赚钱来维持生计。他们可能需要赚钱来保住工作，但是他们在交易时没有偿还房贷的压力。那些把自己一大部分存款拿来做日内交易的人，如果没有其他收入来源的话，他们就非常担心自己的财务状况。这样的忧虑使他们分散注意力，不能再专注交易，他们就很容易犯错。如果交易者试图赚取比应得的钱还要多，不用说他非常有可能会失去纪律性；如果资金对于他来说是个问题的话，他可能就会力所不及了。

我最近在纽约市开了一个酒吧（Tequila Jack's）。在开酒吧的前一周，我从交易账户里兑现了很多钱。2008年2月7日，我尝试着做最后一笔大额交易，这样就能多赚点钱。我买了很多标准普尔的期权，但是在第二天，由于亚洲的问题，市场就出现了大幅下跌（见下页图17.1），于是我在一天内把投入的钱全部亏光了。因为我必须去卫生部门和消费者事务部门去领取酒吧和门外休息区的许可证，因为我无法监控这笔交易，因为我没有额外的5万—10万美元做缓冲资金，因为我想多赚钱，因为我没有遵守纪律，因为我没有正常地进行交易，因为我忽视了我的资金管理参数，因为风险太大了，所以，我在2天之内亏损了大约2万美元。

收购这个酒吧在很大程度上已经分散了我的注意力，这就使我在一段时间内停止了交易。我是一个非常注重亲身实践的人，我负责监督了整个装修、招聘、制度制定、菜单制作（如果你住在附近，就可以到我们店里品尝美味的墨西哥食物）过程和其他很多事情。这样一来，我将大部分时间都投入到了酒吧上，然后我还要写作本书，所以根本就不能将注意力集中在交易上。我尝试了几个星期，但是仍无法做好每天的行动计划，也没有工作效率，更没有时间制定新的长线交易计划。所以几个月来，我把心思都花在酒吧上面，偶尔也会写作本书。酒吧开张以后，我没有继续写书，而是开始交易了，我的编辑很不高兴。我已经要求两次延期交稿了，我的编辑已经开始失去耐心了，所以，我必须完成本书。为此，我减少了交易量。我仍然每天关注市场，如果看到了明显的长线大行情（指一两周以上的行情），就会交易，否则只是通过观察市场为本书提供素材。我清楚地知道在写作《高胜算操盘》期间我的交易做得不好，所以，宁愿这段时间安全一点。

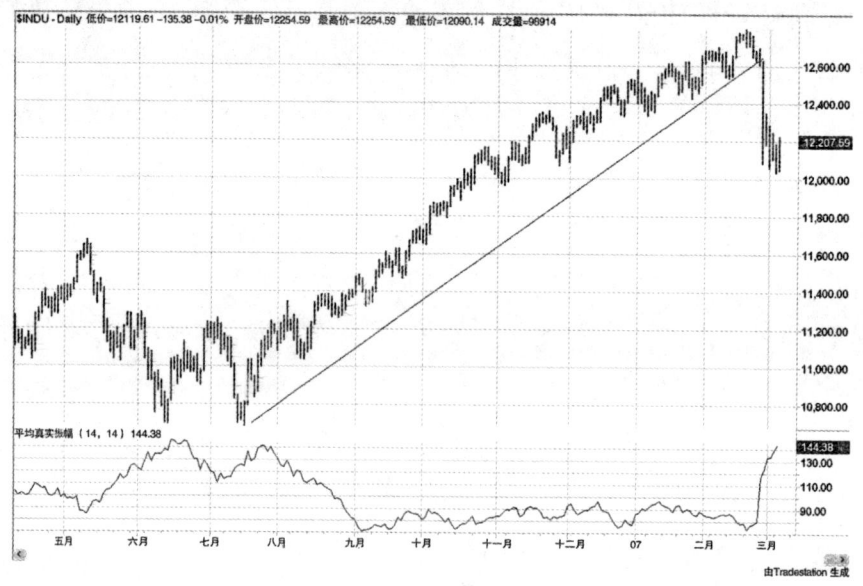

图 17.1　最后一笔交易

来源：© Tradestation 技术公司，1999 年，版权所有。

仅仅多了两天

在交稿之前，我复查了一下这本书，只想说本章不是按照本书的先后顺序写的。在本书中间部分谈到的所有交易，实际上是在写完本章以后的几个月内所做的交易。但是现在，在交稿之前，我还有 2 天时间，这使我成了一个快乐的野营者。在过去的几个月，我没有进行过多交易，但是我做得确实很好，并且现在渴望全力以赴地回到交易中。当然，我可能还会收购一家酒吧或餐馆。最近的市场有点疯狂。今天，美联储不得不力保贝尔斯登（Bear Stearns），于是市场在最近 2 天上涨了 400 个点后，又大幅下跌。

有很多事都会分散你的注意力，比如疾病、心情不好、经济问题、孩子、买房子的问题、糟糕的婚姻、美好的婚姻、你爱上了某人并高兴得晕头转向、整天挂念着某人、无所事事，更糟糕的是，你可能在对婚姻生活不满的同时有了婚外恋。不管是什么原因，如果不能专注，你就不能做好交易。制定并坚持一个行动计划很消磨时间，但如果你不能投入适当的时间来做这件事情，那么，你的交易将会受损。

坚持写行动计划的例行工作

你不仅在交易时要遵守纪律，而且在写操作计划、设想市场的可能走势及每天复查交易时也要遵守纪律。当我做全职交易时，我有一个例行工作来帮助我做这件事情。每天在市场收盘后，我会站起来并在街区周围散步，买个棒棒糖，拿一罐可乐。当一天的大部分时间都是坐的时候，我的腰椎都弯了，我需要舒展一下我的腿。散步真的会帮助我放松，并让我在市场收盘后还有精力，所以，我能够开始为第二天制定行动计划。当所有事情都做完以后，我会小睡一会儿。

除了经营酒吧和写书之外，我在过去的 3 年里一直是一个全职爸爸。因此，当市场收盘以后，我会带孩子去公园玩 1 小时左右。我正式申明，没有任何事比照看两个婴儿长大更棒的了。照看孩子很不容易，但是你肯定会笑容满面的。这就是我停止日内交易并开始做长线的主要原因之一。我想多花点时间与他们待在一起。我请了一个保姆，否则真的没时间做交易了。但是，我敢肯定，当我女儿在几个月后去上幼儿园之前，我的交易还是有点分心。

因为我是一个熬夜的人，所以，我的问题总是在早晨出现。我从十几岁时开始，正常的就寝时间是凌晨2:00—3:00，并且我在睡了5个小时以后就能正常工作，前提是我在每个下午都要小睡一会儿。我每天早晨只需要1个小时做准备，并且只穿梭于卧室和办公房之间，所以不需要醒得太早，我比较喜欢睡到上午10:00。我每天早晨的例行工作都是一样的。在早晨7:58时，我会去洗手间，很不幸，我在早晨8:00才醒过神来。从洗手间出来以后，我坐在电脑前，浏览报纸和图表，这会对我很有帮助，然后开始写行动计划，设想市场可能的走势。大约在早上9:00，我通常会完成这些工作，然后去淋浴。9:20，我已经准备好了。我不喜欢在开盘后的30分钟内做任何交易，所以这段时间我用来吃早饭，然后关注市场，看它们怎样波动。但是我不相信只是因为我的睡眠时间不足8小时就有可能导致上午交易有所亏损的这种说法。

在你准备交易时，例行工作确实是一项资产，因为它让你习惯于做你需要做的事情。除非你天天都在做相同的事情，否则真的很难专注制定行动计划。

遵守你的计划

每天，你不仅必须遵守纪律来写下你的操作计划，而且必须要遵守这个行动计划。通过制定行动计划，你会给自己指明一个清晰的交易方向，并拥有强大的优势来超越那些没有行动计划的交易者。如果你不准备使用或坚持这个行动计划，你花费时间来写它又有什么意义呢？但是做起来却不总是那么容易。你可能分散了注意力，或改变想法，或完全忽视了这些情况，那么，你的行动计划也就没有价值了。然而，假如你是一个能够保持纪律并能遵守计划的人，那么，你会有很好的机会成为一个优秀的交易者。如果你不遵守纪律且不能遵守策略，我相信，不管你怎么想，你都不会有成功的机会。

当难以保持专注时该怎样做

现在，我不知道你是否有纪律性。一个没有纪律性的人能够通过学习成为一个有纪律性的人吗？也许会，但是需要长期坚持学习才能成为遵守纪律的人。如果一开始你就没有纪律性，那么在学习过程中就会遇到麻烦。但是，我认为你可以做一些事情，希望它们能帮你达到目标。首先，你必须制定交易计划和操作计划，它们在你遵守纪律的过程中是最重要的步骤，因为如果你没有可遵守纪律的计划，那么就不会成为一个遵守纪律的人。当你遵守那些计划并不再怀疑自己时，纪律因素就会起作用。如果你很难遵守纪律，我认为这几件事情能够帮助你解决这个问题。

交易规则

制定一套简单的交易规则，并确保你能遵守它们。如果你在开始的时候就制定尽可能简单的规则，那么遵守它们就会很容易。记录当你违反这些规则时你是怎么做的，以及当你遵守这些规则时你又是怎么做的。如果你能做到这一点，那么就能看到一个当你坚持规则时的行动模式，这样有可能会使你成为一个更加严格的人来遵守这些规则。当市场到达一个特定的价格区域，如果你的规则或策略告诉你该出场，你就出场，不要表示怀疑。一旦你能够重复地做这件事，那么，你将会开始遵守纪律。

记录并分析交易日记

交易日记容易被人们忽略，甚至有人认为写交易日记是不如别人的表现，其实它是一个最有用的工具。交易者可以通过交易日记识别出自己的行为模式，这样就可以更好地体现纪律性。写交易日记很重要，你还要通过复查交易日记来分析你的交易。只要每天坚持为每笔交易写交易日记，你就能获得纪律性。当你学会分析自己是如何采用交易规则和行动计划时，真正的纪律性就会出现。统计出你遵守规则的次数和违反规则的次数。无论你是否赚钱，统计的目的是你要尽量遵守规则。

按你的风格交易

如果你不能遵守策略，那么也绝不会遵守纪律。如果策略与你的交易风格不匹配，那么你会越来越难以遵守策略。所以，如果你想遵守纪律，那只能用你满意的策略进行交易。

监控市场

每天留出一段时间来监控并复查市场。无论你是否交易这些品种，一定要坚持做这件事，因为你不仅会得到纪律，而且还能知道导致市场波动的原因。纪律意味着重复做相同的事情，这只是学习它的一个方法。

要持续一致

无论是每天健身还是做交易，你都要持续一致地去做，并专注你所做的事情。定期去健身的人，按时吃饭的人，从来不吸烟的人都是有纪律的人。如果你想完善你的纪律，那么就去健身，设定一个时间，每天都这么做。

第十七章 聚焦和纪律

关于交易，你要尽量做到在相同的情形下做相同的交易。如果你无端改变你的交易方式，第一天开盘向下跳空低开时你买入了，但在第二天类似的向下跳空低开时你却卖出了，那就说明你没有持续一致性，因此你也没有纪律性。

不要冲动交易

如果你在交易时风险规模很合适，就很容易保持纪律性。一旦你开始重仓交易了，如果交易失误，那么就有可能会做出非常愚蠢的决策。当恐慌和害怕这两个因素不起作用时，合理的风险意味着你会有更好的机会来坚持你的操作计划。

用昂贵的方法学习

有些人在模拟交易时遵守了规则并取得了好成绩，他们就认为自己有纪律，但是一旦进入实战交易，一切就抛到九霄云外了。在一定程度上，模拟交易是好的，但是它不能让你得到最终所需的经验。得到经验的方式不是免费的，需要用真金白银进行实战。我推荐一个听起来不太正规的方法，你可以交易最便宜的市场或股票，我是指波动不大但成交量很大的品种，比如玉米或SIRI。你可以用一个简单的策略每天交易几笔。几周下来，你的资金变化不过1000美元。这个并不重要，重要的是你学会了如何严格遵守规则并得到了实战经验。如果你看到了出场信号，那么就要毫不犹豫卖出。如果你看到了买入信号，那么就要果断买入。一旦你能正确地并坚持不懈地做这件事情，将会拥有纪律。如果你做不到，那么你可以选择进入房地产或其他行业，因为你无法靠交易赚钱。就像我过去想成为扑克牌高手，我一开始在赌注限额低的赌桌上赌牌，用于练习纪律，这意味着在赚钱概率高的时候才下注。虽然这很无聊，但却非常有效。通过低限额赌注的赌局学习和练习比较有效；在线练习（模拟的）或者玩赌注限额高的赌局时，你无法集中精力，容易亏钱。钱会分散你的注意力，但是如果你只是小打小闹，输掉了一点没有关系（因为开始时你极有可能会出现这种情况），把它当作是经验收获，或者是纪律学习班的学费。如果赌注太高了，那么课程就会十分昂贵，而且你的情绪会对你的行为造成不利的影响。

纪律的心理方面

以上我提到的几种学习纪律的方法都是借助市场来实现的，但是纪律是来自你的内心，你需要训练你的思维。以下思路会告诉你如何从内心学到纪律。

从心理医生那里得到帮助

将一个没有纪律的人改变过来的最好方法可能就是从心理医生那里得到帮助。通过一些心理咨询服务或催眠，你也许能够成为一个有纪律的人。有很多心理医生专门帮助交易者成为优秀的交易者。我不能证明这一定起作用，所以当你花费了1.2美元的治疗费以后仍然不能交易赚钱的时候，请不要找我算账。

保持头脑清醒

除了治疗的途径以外，如果你在交易时保持清醒的头脑，我认为你能够更加遵守纪律。如果不能将你所有的精力专注于交易上，你将很难遵守纪律。去年，我知道自己不能完全专注交易，所以不得不改变交易方法，以便更专注于我正在做的事情。我守纪律做好当前的交易，但是如果我想更积极地交易，就不能使头脑保持清醒了，也不能执行纪律了，无法去做正确的事，我可能就会亏损了。心理治疗有可能会帮助你解决这个问题，也有可能解决以下几个问题。

控制情绪

当你进场、监控交易或出场时，尝试着控制住自己，不要受情绪影响。当交易失常或比你预期的更好时,恐慌和极度兴奋会影响你的判断。在好的交易日或没有赚钱的日子里,你的情绪状态应该是一样的。无论输赢,扑克牌高手从不显露出情绪,真应该向他们学习。赚钱时不要得意扬扬,亏钱时不要砸键盘。如果你不能控制情绪,就没有纪律去做正确的事。

不要过度自信

虽然你需要信心来成为一个交易者,但是如果你过度自信,就会陷入麻烦当中。当你连续多笔赚钱或大赚之后,就会变得过度自信,会认为自己是不可战胜的,这样可能会使你的警惕性下降。当你这样做以后,就可能不会再遵守计划,完全靠运气。你也有可能会忽视资金管理规则,这样会使你更快地受到损害。过度自信也会影响你,让你变得懒惰。因为你认为所做的每件事情都会起作用,便可能不再制定行动计划,也有可能不再测试系统了。此时,因为你的大脑让你认为不必再遵守规则了,你丧失了纪律性。

考虑点位,而不是钱

如果你比较用心,就会发现我在整本书中很少提到我在交易中赚了或是亏损了多少钱。大部分情况下我是说赚了多少个点,或亏了多少个点。一旦你开始考虑钱的问题,那么它就会动摇你的思想,一大笔亏损或盈利能使你的情绪波动。但是如果你只考虑赚了或亏损了多少点数,那么你就会控制住情绪的起落,因此,就更容易专注地进行正确的交易。

在亏损发生之前就能设想到亏损的状况

在交易时,能让自己遵守纪律的方法就是为最坏的情况做好准备。我试着想象如果我止损出场并亏损了风险资金时,我的感受如何。你首先要对自己诚实,当亏损时,你能没有任何情绪变化吗？当市场接近止损点时，你很难坦然地接受亏损，所以说，如果亏损额偏大的话，你很难遵守纪律。但是如果你能够事先感受到这种痛苦，让自己为痛苦做好准备，并知道自己能够处理它，那么，当亏损来临时，你就会更好地坚持你的计划。

将自己想象成一个职业交易者

无论你做什么，都要像一个职业交易者那样思考，并一直问自己：职业交易者是否也会这么做？我是不是太不专业了？马塞尔会不会为我骄傲？当你将这项简单的任务在越来越多的场合运用时，你的头脑会用更专业的方式进行思考，并会做出更好的、更有纪律性的决策。

学会说"那又怎么样？"

即使你很优秀，可能也有至少一半的交易会亏损。对于盈利的交易，你出场太早了；对于亏损的交易，当你止损后，又发现市场又朝你建仓的方向前进了；最终你会发现自己总是错过了一些机会。如果以上就是你的表现，那说明你还算不上是优秀的交易者，你是中庸的，甚至是糟糕的交易者。对于消极的事情，你要尽量回避它们的影响，更不能采取报复心理。只要你坚持计划做高概率的交易，即使做错或者错过一些东西也没有关系。所以，你要学会克服亏损的负面情绪，可以试着对自己说："那又怎么样？"如果交易没有成功，不要失望。你的任务就是保持清醒头脑来进行下一笔交易，从头开始。完美主义者是无法成为优秀交易者的。棒球比赛中最好的本垒击球手在比赛中失误的次数也是最多的。这只是比赛中的一部分，他在比赛中学会了接受三振出局，并且从中学到经验，这样，他在下次比赛时就会表现得更好。赛·扬在棒球比赛中始终是最佳投手，他在比赛中失利的次数也是最多的。每次失败后，他会摆脱失败阴影，并找出失败的原因，然后，返回现场并赢得两场比赛的胜利。因为并非什么事都能让你如愿以偿，生气抱怨是没用的，所以，赛·扬的做法是一个比较好的策略。坦然面对失利的局面，否则在下次交易中，你很难遵守纪律。

不要害怕

恐惧对人的不利影响太多了，比如害怕亏钱，害怕出错，害怕错过机会，害怕失策，害怕以亏损出场。那些在交易中有恐惧感的交易者很难控制情绪，因此也就不会按纪律进行交易。为了成为一个优秀的交易者，你需要克服恐惧。交易不适合于弱者或胆小的人，如果你是其中的一员，那么就很难坚持计划。你可以在现实生活中找到一些你害怕面对的事情，然后设法去克服它们。以我为例，我害怕公开演讲，在完成这本书以后，我就开始致力于克服这种恐惧。我准备加入演讲俱乐部，参加一些研讨会，恐惧感消失以后我就能无所畏惧地公开演讲了。

密切注意

除了从心理方面保持纪律性外，你可以尝试通过密切注意自己行为来遵守纪律。其中，有几种方法，我认为你能实现这点。最有效的方法就是写交易日记，其他方法包括和别人讨论、让别人监督你。

坚持写交易日记

写日记有很多好处。第一个好处让我想起了我父亲尝试戒烟的情况。他拿橡皮筋将一张纸绑在他的本森海吉斯 100（Benson & Hedges 100's）的烟盒上。每次当他吸烟或者想要吸烟时，就会将时间和理由写在纸上。这样写日记能够帮助他意识到吸烟过于频繁且吸烟没有好处，这项令人讨厌的工作使他降低了吸烟的频率。当他发现吸烟的次数比想象中的还要多时，就尝试着少吸烟。很不幸，他戒烟的时间太晚了，他在46岁时就患上肺癌而去世（如果你也在吸烟，我建议你戒烟）。在此之前，他只知道他每天大约吸两包烟，他没有意识到在每天大部分时间里，每隔15—20分钟就要吸一支烟。他后来才意识到确实有点频繁了。你只要花点时间在交易日记中记录你做交易的原因以及你当时的思路，这样就能帮助你遵守纪律，并变成一个更优秀的交易者。

通过交易日记，你能看到交易中的一些模式，否则，你将什么也看不到。它能够帮助你看到当遵守规则时你是如何做的，当忽视规则时你是如何做的，还能告诉你如果你多持仓2天，会有什么不同。很多交易者都不喜欢写交易日记，但是写交易日记真的很有用。扑克牌高手也会坚持写日记。他们每天记下赌牌的方法，以及他们做对或做错的地方，同时也会记录资金管理方法，还要记下对手的特征。当他们复查日记时，就会知道该如何更好地处理不同的情况以及如何提高盈利。交易日记是一个无价的工具，写交易日记不会花费你太长时间，所以我强烈建议大家能够坚持写交易日记并复查它。

和别人讨论

这个方法在极大程度上帮助了我。每次当我有点鲁莽的时候，我就告诉我的朋友、同事或女朋友，让他们每天监督我的交易。我把我的规则和相关参数都告诉他们了，并嘱咐他们，如果我违反了这些规则和参数，他们要提醒我。如果我在应该止损的时候没有止损，我甚至提前授权他们在这种情况下帮我止损。如果没有一个老板约束你，你很容易肆无忌惮。如果你害怕失业或是有个朋友一直在支持你，也许你会努力做正确的事情。对于我来说，我有时需要他人的帮助来控制我的过度交易。如果我承担过多风险并感觉尴尬时，我就停止交易。

跳出自己的思维来约束自己

这个方法在另外一本书中已经讲过了，这个方法确实能帮助我，特别是当我持有亏损的仓位时，我会从旁观者的角度来分析自己的交易，假装正在给其他人提意见。当你持有一个仓位时，你的思路倾向于你的建仓方向。只有当你没有任何偏见时，你才能做出理性的决定。有时你可以尝试一下这个方法，不带任何偏见，重新开始思考，就当你是空仓的，正在寻找新的交易机会。你会对你的发现感到吃惊。

复查

一直保持聚焦状态不是一件容易的事。不管是赚钱还是亏钱，你的情绪总会失控的。也许你决定不再遵守行动计划，这不重要。重要的是你必须尽量做到沿着正确的道路前进。不断复查就会起到这个作用。当开始失去方向时，如果你拥有一个复查计划以认真复查每笔交易，就能约束自己。收盘后，你应该检查你所有的行为，看看是否遵守了行动计划。如果你失去方向，如果你不按照计划交易，如果你临场发挥，如果你过度交易，那就说明你没有纪律性。检查你的业绩是一个判断你是否遵守规则的好办法。我发现复查是我最有用的工具之一。

每天收盘后要放松

交易确实是一个有压力的全天工作，在整天盯着电脑和做出一些会浪费你很多钱的瞬间决定以后，学会放松是很重要的。对于我来说，围绕着街区散步，然后回家小睡一会，或者陪孩子玩要，都能使我放松。我每天留出至少 1 小时来弹钢琴或吉他，虽然我现在弹《汽车上的轮子》《一闪一闪亮晶晶》的次数比我喜欢的披头士和滚石音乐的次数还要多，但这仍旧是一个很好的放松方法。不同的人有不同的放松方法。我知道有些人在每天收盘后就去体育馆；也有一些人出去喝几瓶酒，希望他们来我的酒吧消费。

总而言之，你要释放压力，让自己活得快乐一点。如果你总是紧张兮兮的，就很难保持聚焦状态，也就失去了纪律性。你要学会寻找放松的方式——去健身、打网球、玩字谜游戏，以及弹吉他，就是找出一些你喜欢做的事情。当赚钱的时候，你也应该学会奖励自己，出去吃一顿大餐，听一场有趣的音乐会，或者计划一个美好的假期。最后，一旦市场收盘，且你已经做好准备工作，就要放松。如果你因为持有隔夜仓而感到不安，那么就只做日内交易。无论如何，重要的是你学会了让自己快乐。

总结

如果你想成为成功的交易者，则需要遵守纪律。当然，你需要准备好所有的交易工具、计划、策略和规则，这样才能有纪律地去遵守它们。但是，仅仅拥有工具、计划、策略和规则也无法让你成为一个优秀的交易者。只有你遵守了计划和规则，才有希望持续一致地赚钱。那些仅仅靠运气、爱冒险、爱偷懒的交易者无法长期赚钱。我已经分享了能够帮助自己拥有纪律的一些方法，你也可以再想点其他办法。

复查交易能够让我保持聚焦状态，所以说，复查交易是最有用的方法。我能够清楚地知道我是如何坚持或偏离计划的。我这样做的次数越多，就越能学习坚持这些规则。如果不复查你的交

第十七章 聚焦和纪律

易时，你都不知道自己偏离了计划。复查对我很有帮助，因为它能让我记住进场的理由，当我做这笔交易的时候，它让我更加专注，并且是越来越专注。复查对我最有帮助，你会发现一些对你有帮助的方法，不管是什么方法，你必须要有纪律性，才能做到去遵守这些方法。

第十八章　学会如何盈利

一位交易者去了田纳西州，并用100美元从一个老农手里买了一头驴。农民拿了钱，同意第二天将驴交给这个交易者。第二天，农民开车来了，他说："对不起，我告诉你一个坏消息，那头驴死了。"交易者回答说："那你把钱还给我。"农民回答说："不行，我已经把钱花了。""好吧，那你把驴交给我就行了。"农民问道："你要一头死驴做什么啊？"交易者说："我准备用抽奖的方式把这头驴当作奖品送出去。"农民说："你无法把死驴当作奖品送给别人！"交易者说："当然可以，你看着吧，在抽奖的时候，我是不会说奖品是一头死驴的。"

一个月以后，农民遇到了交易者，并问："那头死驴怎么样了？"交易者说："我确实把它用抽奖的方式送出去了。我一共卖了500张门票，每张2美元，我赚了898美元。"

农民问："难道没有人抱怨吗？""抽到奖的那个人确实抱怨了，我就把2美元门票钱退给他了。"

本章可以看作是前一章的延续，上一章讲的方方面面都会让你成为一名优秀的交易者，但是还有很多事还没讲，我需要再用一章来总结。我会重复一些我认为会使你成为盈利交易者的重要事情。另外，本章也会提出一些新思路。本章和前面的章节不同，前面的章节都是按照预先制定的提纲写的，本章则是后来加上的，所以，我会想到什么就说什么。虽然我想面面俱到地讲解，但是难免会有一些遗漏，对于我忘记提出的建议，我希望你自己努力研究，尽量多学到一些东西。

我相信只要交易者去努力，他就能成为赢家。我并不是叫你去熬夜，你要付出足够的时间，要有足够的耐心，要有足够的资金，再加上恰到好处的指引，就能成为赢家了。我会介绍几种交易方法，其中一些方法对我有用，我想也许这些方法对你有帮助。有些方法很简单，当你将它们结合在一起时，就会成为优秀的交易者。这些方法并不全是我的观点，多年来我通过阅读书籍和杂志学到了很多方法。很不幸，尽管20年来我看了很多书刊，把学到的知识融于自己的交易之中，但是它们具体的出处已不记得了；如果有人认为我抄袭了他的思路，请不要生气。但是，我会列出曾经对我有帮助的资料清单。其实我写书的过程对我的交易也有很大的帮助。如果你认为写交易日记会有帮助，想象一下当你写了好几百页的内容后，你会学到多少知识？

清理你的壁橱

很久以前，我在某处读到了这个观点，它适用于难以割舍亏损交易的人。很多人的壁橱里塞满了衣服和鞋。20世纪80年代的衣服，17年间从来没有穿过，他们还希望这些衣服有一天会再次流行起来。鞋子在3年内从来没有穿过，毛衣在2年内从来没有穿过，内衣已经没有弹力了。如果能早点处理这些衣物，其他人也还用得着。虽然我不知道一个无家可归的人会怎样处理一双8厘米的细高跟鞋和三件套服装，但是想必你已经明白了我的意思。那些不愿意丢掉旧衣物的人就是在交易时犹豫不决的人。如果你正好是这种人，请打开你的壁橱，只要发现了2年内没穿过的衣物——就把它们处理掉。对于女性来说，她们很难接受这种做法，但是如果你做不到，就无法处理好亏损的交易。很多交易者死守亏损的股票，简直就是和股票结婚了。我说的清理壁橱的方法能帮助你改掉坏习惯。

不要将亏损归咎于别人

如果你交易亏损，那是你的问题，和其他人无关。美联储没有错，经济没有错，天气没有错，打压市场做市商的没有错，场内交易者没有错，经纪人没有错，给你消息的人也没有错。如果你亏损了，那是你的错，完全是你的错。学会承担责任和压力，这样，你才能成为优秀的交易者，至少你的朋友、家人和同事不会厌烦你。

将它看作是一笔成本费用而不是亏损

任何生意都有成本费用。我要为我酒吧的酒、食物、工资、广告、纸品、令我痴迷的设备等付费，这些都是成本费用。交易者也有成本费用，其中主要的成本费用就是亏损。不要认为计划之外的亏损就是损失，你应该把亏损看成是做生意的成本。你肯定要亏损的，这是无法避免的。亏损时永远不要捶胸顿足，更不能和市场记仇。它们会把你引向唾手可得的大行情。

自毁行为

对于自毁行为,我帮不了你,但是你需要做一次自我评估,并问自己:我是否为自己的自毁行为痛苦不已。自毁行为也是很平常的事情。有很多人潜意识里不相信自己会成功。也许他们过去很穷,也许他们的父母很强势。我不知道所有的原因,也没有答案。如果你是其中一员,就会总是伤害自己,解决的方法就是你要么寻求帮助,要么就放弃交易。

从错误中学习

在进行交易时,你会犯下很多错误。即便你已经做了10年的交易,仍然会不时犯下一些错误。不要以为只有低级联赛的投手才会投出失效的曲线球,很多经验丰富的老手也会时不时地投出失效的曲线球。老手失误少的原因是他们从错误中积累了经验。其实,作为交易者,你也需要这样做。每次,当你做了蠢事的时候,确保自己知道为什么会出现这种情况,并尽量不再重复做。交易日记能给你提供无穷的帮助,这就是为什么几乎所有的交易书籍都建议你写交易日记。

如果你不知道该如何面对错误,并开始咒骂、摔键盘,那么,你将什么也学不到。相反,你应该省下力气,并平心静气地弄清楚错在哪里。

交易、交易、交易

就像练习、练习、坚持不懈的练习帮助你走进卡内基音乐厅一样，成为优秀交易者的唯一正确方法就是坚持交易。你交易得越多，学到的东西就越多，就会更了解市场，更加理解资金管理，等等。看 100 万遍本书也无法学到实战经验。在我看来，模拟交易也不会让你感受到赚钱时高涨或亏钱时低落的情绪，只有真正的交易才能让你感受得到。作为一个交易者，需要做很多事情。如果你了解学习曲线，并在开始时就能按照它进行交易，就有成功的机会。如果你能很快从打击中走出来，就极有可能会休息一下，然后，很快聚集更多的资本，重新开始交易。

克制你的情绪

我认为克制情绪很关键，其他人还没有这种感觉。如果你想成为一个优秀的交易者，那么就不能让你的情绪失控。在赚钱和亏钱时，你的想法和感受应该是相同的。贪婪和恐惧是经常谈到的两种情绪，但是过于兴奋和郁闷也会影响你交易的方式。我见过很多人在遭受严重亏损后便不再理性思考，因为他们想回本，完全失去了控制，他们的交易开始变得越来越糟糕。赌牌时，人们把这种状态叫作失去常态，你以为自己会赢钱，结果输了很多钱，此时容易失去常态。你很生气，开始下重注，想回本，结果把钱输光了。如果你不能保持沉着冷静，同样的事也会发生在交易中。

亏损已经过去了

这是一个非常好的建议，记住它会在很大程度上帮助你。亏损是发生在过去的一件事情，忘记它。不论你怎么做，都不会再拿回这些钱，不管你多么难受，这些钱已经永远消失了。你不能让亏损影响到下一笔交易；也不能因为亏损了就调整你的资金管理计划。如果你想成功，在进行下一次交易时就像忘记了以前的亏损一样。

资金管理比选择交易机会更重要

如果你采用了正确的资金管理方法，即使连续亏损了 12 笔，也不会爆仓。但是，如果资金管理没做好，一笔交易就能让你爆仓。我在我的另外一本书中讲述了一个客户是如何在第一天重仓交易原油期货而爆仓的。一笔失控的交易就会爆仓，真的。

无论你的账户大小如何，资金管理都很重要。如果你有一个可靠的资金管理计划，就能长期交易下去，这是成为一个优秀交易者的重要步骤。

善待自己

交易只是生活的一部分，你也需要享受生活，并且需要从交易中得到回报。如果你时不时为自己买一些好玩的东西，不仅仅是因为你得到了奖励，你的交易能力也会不知不觉地提高。你用交易的利润买回了 6 包圆筒短袜，这是一件非常小的事，但是你的潜意识里面会记住这次对自己的奖赏。相对于老手来说，正在摸索的新手确实需要善待自己。但是，即使你在贝尔斯登工作并且有一连串的盈利交易，你也可以拿出自己的一部分钱为自己买点东西。

守住宝贵的本金

与资金管理的观点类似，你需要守住宝贵的本金。交易时要这样问自己："我能承受多大的亏损，怎样才能把亏损限制在最小？"没有大亏比大赚还重要。所以，你要尽量守住你的本金。因为一旦你失去了本金，就无法交易了。

设置一个止损点

保住本金的方法之一就是设置一个止损点。当你的资金管理计划让你确信你在亏损时，你就要止损。这样你就不会大亏，也不会连续多笔亏损。你要避免亏损失控了，而止损是唯一的方法。

太早进场或太晚进场

如果你想在交易中赚取更多的钱，那么，就需要选择时机。与你仓促进场或错过交易相比，选择时机会让你以较好的价位进场和出场。它也会帮助你避免亏损交易。如果你错过一波行情，而且现在进场太晚了，那么，你需要等待一个安全价位再进场，不要追逐市场，否则你的止损点就太远了。在一波行情发动之前也需要你选择进场时机。如果你在一个趋势强劲的市场中猜测它的反转点，代价将是巨大的。

同样的交易机会，你可能会太早进场或太晚进场。你可能会在听到消息的时候或价格向上突破某个价位的时候匆忙进场，但这时的突破大多是假突破，你一买入，市场就下跌了，也就是说你买在了最高点。如果你更早一点进场，可能会好一点。如果你愿意耐心等待，要么错过了这波行情，要么等到了一个好的进场价格。所以说，如果匆忙进场，你最终会错失行情。

遵守纪律、遵守规则和行动计划都涉及选择恰当的时机。它确实是一件值得尽力而为的事情，因为它让你既能节省资金又能盈利。

不要让大的盈利变成亏损

这个建议能让你成为一名优秀的交易者。如果你的仓位是赚钱的，而且市场离你的目标点也不远了，此时你要确保不会让这笔交易变成亏损的交易。如果亏损了，你真的犯下了一个严重的错误。作为一个交易者，当市场接近你的目标点时，你就要考虑如何锁定利润的事了——不要刻意去找顶点——但你要确保不能回吐所有的利润。一旦到了目标点，你就要将手中的持仓看作是一笔新的交易。如果你回吐了利润，又回到了成本区，那说明你的风险回报率太低了，无法赚钱。

制定一个规则清单

我确信到目前为止，你已经进行了很长时间的交易或是阅读了很多书籍，已拥有丰富的知识来制定一套规则。把你的思路写在纸上并放在眼前，这样会印象深刻些。如果你没有明确的思路，可以上网搜索交易规则，也可以采用我在第十六章中列出的规则。我确信你能用到其中一些规则。总而言之，你必须有自己的一套规则。别忘了，这套规则必须适合你的交易风格。

按你的风格交易

请参考第四章。如果你不能按照你的风格进行交易，那么从长远来看，因为你无法坚持采用和你的风格不一样的方法，所以也就无法赚钱。

使用一个已经证明能赚钱的策略

坦白地说，对于一个策略，如果你没有用它做过模拟测试，就不要采用这个策略。如果你在没有做过模拟测试的前提下贸然采用一个策略，你注定会亏损。无论你认为一个策略或系统多么能赚钱，一定要先做模拟测试，证明它确实能赚钱以后再用真金白银去实战。如果你确实拥有一个已证明能赚钱的策略，而且你也懂资金管理，那么赚钱的概率会大增。

消息是给酒保的

这么多年来，听到了很多消息，但只有两个消息让我及时赚钱了。如果有人给你消息了，你要先研究一下，再决定是否采用这个消息。除非你和沃伦·巴菲特（Warren Buffet）在一起吃午饭时，他向你推荐了一只稳健的股票，你可以相信他的话；否则，我对所有消息都持怀疑态度（至少你现在知道这种表达方式的来源了），因此，我不会贸然采用消息。事情常常是这样的，你朋友的妹夫在一家公司上班，他告诉你他公司的股票会以50美元的价格被别人收购，建议你买入。3年后，你才发现实际收购价是37美元。

我发现大多数消息都是没用的，所以，你最好明智一点，不要轻易相信消息。

尽可能了解你交易的品种

如果你想成为一个优秀的交易者，则要确保非常了解你的品种。只有知道价格波动的原因才能赚钱。记住，世界上优秀的交易者通常只聚焦于一个品种。因为他们对这个品种太了解了，所以他们能赚钱。你投资的品种不要太分散了，否则，你无法全神贯注地研究你的品种。

坚持学习

永远不要停止学习。不论你已经交易了多久，总是能学到新东西的。坚持读书可以帮助你不断了解自己。尝试从你做的每次亏损交易中吸取教训。也不要忽视那些很赚钱的交易，因为它们能教你一些可能使你成为优秀交易者的事情。如果你认识一些优秀的交易者，当他们和你谈话的时候，认真听取，取其精华。如果他们想给你一些忠告，不要只是敷衍他们。因为他们赚到了钱，肯定有好的交易方法。

阅读并学习

虽然这些年来我读了不少书，但是，只有下面的书给我留下了深刻的印象。我把它们按照我阅读的顺序列出来了。这些年来，我也阅读了许多其他方面的书，很多书我都想不起书名和作者了，这说明这些书没有给我留下太深的印象。在我看来，市面上的很多书都是平淡无奇的，根本就不能教你什么知识，只是有些人想满足自己的虚荣心而写的书，书里面根本没有实际有用的内容。出版社（电影公司也是同理）都知道一个道理，那就是20%的书能赚到80%的钱。出版社无法提前知道哪本书会畅销，所以，它们倾向于多出书，反正把很多书摆在书店也算是为自己的出版社做了免费的广告。我是一个完全不出名的人，就得到了这样的出书机会，5年后，《高胜算操盘》仍然位于亚马逊金融类和股票类书籍排行榜的前茅。我发现买书不能看封面，要到亚马逊网站去看读者的评论；如果普通读者能从某本书中学到知识，那这本书就是好书。不管怎么样，我确实从以下书籍中学到了知识，故向你们推荐。

◇ 约翰·墨菲（John Murphy）——《期货市场技术分析》

◇ 杰克·施瓦格（Jack D. Schwager）——《股市怪杰》（译者注：中文版由舵手引进出版——舵手经典34）

◇ 爱德温·李费弗（Edwin Lefevre）——《股票大作手回忆录》（译者注：中文版由舵手引进出版——舵手经典101）

◇ 谢尔登·钠坦恩伯格（Shelden Natenberg）——《期权波动与定价》

◇ 范·撒普（Van K. Tharp）——《通向财务自由之路》

◇ 亚历山大·埃尔德（Alexander Elder）——《以交易为生》

◇ 杰克·施瓦格（Jack D. Schwager）——《新金融怪杰》（译者注：中文版由舵手引进出版——舵手经典35）

◇ 杰克·伯恩斯坦（Jake Bernstein）——《日内交易入门》（译者注：中文版由舵手引进出版——舵手经典72）

◇ 乔·克鲁辛格（Joe Krusinger）——《买卖程式工具箱》

◇ 辛西娅·凯斯（Cynthia Kase）——《用概率交易》

◇ 查尔斯·麦基（Charles Mackay）——《惊人幻觉与大众疯狂》（译者注：中文版由舵手引进出版——舵手经典124）

◇ 马克·道格拉斯（Mark Douglas）——《自律的交易者》

◇ 亚历山大·埃尔德（Alexander Elder）——《走进我的交易室》

◇ 马赛尔·林克（Marcel Link）——《高胜算操盘》
我在去年重新读了一遍，它让我想起做一些我之前懒于做的事情，如果我在这本书以后又写了一本书，建议你去购

买。(译者注：中文版由舵手引进出版——舵手经典27)

◇ 亚历山大·仲马（Alexander Dumas）——《三个火枪手》这本书与交易没有关系，但是13岁时，我在父亲建议下阅读过。从那时起，我就爱上了读书。当我是小孩子的时候，我非常喜欢这本书，自从那时起，我从来没有停止阅读或学习我能学习的东西，特别是历史。

◇ 从20世纪90年代初开始，我订阅了《股票和商品技术分析》（Technical Analysis of Stocks and Commodities）和《期货》（Futures Magazine），最近我又喜欢上了《积极的交易者》（Active Trader）。我发现这些期刊中包含了大量有用的信息。这些年来，特别是当我开始编写系统时，我从中学到了很多东西。我也从《股票和商品技术分析》的其他交易者的观点中学到了很多东西。

按计划交易

最后，不要忘了我写这本书的主要原因（除了我能收到预付款和版权费之外）是想让你在交易时有一个操作计划。如果你为所有的交易做好了准备，每笔交易都有理由，且遵守了计划，那么，你会成为一名优秀的交易者，关键是要持续一致地按计划交易。

稍等，在本书即将结束的时候，我又想到了一件事，但是需要麻烦你动动脑筋。用10分钟在空白纸上写下我没有提到的但是会帮助你成为优秀交易者的方法。

第十八章 学会如何盈利

总结

到此为止，我写完了本书。我现在有时间了，可以全职交易了。明天早上我会将这本书稿递交上去，碰巧我女朋友非常幸运地找到了一份新工作，2天后就要去上班了。我写作的这段时间她一直在照顾孩子，我确实需要她帮忙照顾孩子，现在我完成了本书，她就要去上班了，这真是好事。

最近市场很疯狂，我确实想全心全意做交易了。现在是2008年3月17日周一凌晨2:30，今天早上摩根大通公司将要宣布以每股2美元购入贝尔斯登的全部股权；大约在2周前，贝尔斯登的股价还是每股80美元。道琼斯股指期货电子盘在周五收盘时下跌了200个点，现在又下跌了225个点（译者注：美国有夜间的电子盘）。自从2006年10月以来，这是最低点，比那天还要低，当时我正在打盹，而我的女儿正用她黄色蜡笔在房间乱画。

希望你能从这本书中学到一些东西。如果你有所收获，请为你的朋友和家人买几本。即使你没有学到交易方面的知识，我希望至少某些内容能让你会心一笑。

如果你愿意，请在"舵手汇"平台上关注我，给我留言。如果我能公开演讲了，你就能在研讨会上找到我。

译者后记

这是一本关于主观交易的书,但并不是说机械交易者就不必看这本书了。本人也是机械交易者,同样从本书中学到了很多知识。

第一,到底用什么方法赚钱?对于这个问题,恐怕100个人能给出200个答案。本书作者道出了赚钱的最基本方法,那就是"截断亏损,让利润奔跑"。这句话虽然简单,但它道出了我们应该关注的重点。主观交易也好,机械交易也好;长线也好,短线也好;采用基本面也好,采用技术面也好,我们的目标就是顺势而为,从而让利润奔跑。

第二,如何面对亏损?人人都希望让利润奔跑,但实战中很可能是一建仓就亏损了!止损、止损、止损!止损是必须的,但不是一亏损就止损,作者介绍了多种止损方法,读者可以自由选择。

第三,如何面对概率?亏钱的次数总是比赚钱的次数多,这是怎么回事?从作者的文字来看,虽然他已经有了20年的交易经验,但作者并没有吹嘘自己的主观交易成功率是多么的高。从这点可以看出,作者是比较客观的,他甚至在书中讲到了胜率不高是正常的。我所讲的成功率和胜率都是指赚钱交易的笔数占总交易笔数的百分比。胜率是一般投资者越不过去的一个坎，人人都想每笔都赚钱，都想提高胜率，但提高胜率也要付出代价：要么重仓了，要么交易笔数过多了。这都属于过度交易，而本书又一再强调不能过度交易。也许接受低胜率是一个比较好的方法，但是又有几个人能接受这点呢？

第四，为何不能重仓？交易者太喜欢以讹传讹了，总是千方百计地找理由让自己重仓交易。很多交易者在交易期货时，仓位高达50%以上，还解释说这个仓位不高呢。重仓自然能带来高收益，但重仓带来的打击更可怕。本书作者用自己的亲身经历解释了为何不能重仓。

第五，如何让利润奔跑？本书作者用实例介绍了自己设定目标点的过程，通过实例，我们能学到拥有目标的重要性。

第六，什么是计划、规则和策略？其实这些都能归结为交易系统，简单说就是正确的赚钱方法。本书作者列出了很多规则，这些规则对我们开发自己的系统大有帮助。无论你是什么类型的交易者，大部分规则都是通用的。希望读者能够消化吸收并用于自己的交易系统中。

第七，为什么要有纪律？所谓知易行难，每天锻炼身体好吗？好，但做到的人不多；每天早睡早起好吗？好，但做到的人不多；每天赞美别人一次好吗？好，但做到的人不多……我们都明白交易中的大道理，但是要做到，绝非一日之功。投资者和交易者都要付出长时间极大的努力才能遵守自己的系统规则。这有个过程，当我们想的和做的保持一致了，我们肯定就会有进步的。而本书作者则不厌其烦地强调了这点。

综合以上来看，虽然本书作者并没有给读者讲解一个明确的交易系统，但是他已经把交易的方方面面都讲到了。难能可贵的是，本书作者所讲的真实案例是作者在写书时正在做的交易。作者没有采用事后诸葛亮的方式，而是用自己正在进行的交易来说明自己的交易思路。这是本书的一大亮点，我们从作者的实战中也可以看出来，亏损真的是一件很平常的事，并非经验丰富就一定判断正确。

本书作者在最后问我们，是否还有什么应该讲而没有讲的内容？我想了很久，唯一没讲的恐怕就是一个完整的交易系统了。但这是本书作者故意不讲的内容，似乎没有谁愿意公布自己的交易系统。因此，无论你是什么类型的交易者，都可以阅读本书，并能从本书中找到开发自己系统的知识。

本书翻译工作的完成得到以下同仁的大力帮助，他们是：朱杰、吴文莉、李超杰、陈鼎、余锋、常红婧、郑星、田军、彭家伟、张苹、苏远秀、范纯海、吴春梅、肖艳梅、张毅。其中，第一章至第四章由肖艳梅、朱杰、吴文莉、张毅翻译，第五章至第八章由常红婧、郑星、彭家伟翻译，第九章至第十一章由张苹、苏远秀、陈鼎翻译，第十二章至第十八章由余锋、范纯海、李超杰、田军翻译，其余部分由张毅、吴春梅、康民翻译；全书由康民负责统校。由于译者水平有限，错误和疏漏在所难免，敬请读者批评指正。

最后，祝大家读书快乐！

高级趋势技术分析

高级波段技术分析

高级反转技术分析（上、下）

作者：阿尔·布鲁克斯

　　这套丛书是写给严肃的交易者看的，阿尔的书最大价值在于，阐述了理解价格行为以及逐根K线分析走势图有助于追踪通常由机构所推动的形态，通过小止损、早入场，让机构为个人投资者"抬轿"并最终获利。

　　在这套丛书中，布鲁克斯主要通过5分钟周期的K线图来阐述一些基本原则，但也讨论日线图和周线图，书中也有如何将价格行为分析用于股票、外汇、国债期货和期权的内容。

市场择时新技术

作者：托马斯·德马克

高盛集团、花旗银行、摩根银行、纽约人寿特聘市场策略大师。

托马斯·德马克里程碑式经典著作。开启技术分析的崭新时代，被《Future（期货）》杂志誉为"完美的技术分析师"。

资金管理新论

作者：拉尔夫·温斯

拉尔夫·温斯，专业的计算机程序员出身，为基金、大型交易机构和职业操盘手编写了一系列交易分析程序。

本书致力优化资金账户表现，阐述"最优"概念，提供革命性投资组合管理模型。

如何建立高胜算交易系统

作者：安东尼·特龙戈内

安东尼·特龙戈内，美国纽约大学博士，注册金融规划师，商品交易顾问，交易决策软件 eSignal 的高阶教师。

自己掌控资金，自主进行交易决策，这样才能应对每个交易日的挑战，让自己离成功目标更近！

日内交易入门

作者：杰克·伯恩斯坦

超短线交易技术核心内容是稳固而且简单易学的。本书涵盖了短线交易的各个方面，解释为什么短线交易技术起作用，如何在金融市场中扮演恰当角色，如何引导风险。内容从基础开始，然后逐渐转移到高级话题。

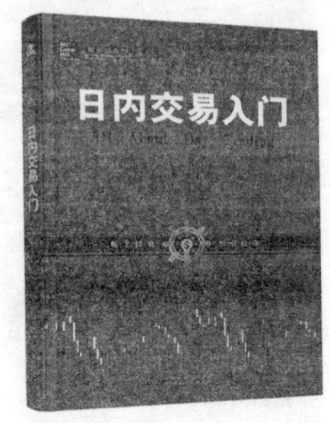

华尔街操盘手是怎样炼成的

作者：罗布·布克

这是一本通俗易懂、风格独特而又让人享受到阅读乐趣的书。作者以非常风趣的方式告诉我们在交易时如何避免犯下最常见的错误。如果您已经厌烦了阅读课本式的入门书籍，那么这本书非常适合您，强烈推荐这本书。

低风险高收益动态交易指标

作者：马克·W.黑尔韦格
　　　戴维·C.司汤达

本书介绍了一种全新的蜡烛图——价值图。您可以凭借本书，尽情地学习这种革命性的交易指标，它已经为你打开了通往交易成功、风光无限的大门。本书可以说是股票和期货交易者必读之书。

克罗技术分析新指南

作者：斯坦利·克罗

斯坦利·克罗(Stanley Kroll)是美国备受尊敬的期货专家，被业界评为全球九大基金经理之一。

本书提出了一组新的动态价格风险控制指标，为技术形态的识别、指标步长的调整、价格预测中的难点和挑战提供及时可靠的解决方案。

华尔街交易智慧

作者：劳伦斯·A.康纳斯
　　　琳达·布拉福德·拉斯琦克

来自于金融历史上的两位大师多年的操盘经验，帮你对市场进行"精准打击"，在短线持仓中实现高额盈利。简明扼要的策略，无需高强过人的金融知识就能让你沉浸在短线交易的游戏里。

投资心理学

作者：杰克·伯恩斯坦

《短线交易大师：精准买卖点》《短线交易大师：超短线交易秘诀》作者杰克·伯恩斯坦的又一巨著。

本书简洁明了的语言，全面剖析了证券市场参与者的心理；高效实用的处方，旨在重建投资者强大的内心。

专注证券图书出版15年

国内专业的证券图书出版商

我们不只是卖书,也不仅仅是出版!
欢迎搜索关注"舵手图书"定制出版、投资者教育……
更多增值服务等着您。

更多增值技术资料请扫描微信二维码
添加舵手图书微信订阅号

舵手证券图书天猫店铺:https://bjwyts.tmall.com